Hanns H. F. Schmidt

Zwischen *Elbe* *und* *Havel*

Wanderungen vom Fiener Bruch bis in die Prignitz

VEB F. A. Brockhaus Verlag Leipzig

ISBN 3-325-00242-0

1. Auflage
© VEB F. A. Brockhaus Verlag Leipzig, DDR, 1990
Lizenz-Nr. 455/150/31/90 · LSV 5229
Lektor: Hans Hartmann
Kartenredaktion: Rüdiger Thomas
Kartenzeichnung: Gerhard Pippig
Buchgestaltung: Claus Ritter
Printed in the German Democratic Republic
Lichtsatz: INTERDRUCK, Graphischer Großbetrieb Leipzig – III/18/97
Druck: Messedruck Leipzig – III/18/37
Buchbinderische Verarbeitung: LVZ-Druckerei »Hermann Duncker« Leipzig
Redaktionsschluß: 15. 9. 1987
Bestell-Nr. 587 306 7
01140

Inhalt

Sand, Schnapphähne und ein Stein

Verlockend und schwer hängen die gelben, klobigen Birnen über den Gartenzaun: Theodor Fontanes Herr von Ribbeck auf Ribbeck im Havelland kann keine schöneren geerntet und verschenkt haben. Das Sonnenlicht läßt sie leuchten wie die hellgrünen Weinreben an der alten Ziegelmauer. Freilich haben bereits die vergessenen Chronisten geurteilt, in der Mark würde der Wein nicht aus Trauben, sondern aus Quark gekeltert. Längst kommt deshalb kein Landwein mehr aus dieser Gegend, wenn auch von Ziesar bis Wittenberge hin manchmal ein Straßenname an die Weinberge erinnert. Dennoch überrascht mich ab und an ein Schluck vom geschätzten Getränk mit jener spezial-märkischen Charakteristik, wenn die Weinkarten vornehm von »angenehmer Herbe« und »fruchtiger Säure« sprechen.

Da ist die Schafgarbe am Rand meines Weges aufrichtiger: bitter, sehr bitter und gesund. Die Königliche Gartendirektion wurde deshalb auch 1846 angewiesen, im Mai nachfolgende Kräuter zu gleichen Teilen sammeln zu lassen: Gundermann, Pimpinelle, Brunnenkresse, Gartenkresse, Gänseblümchen, Sauerampfer, Kerbel, Portulak ... und selbstverständlich Schafgarbe. Alles mußte täglich frisch in der Küche des Herrn Alexander von Humboldt (er starb 1859 neunzigjährig!) zwecks Suppenzubereitung abgeliefert werden.

Die Zutaten sind knapp geworden. Septemberanfang verkündet jeder Kalender. Niemand möchte das wahrhaben (am wenigsten die Schüler), und der Sommer war verregnet, aber die herbstlichen Dahlien blühen auch in allen Gärten des kleinen, abgelegenen Dorfes Mahlenzien, zu dem ich gewandert bin: strahlendes Purpurviolett mit Weiß, feuriges Rot mit tiefem Gelb. Heiß ist der Mittag. Das Bild der dunklen Wälder flimmert in der klaren Luft. Irgendwo schläft der Wind. Die träge, lastende Sehnsucht nach einem Ausruhen wächst auch in mir.

Rast am Flüßchen Buckau, das durch Mahlenzien dahinplätschert. Nach Westen breitet sich kräftiges Grün im flachen Fiener Bruch. Es zieht sich über rund 25 Kilometer bis nach Parchen. Beinahe hat die unscheinbare Buckau, mit derem kühlen Wasser ich mir Gesicht und Arme wasche, vor Zeiten die sumpfige Niederung in zwei Teile zertrennt. Einst mündete der Fluß bereits bei Bücknitz in das Bruch. Er wälzte und schwemmte unablässig Schotter und Sand von der Fläminghöhe im Süden mit sich. Die Ablagerungen schoben sich als zunehmendes Halbrund in den Morast hinein, näherten sich in Jahrtausenden allmählich der heutigen Siedlung Zitz am Nordufer. Doch dann gab die Buckau vor der Höhe ihres selbstgeschaffenen Deltas auf. Die Kraft des Wassers ließ nach, es suchte sich vor Bücknitz, wo meine Wanderung begann, einen Weg nach Osten, trieb die alte Eulenmühle, floß und fließt durch das Bruch und Mahlenzien dem Breitling-See (Plauer See) zu.

Das Land um Mahlenzien, das Gebiet um das (vergessene) Flüßchen Finna, so notierte 1574 Georg Torquatus in seinen Annalen, wäre sumpfig und mit dichten Wäldern bedeckt. Es war damit bestens geeignet als Schweineweide und als – Räuberversteck...

Ja, die mittelalterliche Mark Brandenburg, von deren Grenze man in Mahlenzien nicht weit entfernt ist, war das klassische Räuberparadies. Grundsätzlich galt, wer durch alle deutschen Lande unberaubt gezogen war, der wurde in der Mark garantiert überfallen. Eine jammervolle Gegend, über welche bis in unser Jahrhundert hinein stets ein (küchen)lateinischer Spruch zitiert wurde, der sich etwa so übersetzen läßt:

Fische, Plackerei, Krätze, Fieber samt Rheuma,
Strohdächer, Handkäse, Schnapphähne gibt es in Menge
und den Anblick schmuddeliger Frauen dazu.
Deshalb die Warnung: Wer's irgendwo gut hat,
komme niemals zu uns in die Verbannung;
er hüte sich, sonst ist Grützwurst auch sein.

Ein wenig differenzierter charakterisierte ein Chronist nach dem Dreißigjährigen Krieg die Bewohner: »Die Märker seind gemeiniglich guttätig und diensthaftig, sonst aber dummkühn.«

Die Furcht vor Wegelagerei war begründet. Sie brachte in dieser unwirtlichen Gegend großen Gewinn, weil die Reisenden auf diesen einen Weg durch das Bruch und durch Mahlenzien angewiesen waren. Die Buckau hatte mit dem angeschwemmten Erdreich Vorarbeiten für den einzigen Übergang durch den Sumpf geschaffen. Der bereits von

slawischen Siedlern angelegte Damm zog als späterer Teil der Heer-
und Handelsstraßen von Anhalt oder aus dem Magdeburgischen in die
Mark adelige Schnapphähne und verwandtes Gesindel an. Einsame
Gasthäuser galten als Treffpunkt der Verrufenen. Aus dem Krug in
Drewitz, wo sich der Weg nach Loburg (Zerbst) und Burg (Magdeburg) gabelte, rief man den ängstlichen Reisenden, die nicht einzukeh-
ren wagten, immerhin prophetisch und »thumbkühn« zu: Sich dich
vör! (Gehört diese »Thumbkühnheit«) nicht in eine Reihe mit dem
Spruch »Jochimke, Jochimke, hüde dy! Fangen wy dy, so hangen wy
dy!«, den angeblich ein märkischer Ritter seinem jungen Kurfürsten
auf die Schlafzimmertür krakelte?)

Der Fienerdamm zwischen Bücknitz und Rogäsen war nicht nur
eine wichtige Handelsstraße, nicht nur dadurch ein Anziehungspunkt
für Räuber, sondern auch oft Streitobjekt der geistlichen und weltli-
chen Herren. 1498 erhielt der Brandenburger Bischof zum Beispiel für
jedes Pferd, welches den Damm passierte, zwei Pfennige. Es gab auch
kurfürstliche Anordnungen, den Weg nur über Plaue zu nehmen, um
die bischöfliche Kasse zu schmälern. Die Bischöfe mußten den Weg
aber unbedingt erhalten: wie sollten sie sonst bequem ihre Residenz in
Ziesar erreichen?

Dem vorzeitlichen und mittelalterlichen »Viner Damm« mußte
schließlich auch der Chausseebau folgen. Man fand bei Grabungen
einen Sandwall, der durch Pfosten und Feldsteine zusammengehalten
wurde und eichene Bohlen trug. Ein entdeckter Runenstein wurde
übrigens vom gräflichen Hause in Rogäsen einst dem Heimatmuseum
Genthin »geliehen«, vor dem er noch heute seiner Enträtselung entge-
genwartet. Auch die einstige Kleinbahnstrecke von Ziesar nach Groß
Wusterwitz führte über den alten Damm.

Auf meiner ersten Wanderung in das Land zwischen Elbe und Havel erlebe ich den ständigen, sanften Wechsel zwischen Niederungen
und ihren Wasserläufen und den sandigen Hochflächen, denen in der
Regel Grund- und Endmoränen aufgesetzt sind. Ein langgestreckter,
bewaldeter Höhenrücken ist bestimmt in wenigstens einer Himmels-
richtung zu sehen, wandere ich aber durch die Ebene auf ihn zu, so erscheint endlich auch das Wort Hügel hochgestapelt. Und ich bin in
dem Landstrich, wo beim Wandern die Herkunft des Wortes Sandale

gar nicht an klassisches Latein erinnert… »Als der liebe Gott eben die Welt gemacht hatte … nahm er einen Besen, weil es Sonnabend war, und kehrte die ganze Schöpfung rein …, allen Staub und Sand auf der ganzen Welt.« Und wohin damit? Erraten, verehrte Leser dieser traurigen Zitate aus dem Jahre 1867: »Die Havel… fing an zu weinen, so daß ihr Wasser übertrat und aus ihren Tränen ein See nach dem anderen entstand, wie noch heute zu sehen ist, bis sie endlich den Weg zur Elbe fand.«

Drum: »Liebes Mädchen! laß uns waten… Zu dem Dörfchen laß uns schleichen mit dem spitzen Turme hier; welch ein Wirtshaus sondergleichen! Trocknes Brot und sauren Wein.« Das ist Goethes Fassung von Vorurteilen gegenüber der Mark. In Mahlenzien steht davon nur das Kirchlein, ein Putzbau von 1729, kostenarm aus dem mittelalterlichen Feldsteinbau geschaffen und mit Turmfachwerk gekrönt. Aber deshalb bin ich nicht nach Mahlenzien gekommen, auch nicht wegen Räubergeschichten oder Moränen, viel Sand oder »thumbkühnen« Märkern, nein. Vielmehr habe ich mir aus dem »Genthiner Wochenblatt« vom 27. Juni 1905 abgeschrieben:

»In der Nähe des Radkruges …, an der Grenzscheide zwischen Provinz Sachsen und dem Gebiet der Stadt Brandenburg wurde kürzlich der aus einem großen märkischen Findling hergestellte Denkstein enthüllt, der die Inschrift trägt: ›Auf diesem Wege zog am 21./22. Juni 1412 der Burggraf Friedrich von Nürnberg in die Mark Brandenburg‹«.

Wo liegt der märkische Stein für jenen historischen Schritt?

Menschenleer ist die Mahlenziener Dorfstraße.

Bleibt vorerst nur die Vorgeschichte:

Nach dem Aussterben der Brandenburger Askanier 1320 war die Mark unausgesetzt Zankapfel zwischen Wittelsbachern und Luxemburgern. Verpfändet wurde sie 1388 an Jobst von Mähren, den die innere Verfassung des Landes nicht kümmerte. Die Städte bemühten sich mit Geld um privilegierte Selbständigkeit. Der Adel, nachdrücklich unter der Anführerschaft der Quitzows, verfolgte mit Waffengewalt gleiche Ziele. Anfang 1411 verstarb überraschend Markgraf Jobst, und Sigismund, der Unterstützung für die bevorstehende Königswahl benötigte, setzte seinen Gläubiger, den Hohenzoller Friedrich und dessen Erben als Obersten Hauptmann und Verweser der Mark ein. 1415 und 1417 wurden ihm die Kurwürde und das Erzkämmereramt im Reich übertragen.

Im Jahre 1412 nun ritten Friedrich und seine Mannen erstmals in das Brandenburger Land, verbündeten sich sogleich mit dem Erzbischof von Magdeburg und dem Kurfürsten von Sachsen, ließen die »Faule Grete« (ausgeliehen vom Landgrafen von Thüringen) vor die adeligen Raubnester rollen.

Wo betrat der erste Hohenzoller die Mark?

Ein Kreis um Graf Wartensleben (auf Rogäsen) knobelte heraus: Beim ehemaligen Radkrug in der Nähe von Mahlenzien geschah der folgenschwere Tritt. Die neuen Herrschaften kamen nach Ziesar, folgten dem Fienerdamm, rasselten und trabten durch dieses Dorf auf Brandenburg zu. Am 21. Juni 1905 (nicht einmal das Jubiläum wurde abgewartet) mußte der Stein angesichts aller Landwehr- und Kriegervereine, aller Honoratioren und Schüler seine Hülle auf den märkischen Sand fallenlassen.

»Der ehemalige Landrat unseres Kreises, Graf von Wartensleben-Rogäsen, hielt eine längere Ansprache, in der er unter anderem ausführte, daß es urkundlich geschichtlich belegt sei, daß der erste Hohenzoller an dieser Stelle die Mark betreten habe.«

Leider log der Herr Landrat das Preußischblaue vom Himmel – auch nach Meinung der damaligen Fachleute, denn urkundliche Belege gibt es nicht, und nach allen Rekonstruktionen mußte der neue Landesherr von Wittenberg über Belzig (vielleicht von dort aus auch über Ziesar), Golzow nach Brandenburg geritten sein, doch niemals über den Fienerdamm, Mahlenzien zum Radkrug. Aufsätze und Abhandlungen wurden gedruckt, doch der Stein blieb.

Das »Wochenblatt« meldete:

»Er (= der Landrat, S.) schloß mit einem Hoch auf den Kaiser.«

Bedauerlicherweise konnte Wilhelm II. nicht persönlich zur Enthüllung kommen. Die Leser des »Genthiner Wochenblattes« erfuhren:

»Während der Kaiser sich zur Informierung auf einer Versuchsfahrt an Bord des Turbinenkreuzers ›Lübeck‹ befand, wurde um 12 Uhr den Matrosen das Mittagessen serviert. Der Kaiser sah dem Treiben (! S.) eine Zeitlang zu, dann trat er unter die Schmausenden und fragte: Na,

11

Kinder, was gibts denn heute? – Erbsen, Eure Majestät!... Der Kaiser rief dann aus: Das ist ja ein großartiges Essen! – Jawohl, Eure Majestät...« In jenen Tagen immerhin besser als »blaue Bohnen« für die Exzellenzen auf anderen Schiffen, von denen das »Wochenblatt« unter anderen namentlich den Panzerkreuzer »Fürst Potemkin« nennt...

Aber lieber zurück zum patriotisch-preußischen Idyll im Wald bei Mahlenzien:

»Sodann ergriff Pastor Eckstädt – Großwusterwitz – das Wort und betonte, daß sich von hier aus dreimal der preußische Aar mit mächtigem Flügelschlage erhoben in Friedrich Wilhelm dem Großen Kurfürsten, Friedrich II. und Wilhelm dem Großen.«

Unglaublich, was Rhetorik vermag! Und ein echter Aar auf einem gerade enthüllten Feldstein bei Mahlenzien!

Historisch verbürgt kam nur Friedrich II. (1712–1786) des öfteren diesen Weg entlang. Als er 1774 auf der Rückkehr von der Truppenschau der Magdeburger Garnison in seiner Kutsche über den holprigen Damm nach Rogäsen rollte, brach ein Rad. Wahrscheinlich hatte den König niemand von der Sage unterrichtet, daß da ein Gespenst mit grünen Augen im Graben hockte, das niemanden vorüberließ, der keine Zähne im Munde hatte. In solchem Fall, das wußten die Leute in den Dörfern am Rande des Fiener Bruches, mußte man einen Knochen in den Mund nehmen, um unbehelligt vorbeizukommen. Zähne hin, Knochen her! Des Königs Kutsche mußte repariert werden, Majestät kam unterdessen mit dem Landrat in Rogäsen, in dessen Haus er ein Unterkommen fand, ins Reden und beauftragte kurzentschlossen den kenntnisreichen Herrn von Werder mit der Melioration des Bruches, also mit dem Regulieren der Buckau, dem Pflastern des Dammes, dem Abholzen des Sumpfwaldes usw., was im großen und ganzen bis 1779 bewerkstelligt wurde.

Nach dem Radkrug, an welchem die alte Straße hinter Mahlenzien vorüberführte, brauche ich niemand zu fragen. Das einsame Fachwerkhaus, vor Jahrhunderten verrufen und gefürchtet, brannte um 1870 nieder. Es gab keinen Neubau. Bleibt mir nur die Silberquelle in seiner Nähe, wo das geraubte Gut räubergerecht aufgeteilt wurde...

In diesem Zusammenhang: der ehemalige Landrat spendierte 1905 nicht nur den »Hohenzollernstein«!

»Wie aus einer Anzeige im Brandenburger Anzeiger hervorgeht, hat Herr Graf Wartensleben-Rogäsen in seinem Forstrevier... den Privatweg Drehkreuz, Sandbrücke, Knüppelbrücke bis zur Silberquelle dem erholungsbedürftigen Publikum versuchsweise für den Fußverkehr an Sonn- und Festtagen in dankenswerter Weise freigegeben. Das Abweichen vom Wege... ist untersagt, auch darf durch lautes Lärmen und Singen das Jagdrevier nicht beunruhigt werden. Während der Wochentage bleibt der gesamte Weg... geschlossen.«

Die Silberquelle liegt im Diebsgrund, hat mir Günther Tillack vom Brandenburger Museum geschrieben; in der Gegend kennt man nur noch Sagenhaftes von einem Räuber Habakuk Schmauch...

Aber der »Hohenzollernstein« im Diebsgrund?

»Keine Ahnung!« sagt der rüstige Alte mir ungerührt übern Gartenzaun, krempelt seine Hemdsärmel auf und greift zur Hacke. Vielleicht liegt er unerkannt zwischen den übrigen Findlingen und Granittrümmern in diesem Teil der einstigen »Streusandbüchse des Heiligen römischen Reiches deutscher Nation«. Wer weiß... und schon reden wir über den herrlichen Spätsommer, die Ernteaussichten. Ein Storch fliegt über Mahlenzien. »Die müßten eigentlich schon um den 25. August nach Süden gestartet sein«, sagt der Mann und stützt Hände und Kopf auf den Hackenstiel. »Das wird einen einmalig schönen Herbst geben; kann man beschwören...«

Und schon hackt der gute Alte eifrig wieder eine Schafgarbe Humboldts als Unkraut um, während ich mir heimlich (aber sie hing außerhalb des Zaunes!) eine gelbe, saftige Birne Fontanes auf den Weg in das herbstfarbene Land mitnehme.

Ziesar am Vormittag

Ein Mäusebussard streicht lautlos von der Telegrafenstange ab, fliegt in den Dunst, der über abgeernteten Kornfeldern und Wiesen schwebt. Die Morgensonne ist scharlachrot und mit feinen, grauen Wolkenstreifen übermalt. Ein behelmter Motorradfahrer rast den Naturlehrpfad »Alte See« entlang, und eine Frau, die ihr Fahrrad schiebt, verflucht ihn laut wenigstens für diesen Tag.

Dieser belehrende Wanderweg beschreibt im Süden von Ziesar einen rund vier Kilometer langen Bogen, überquert dabei die Bahnlinie, auf der gegen 7 Uhr 20 der erste Triebwagen aus Güsen eintrifft. Streckenweise führt der Wanderpfad auch als Knüppeldamm über den Morast. Nur die »Alte See« ist nicht zu sehen: entwässert, verlandet. Aber noch finden die Störche ihr Auskommen. Im gepflegten Park, Start und Ziel des Naturlehrpfades, verrät ein Schaukasten die Ergebnisse der Storchzählungen im Landkreis: 1967 lebten dort 29 Paare, 1974 dann 28, 1984 waren es 25 Paare. Hinter der Auskunfttafel erhebt sich ein hoher Turm mit spitzem Kegeldach. Auf ihm liegt gastfreundlich ein Nest für Familie Adebar.

Und auf dem Plan für den Naturlehrpfad, der auch zum Bad führt, entdecke ich das Wappen der Stadt Ziesar. Ich notiere: zwei gekreuzte Schlüssel in schwarz.

Seltene Bäume wachsen im morgenstillen, taunassen Park. Herbstblumen blühen auf dem Friedhof für sowjetische Soldaten. Als im damaligen Kreis Jerichow II im Juli 1946 der Landrat auf die erste, schwere Wegstrecke zur allmählichen Normalisierung zurückblickte, gedachte er vor allem der Leistungen sowjetischer Mediziner und Soldaten aus dem Lager Ziesar im hartnäckigen Kampf gegen die Kriegsfolgen Hunger und Seuchen.

Der Backsteinturm mit dem Storchennest gehört zur einstigen Vorburg. Dahinter ragt der mächtige Granitbau des Bergfrieds mit seiner Kuppelhaube in den grauen Himmel. Die Burganlage steht auf einer einst schmalen Landbrücke zwischen der »Alten See« und dem verlandeten »Fiener See« im Norden. Da war Platz für einen Knüppeldamm, für eine wichtige, uralte Straße. Sie war das Nadelöhr zum Fiener Damm, eine bescheidene Fläche Land, dessen Besitzer aber große Macht ausüben konnte, dessen Befehle ausgeführt werden mußten.

Die Sage läßt Heinrich I. (um 876–936), im Jahre 919 zum deutschen König gewählt, auch als Gründer der Burg Ziesar auftreten. Er ordnete an, der Knüppeldamm wäre derart gut zu sichern, daß ihn die Slawen – auf sie ging die ursprüngliche Anlage zweifellos zurück – niemals erobern könnten. Als der König nach einiger Zeit überprüfte, wie seine Anweisung ausgeführt worden war, fand er eine Feste mit sieben Türmen, sieben Dächern, sieben Zinnen, sieben Mauern, sieben Häu-

Burg Ziesar, die einstige Residenz Brandenburger Bischöfe (Zeichnung von O. Altenkirch, um 1925)

sern, sieben Gräben und sieben Brücken. Die Bannzahl Sieben sollte dem Ganzen eine unüberwindbare, weil magische Kraft geben. Und tatsächlich zeigt ein um 1710 gedruckter Kupferstich die Burg mit sieben Türmen ...

Otto I. (912–973), Sohn Heinrichs I. und seit 936 König, später Kaiser, gründete im Jahre 948 die Bistümer Havelberg und Brandenburg. Der brandenburgische Sprengel umfaßte das Havelland, die Zauche, die Landschaften Jüterbog, Teltow und Barnim, zu dem bald andere Orte (wie Wittenberg) und Pfandbesitz an Ländereien kamen. In der Gründungsurkunde erscheint erstmals Ziesar als Mittelpunkt eines Burgwards. Nur die Sieben als Bannzahl bewährte sich nicht. Im großen Slawenaufstand wurden die deutschen Herren verjagt. Erst in der Mitte des 12. Jahrhunderts konnte die altslawische Burgstelle wiedergewonnen werden, und nun entstand die spätmittelalterliche Anlage als

Residenz der Brandenburger Bischöfe mit einer Hauptburg (ausgeführt mit Randbebauung, Bergfried und Kapelle) und ausgedehnter, aber längst abgetragener Vorburg.

Lärmend rattert ein Traktor am Burgtor vorüber, aber auf dem weiten Hof ist es still. Der freistehende, sehr hohe Bergfried mit seinem imposanten Zinnenkranz zieht den Blick auf sich. An seiner Tür steht ein steinerner Herr von Arnim (1579 gestorben) in Rüstung und kann auf ein Schild verweisen: Wer in der Sommerzeit zur rechten Zeit kommt, darf den Turm besteigen.

Andere Schilder nennen heutige Burgbewohner: Schülerinnen und Schüler der Erweiterten Oberschule »Kalinin« haben hier ihr Internat. Ich setze mich auf eine Bank. Verlassen und verwaist liegt der große Hof da, auf dem bewegte Geschichte und damit Recht und Unrecht in verwirrender Fülle stattfand.

Hier schlossen zum Beispiel 1399 das Erzbistum Magdeburg und die Mark Brandenburg Frieden. Das hinderte aber magdeburgische Adelige (und erzbischöfliche Gefolgsleute) keinesfalls, kurz nach Martini (11. November) über brandenburgische Dörfer herzufallen und Ernte auf eigene Art zu halten. Darauf gab es am Dreikönigstag 1400 einen Raubzug märkischer Ritter nach Hohenseeden. Sie wurden verfolgt, gefangen und in Plote (beim heutigen Genthin) festgesetzt, ehe sie nach Frühlingsanfang gegen 1600 Schock böhmische Groschen ausgelöst werden konnten. Bei einem erneuten Überfall wurden drei magdeburgische Ritter bei Wernitz im Havelland kurz vor Martini 1402 geschlagen, flüchteten, gingen aber bald ein Bündnis mit Vertretern des märkischen Adels ein, um Brandenburg zu schädigen. Man griff die Stadt gemeinschaftlich am 8. März 1403 an, doch die Bürger – nun wieder unter Führung des Herzogs Johann von Mecklenburg – vereitelten den Vorsatz ... dann wieder Gefangene, Lösegelder, neue Bündnisse, Verrat allüberall: ein unvorstellbares Verachten jedes Rechtes und der christlichen Gebote um des persönlichen Vorteils willen, ein Geflecht von Gemeinheit und Korruption, von dem ja die wenigen erhaltenen Urkunden nur kaum sichtbare Schatten hinterlassen haben. Im Schnittpunkt jenes Geschehens immer wieder die Burg Ziesar. Der verschworene Spießgeselle der Brüder Johann und Dietrich von Quitzow, der Ritter Kaspar Gans zu Putlitz, geriet in der Prignitz in Gefangenschaft, aber verschwand sogleich im sicheren Verließ in Ziesar. Hier lagerte nicht nur das Kriegsmaterial der Bischöfe, hier bildeten die Hauptleute auch die Söldner aus. In ihrem sicheren Schutz arbeitete die Kanzlei. Viele Urkunden wurden an diesem Ort ausgefertigt und lenkten unübersehbar menschliche Schicksale.

Auf der gegenüberliegenden Hofseite vom Turm, dem Zeichen der sich reckenden Macht, steht die Kapelle. Sie ist ein Meisterwerk einer Bauhütte, die sich auch in Brandenburg, Tangermünde und Wolmirstedt nachweisen läßt. Die Fassade zum Hof gehört zum Schönsten, was in der spätmittelalterlichen Mark im Backsteinbau geleistet wurde. Die Wand wird durch reiche Maßwerkfriese gegliedert. Das Portal ist in ihnen der Höhepunkt.

Vor dem zweiten Weltkrieg besuchte der Kunsthistoriker Udo von Alvensleben die Burg und schrieb: »Die Kapelle ist ganz leer bis auf

Einfahrtsgebäude und Kapelle der Burg Ziesar um die Mitte des 19. Jahrhunderts

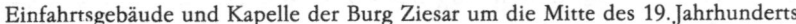

einen gemauerten, mit einer Steinplatte bedeckten Altar, über dem ein Weihrelief mit fünf Heiligen von 1470 eingelassen ist." Die Jahreszahl ist mit dem Wappen des Brandenburger Bischofs Dietrich von Stechow abgebildet. Die Figuren sollen die Heiligen Ägidius, Paulus, Petrus, Andreas und Wenzeslaus darstellen. Von größter Seltenheit und – das darf man nicht übersehen – von tiefer Eindringlichkeit ist die Ausmalung der Kapelle (um 1470, »in unbestimmtem grünem Ton«), die in den Jahren 1952 und 1953 sorgfältig restauriert wurde, als der Raum wieder zu Gottesdiensten genutzt wurde. Diese Wandmalerei in Ziesar gilt als nah verwandt mit dem Dekor in der Ernstkapelle des Magdeburger Doms, während man ähnliche Emporen in der Schloßkapelle Wolmirstedt findet. Sicherlich ist aber eine Aufzählung von Einzelheiten in dieser Kapelle falsch, denn das Erlebnis der Harmonie von Details mit der Ausstattung des gesamten Raumes ist das berührend Wunderbare. Der Forscher von Alvensleben urteilte sogar: »Diese Kapelle könnte neben den berühmtesten der Christenheit bestehen.«

Sicherlich verdanken wir diese unberührte Überlieferung des Kunstwerkes der Reformationszeit, in welcher die Bischofsresidenz schnell zu einem Wirtschaftshof herabsank, auf dem sich niemand um die verlassene Kapelle kümmerte. Aus der kurfürstlichen Domäne wurde eine königliche, die Anfang des 19. Jahrhunderts schließlich in Privatbesitz überging.

In der volkstümlichen Überlieferung gilt die Bekrönung des Bergfrieds als weithin sichtbare Bischofsmütze, aber ich sehe das nicht. Sie hat für mich eher die Form eines Kurhutes. Vielleicht machen sich die Besucher eigene Gedanken. Vor fünfzig Jahren notierte man noch: »Nie kommt jemand in das sehr entlegene und völlig unbekannte Ziesar.«

Für eilige Automobilisten mag das auch noch heutzutage zutreffen. Auf der nahen Autobahn erleben sie Ziesar nur als Auf- und Abfahrt plus Raststätte. Doch die Stadt, in der auch ein »Burghotel« steht, ist nicht nur in historischer Hinsicht sehenswert, sie ist lebendig über die alten Mauern und Gräben hinausgewachsen, ein Zentrum der Landwirtschaft und für vielerlei Handwerksbetriebe, schließlich auch die Einkaufsstätte in diesem Landstrich.

18

Bis zur Öffnung der zahlreichen Geschäfte und Werkstätten ist noch Zeit. Ich wandere auf der Straße in Richtung Paplitz, dort stehen noch einige, wenn auch zum Teil schon veränderte Gebäude, an denen man wohl achtlos vorüberfährt, denen aber der Wert als Denkmal nicht abgesprochen werden kann. Sie gehören unmittelbar zur Geschichte unserer Republik: ehemalige Neubauernhäuser, Typ Merseburg 1949. Auch damals mußte schon mit möglichst geringem Aufwand sehr Nützliches geschaffen werden. Hier entstanden langgestreckte Häuser, unter deren einem Dach Wohn- und Stallteile Platz fanden. Inzwischen geraten sie schon in die Historie wie das gegenüberstehende Backsteinhaus mit der verblaßten Inschrift »Molkereigenossenschaft«, ergänzt auf diesem Plan durch die Anlagen zur Jungrinderaufzucht und den Kreisbetrieb für Landtechnik Brandenburg, die für das gewachsene Neue stehen, und Familienhäuser, deren Ziergarten größer ist als einst der Stall des Neubauernhauses.

Zur Stadt komme ich über die Wallgrabenstraße. (Im Osten erinnert der »Angergraben« an die wehrhafte Anlage.)

Eine Frau bringt ein Blech Pflaumenkuchen zum Bäcker. Die halbierten Früchte hat sie mit der Sorgfalt eines Dachdeckers angeordnet. Das Straßenbild belebt sich langsam.

Das »Hospital Sankt Georg« (1884) ist heutzutage Pflegeheim. Es erinnert daran, daß sich einst im Schutz der bischöflichen Burg auch die geistlichen Orden anzusiedeln versuchten. Günstig muß der Ort nicht gewesen sein. Um 1226 gründeten die Franziskaner ein Kloster, siedelten aber rund fünfzig Jahre später nach Brandenburg über. Zisterziensernonnen waren erfolgreicher. Ihr Orden, gegen Ende des 11. Jahrhunderts als Gegenentwurf zu den Benediktinern entstanden, die sich gewöhnt hatten, von Pacht und Zins ihrer Ländereien zu leben, wählte die angestrengte Arbeit als wichtigen Teil seines Wirkens. Das Urbarmachen unfruchtbarer Landstriche betrachtete man als gottgefälliges Tun. Anfangs lehnte man sogar aus diesem Grunde jede seelsorgerische Tätigkeit ab. Allerdings mußten zu diesem Zweck viele Laien als Helfer und Arbeiter gewonnen werden, die schließlich erworbenes Wissen und Können weitertrugen. Die Niederlassungen der Zisterzienser waren deshalb im Mittelalter in gewissem Sinne Landwirtschaftsschulen. Ihre Leistungen in der Mark sind unbestritten. Sie begründeten den Weinbau und schufen vor allem neue Flächen für den Ackerbau. Manche Siedlungen gerieten auch aus der Abhängigkeit und Fron von der Burg Ziesar heraus, wie zum Beispiel Rottstock an der alten Straße nach Görzke, und nannten sich noch nach Jahrhunderten »Klosterdorf«.

Ein Sandhaufen am Weg ist plattgetreten. Fußspuren von Kindern. Wer hoch genug springen konnte, erreichte herrliche Pfirsiche über der hohen Gartenmauer.

Das Straßenschild nennt »Frauentor«. Der Heiligen Maria, »Unser Lieben Frauen«, war das Kloster der Zisterzienserinnen in Ziesar geweiht. Es entstand nach 1340 interessanterweise gleich neben der großen Pfarrkirche, die bereits in der 2. Hälfte des 12. Jahrhunderts errichtet und 1861 umgebaut wurde. Romanische Säulen tragen einen kurzen, niedrigen Verbindungsbau vom hohen Westturm der Kirche zu den beiden Flügeln der einstigen Klausur, die erhalten sind.

Die Reformation aufgrund der Bestrebungen und Überzeugungen Martin Luthers beendete das Leben und Arbeiten in klösterlicher Gemeinschaft. Zwar wurde bereits im Juni 1517 im Rahmen einer Synode in Ziesar durch den Leitzkauer Propst die anwachsende Unruhe dargestellt, welche neue Glaubens- und Lehrmeinungen bewirkten, aber zum Abschluß kam die Entwicklung doch erst durch das Machtwort der Landesherren und zuständigen Bischöfe. Der in jenen Jahrzehnten regierende brandenburgische Kurfürst Joachim war ein Bruder des mächtigen Kardinals Albrecht, der als Erzbischof von Mainz und Magdeburg auch als Organisator des einträglichen Ablaßgeschäftes tätig war. Beide waren Gegner des »lutherischen Ketzerwesens«. Ihr Bruder Georg freilich beschwor auf dem Augsburger Reichstag 1530 seine Treue zum evangelischen Glaubensbekenntnis. Konfrontationen wuchsen in den Familien. Elisabeth, Joachims Gemahlin, bekannte sich heimlich zu Luthers Lehre, floh darauf aus Angst vor Verfolgungen an den Hof der sächsischen Kurfürsten. Der Landesherr von Brandenburg nahm endlich 1539 den neuen Glauben an. Als 1562 ein kurfürstlicher Hofmeister mit dem Klostergut in Ziesar belehnt wurde, mußte er die Verpflichtung eingehen, die verbliebenen Nonnen bis an ihr Lebensende zu versorgen.

Der letzte Bischof von Brandenburg stiftete 1555 vor dem Peterstor in Ziesar ein Hospital. Damit sind zwei Tore der einstmals vier erwähnt. Alle wurden bereits im 17. Jahrhundert abgebrochen. Mit der Bedeutungslosigkeit der Burg fehlte auch ein Grund für die Befestigung der Siedlung.

In einer Beziehung zählt Ziesar zur Ausnahme: Man kommt in eine alte Stadt ohne Marktplatz. Geographische Bedingungen gaben wohl den Ausschlag. Gesiedelt wurde an einem Teil der Heerstraße. Der Raum zwischen einstigen Seen und Sümpfen war knapp bemessen, und so entstand ein »Breiter Weg«, ein Straßenmarkt. Seine Ausmaße sind noch immer erhalten. Nur die Fuhrwerke sind seltener. Autos parken an diesem trüben Vormittag. Einige Fahrer warten rauchend am Lenkrad auf die Rückkehr ihrer kaufwütigen Frauen. Sie haben zwar Muße, aber nicht den rechten Blick für das anheimelnde, märkische Straßenbild mit überwiegend einstöckigen, gepflegten Häusern in frischen, hellen Pastellfarben und Baumgrün. Manchmal gibt es noch eine alte Inschrift dazwischen wie »Otto Bürstenbinder Brunnenbau«. Die Gaststätte »Störtebecker« ist noch geschlossen, um die Ecke rollen Wagen mit singenden Kindern aus der Krippe.

Vor dem Rathaus korrigiere ich in meinem Notizbuch die Bemerkung über das Wappen: Es sind gekreuzte Schlüssel in Gold ...

Die Einwohner des mittelalterlichen Ziesar haben die zahllosen Zerwürfnisse zwischen Erzbistum Magdeburg und Kurbrandenburg immer zu spüren bekommen. Nach dem Dreißigjährigen Krieg geriet die Stadt 1666 endgültig an die Mark, nach dem Tode seines letzten Administrators August von Sachsen 1680 kam das gesamte Gebiet des einstigen Erzbistums an Brandenburg als Ersatz für das 1648 an Schweden abgetretene Vorpommern. Der rote Adler breitete seine Flügel überall aus, wenn es über der Apotheke auch der schwarze Aar Preußens ist.

Über das Katzenkopfpflaster betrat man später die Hauptstadt des selbständigen Kreises Ziesar. Er war aus verwaltungstechnischen Gründen 1773 von der Kurmark abgetrennt worden und lag wie ein Keil zwischen den Kreisen Jerichow I im Süden und Jerichow II im Norden. Als nach 1815 das Königreich Sachsen noch einige Gebiete an Preußen abtreten mußte, herrschte im Land zwischen Elbe und Havel nur eine Landeshoheit.

Die Kindergartenkinder unterhalten sich mit den blütenweißen Schwänen. Vielleicht über deren schmutziggraue Kinder, die auf dem Teichufer liegen und dösen. Ich bin verwirrt und leider abgelenkt. In der Nähe ist das Feuerwehrdepot, und ich ändere schon wieder in meinen Notizen das Wappen der Stadt Ziesar: die Freiwillige Feuerwehr zeigt die gekreuzten Schlüssel (ausgesägt) auf rotem Grund ...

Ich wandere noch einmal durch das rege Vormittagstreiben in der hübschen Stadt, komme durch »Große« und »Kleine Achterstraße« ein letztes Mal dem Burgturm im Süden näher.

Vor dem Park steht ein schlichtes Haus, das ich vorhin bei meiner Burgumrundung übersehen habe. Es kann eine Gedenktafel vorweisen: »Dieses Haus erbaute Friedrich der Große im Jahre 1775«. Da hat sich der königliche Maurer (und Freimaurer) vorbildlich gesputet ... Wenn Friedrich II. nach Körbelitz zur Magdeburger Truppenrevue mußte, wurden in Brandenburg und Rogäsen die Pferde gewechselt. (Apropos Wechsel: Der Landrat von Werder konnte sich nach angeordneter Melioration des Fieners um 1780 in Rogäsen ein neues Schloß bauen.) In Ziesar passierte der König schnell die Schlagbäume, die anstelle der ehemaligen Tore aufgebaut worden waren. In späteren Jahren sann er auf eine Übernachtungsmöglichkeit während der zweitägigen Dienstreise: in Ziesar sollte für ihn neben der Auffahrt zur Burg ein Haus erbaut werden. Der Baumeister ließ sich dafür soviel Geld aus der königlichen Kasse anweisen, daß er sich in geringer Entfernung seinen eigenen Neubau aufführte. (Wohl auch ein Beitrag zu märkischer »Thumbkühnheit« in vergangener Zeit ...) Jedenfalls – so ist überliefert – übernachtete Friedrich II. darauf aus Verärgerung nie in Ziesar.

Leben in Ziesar war auch nicht leicht. Ackerbürger, deren Landwirtschaft sich kaum vergrößern ließ. Handwerker, die an einer immer bedeutungsloser werdenden Straße vergeblich für den Fernhandel arbeiteten. Tonwarenindustrie kam im 18. Jahrhundert auf, erlosch 1939. Aber das Bewußtsein für die wechselhafte, aber farbige Geschichte der Stadt ist überall zu spüren. In vielen Fenstern hängen gerade Glasbilder mit der Burgansicht und den Jahreszahlen 948–1984. Da muß allerdings jemand auf den flüchtigen Blick der Vorübergehenden gesetzt haben ...

Am Vormittag ist so etwas wie Rentnertreff in der Gaststätte des Bahnhofes. Er liegt am östlichen Ende der Stadt. Durch die breiten Fenster sieht man auf saatgrüne Felder, auf denen Getreide dem Winter zu wächst. Wind schwirrt durch die roten und weißen Petunien in den Blumenkästen. Am Fenster sitzen die alten Herren um den großen Tisch: Bier, Schnaps, Bratwurst, Zigarren, öfter ein kräftiges Lachen, und irgendwie lebt die Sehnsucht auf das Reisen zwischen und in ihnen, die Unruhe vor der Abfahrt wie die Neugier auf die plötzlich Angekommenen. Die jüngeren Arbeiter haben es eiliger, verlangen nach Kaffee und wickeln die Stullenpakete aus, grinsen sich zu: so gut wie die da drüben möchte ich's auch mal haben. Aber käme eine Fee herein, um ihnen den Wunsch zu erfüllen, würden sie kalkweiß hinausstürzen, auch wenn die Frühstückspause noch nicht zu Ende wäre.

Engstirniges Kleinbürgertum brachte Ziesar um den frühen Eisenbahnanschluß. Immerhin sollte nach ersten Plänen die Trasse ja zuerst der alten Heer- und Handelsstraße in etwa folgen. Ohne uns in Ziesar! Der Fehler konnte nie ausgeglichen werden, wenn spätere Generationen sich auch mühten. 1896 war eine Ringbahn Burg – Lübars – Magdeburgerforth – Burg entstanden; eine Stichbahn führte nach Ziesar. Eine Kleinbahnstrecke wurde von Ziesar nach Wusterwitz (an der nunmehrigen Hauptstrecke) erbaut, die 1910 zum südlichen Görzke verlängert werden konnte. Geschaffen wurde auch eine Nebenstrecke nach Karow. In alle Himmelsrichtungen konnte man schließlich von Ziesar aus reisen und transportieren, aber nur die im ersten Weltkrieg eröffnete Strecke nach Güsen blieb bis heute übrig.

Aufregung am Rentnertisch. 10 Uhr 36: der Güterzug mit einigen Kesselwagen ist pünktlich zur Stelle. »Wenn der jetzt weg ist …!«

Der weinrote Triebwagen schaukelt mit seinem Anhänger heran. Alle Männer stehen auf, um genau zu sehen, wer diese Endstation erreicht hat. Zwei von ihnen greifen nach den Mützen an den Haken, und ich gehe ihnen langsam nach auf den Bahnsteig. Sie begrüßen ausgiebig Ankommende: »Ach, wir war'n nur mal in der Stadt; mal was anderes sehen. Man kann doch nicht immer nur in der Stube hocken. Der Winter kommt noch früh genug.«

»Ja, man wird alt!« stöhnt eine Frau beim Einsteigen über die hohen Stufen.

Und der Mann antwortet überzeugt: »Jao, awer früh sterwen wolln wi ok nich!«

Der Bahnhofsvorsteher pfeift.

Wir fahren los, und ich korrigiere mich konfus schon wieder: Am Bahnhof zeigt das Wappen von Ziesar zwei gekreuzte Schlüssel, doch nun Silber ... ein wirklich farbenreiches Erlebnis.

Nach Güsen, mit Unterbrechungen

Der Triebwagen fährt von Ziesar nach Güsen am Nordrand des Flämings entlang. Es gibt immer wieder weite Ausblicke in das grüne Fiener Bruch.

»Wat is'n dat?« fragt der kleine Junge im violetten Anorak.

Der alte Herr beugt sich vor und lächelt: »Ein Pferd.«

Aber das will der Junge gar nicht wissen. Sein Finger zeigt in das Bilderbuch auf Mutters Schoß.

»Ein Flugzeug«, antwortet die müde Frau und starrt ziellos durchs Fenster.

»Wat is'n dat?«

»Ein Haus.«

»Wat is'n dat?«

Der alte Herr sieht sich im Vorbeifahren draußen alles genau an: Die Kartoffeln stehen gut. Spargelkraut wächst bis an den Bahndamm. Pferde machen durch Galoppsprünge auf sich aufmerksam.

»Wat is'n dat?«

»Ein Dampfer.«

Ein Strohdiemen wird wie eine ägyptische Pyramide aufgeschichtet. Das Förderband reicht nicht mehr zu seiner Höhe. Eine Frau winkt von der stumpfen Spitze herüber. Der Triebwagenführer hupt. Ein Esel frißt ungerührt weiter.

»Wat is'n dat?«

Die Landwirtschaft zwischen Sand und Sumpf setzte immer schon ständiges Mühen und Können voraus; Liebe wohl auch, aber sie läßt sich bekanntlich schlecht messen. Kraft und Erfahrungen der Arbeitenden machten sich die früheren Herren dieses Bodens durch Gewalt

nutzbar. Zahllose Zwänge fesselten bis zur Leibeigenschaft. Im Lehns-
brief des Tucheimer Junkers von der Schulenburg führte man 1622
drei Ackerleute aus Paplitz wie Zahlungsmittel auf. Die Besitzlosen
verloren nach und nach jedes Recht auf persönliche Selbständigkeit:
der Untertan mußte um die Eheerlaubnis bitten; starb er als Familien-
oberhaupt, suchte sich sein Herr zuerst den passenden Teil der Habe
als Erbschaft aus; man schrieb den Viehbestand vor; es gab keine Frei-
zügigkeit in ein anderes Dorf oder die Stadt; der adelige Patron besaß
das Gericht »über Kopf und Hand« ... Vergessen hat man bis heute
nicht, daß es auf dem Gutshof ein »Hundeloch« gab, in welchem die
Bauern, die nicht rechtzeitig ihrem Hofdienst nachkamen, erbar-
mungslos und ohne Urteil eingesperrt und drangsaliert wurden.

Tatsächlich ist aus dem Jahre 1571 sogar eine Beschwerde der Untertanen aus Paplitz, Tucheim und Wülpen an das Magdeburger Erzstift
bekannt. Die Bedrängten wollten schon ihre hohen Abgaben liefern,
aber wie, wenn es galt zuerst die Saat für den Junker zu beenden, zuerst seine Ernte einzufahren? Die eigene Arbeit geriet hoffnungslos in
Rückstand. Und die Strohseile, um die Garben zusammenzubinden,
sollte man überdies selbst zur Fronarbeit mitbringen! Dazu kamen
ständige Unterbrechungen durch die Verpflichtung zum Botendienst
für die Herrschaft. Noch immer weiß der Volksmund, daß zu diesem
Zwecke sieben Paplitzer Kossaten über ein Paar Stiefel verfügten, und
es gab keinen Widerspruch, wenn durch das miserabelste Wetter der
Rock des Gutsherren nach Magdeburg getragen werden mußte, damit
sein Schneider einen neuen Knopf annähte ...

Es gab manchmal notdürftige Vergleiche, um die größten Spannungen zu entschärfen, doch im Ergebnis wurden nur neue Dienstleistun-
gen urkundlich festgehalten, waren damit bindend und belastend für
die nächsten Generationen.

Bis zum Jahr 1590 gehörten Paplitz, Tucheim und Karow der Familie von Byern, dann teilten sich drei Söhne den Besitz, verloren ihn
aber schon 1603 an die Familie von Schierstedt. Sie behielt das Gut bis
1831. Die Paplitzer Kirche, ein bescheidener Putzbau mit Fachwerk,
1791 von einem Zimmerermeister aus Ziesar ausgeführt, kommt ins
Bild. In ihr erinnern noch drei Epitaphe mit Porträtbüsten an die einstigen Herren.

Der Triebwagen hält. Ein Karton wird hereingereicht, aus dessen dunklen Löchern piepsende Küken zu hören sind.

»Wat is'n dat?«

»Hab ich doch schon gesagt: ein Flugzeug.«

Wir fahren weiter.

Der Kükenkarton ragt über die Lehne, wo das fragende Bürschchen sitzt. Der alte Herr lächelt seltsam zu ihm herüber. Ein bißchen Beschwörung ist beinah spürbar.

Der Zeigefinger tippt wahllos auf das bunte Bild.

»Wat is'n dat?«

Die Mutter schweigt. Die Augen sind ihr zugefallen.

»Wat is'n dat?« wird fordernder.

Keine Antwort. Der alte Herr lächelt zufriedener und nickt.

Der Junge betrachtet die schwarzen Öffnungen im Karton, dann steckt er seinen Zeigefinger in ein Loch und zieht ihn sofort sehr erschrocken zurück. Am Finger ist nichts zu sehen. Der Junge rückt vom Karton fort, näher an seine Mutter. Er sagt kein Wort mehr.

Ich sehe hinüber zum Klingelberg, an welchem die parallel verlaufende Chaussee zwischen Paplitz und Tucheim vorbeiführt. Auch dieser Name ist mit einer Räubergeschichte verknüpft: Glöckchen meldeten den verborgenen Buschkleppern und Spießgesellen, ob ein beladener Kaufmannszug unterwegs war.

Bahnhof Tucheim. Im Vorbeigehen piepsen mir die Küken zu, sie werden alles tun, um der Mutter die kurze Ruhepause zu bewahren vor »Wat is'n dat?« …

Auf dem Bahnhofsgelände gibt es heute ein kostenloses Spektakel: ein schwarzes Kalb soll verladen werden. Offensichtlich fehlt ihm jede Lust zu dieser Art Tourismus. Jemand bringt keine Diplomatie, sondern einen Sack, um ihn dem Unwilligen über den Kopf zu streifen.

Vom Bahnhof führt eine breite Straße in das langgestreckte, ansehnliche Dorf. Am Tucheimer Bach kämmt der Wind ein langmähniges Weidenmonstrum. Kastanien säumen einen Weg, von dem ein anderer auf das ehemalige Gutsschloß hin abzweigt.

Im Herbst 1807 verkündete man in Preußen das »Edikt über den erleichterten Besitz und den freien Gebrauch des Grundeigentums …« Es hob gesetzlich die Leibeigenschaft auf, den Frondienst in der »Erbuntertänigkeit«. Das Durchsetzen der Reform war ein weitaus schwierigeres Werk. Die Napoleonischen Kriege machten sich bemerkbar. Vom Ende des Jahres 1811 an waren die Bauern zu Spanndiensten verpflichtet, um die Fuhrwerke mit Munition und Nachschub für den Feldzug nach Rußland in Richtung Brandenburg zu schaffen.

Nach 1815 nahm die Entwicklung des Agrarkapitalismus auch in den Fienerdörfern Einfluß auf die soziale Struktur. Durch schlechte Produktion und hohe Spekulation gab es häufige Besitzwechsel. In Paplitz zum Beispiel folgte den von Schierstedts 1831 die Familie von Goerschen, von der bereits 1861 der Graf von Königsmarck die Ländereien übernahm. Er verkaufte sie für fast eine halbe Million Mark an den Genthiner Kommissionsrat Hennig. Der parzellierte das Land und verkaufte es an die Bauern, die sich durch die Kreditaufnahme erneut banden. Doch mit der eigenen Verbissenheit schufteten sich die Bauernfamilien – manche bald, manche nie – in eine gewisse, wenn auch oft trügerische Selbständigkeit. Dann wichen die Lehmhäuser mit ihren dürftigen Strohdächern um 1900 stattlichen Ziegelhäusern, die den schwererrungenen Wohlstand nach außen zeigten. Sie bestimmen auch heute noch – in sehr gepflegtem Zustand – das Straßenbild Tucheims, eines Dorfes, dessen Name bereits 965 in einer Schenkungsurkunde Ottos I. auftaucht, und das man im 16. Jahrhundert schon als »Städtlein« bezeichnete.

Vor dem hellen, zweigeschossigen Schloßbau, der mit großer Wahrscheinlichkeit auf einem künstlich angelegten, slawischen Burgwall steht, umgeben Obstbäume und Blumen die alte Auffahrt. Die hübsche Rokokotür (der Bau stammt aus der Mitte des 18. Jahrhunderts) ist geöffnet. Alte Wappensteine sind in die frischgeweißten, hohen Wände eingelassen. Von der Gewölbedecke hängt ein Kronleuchter. Rechter Hand erhebt sich ein wuchtiger Kamin. Die Treppen zur umlaufenden Galerie führen zu Wohnungstüren, denn mehrere Familien wohnen im restaurierten Schloß. Gutsherrschaft ist nun nur noch eine Sache für Geschichtsbücher über die Zeiten des Alten Fritz. Ja, wie auch andere: der ist natürlich auch in Tucheim gewesen, um den Junker eigenhändig zu verprügeln wegen dessen Hartherzigkeit gegenüber seinen Untertanen – erzählt jedenfalls die Sage.

Nicht weit vom Gutshaus steht die große Kirche. Der hohe Turm mit der Schweifhaube, toskanische Pilaster, die barocken Vasen auf der Attika – alles entstand um 1756 ziemlich gleichzeitig mit dem Herrenhaus. Wenn man das helle Schiff betritt, fällt der Blick auf die mit Schnitzarbeiten geschmückte, mächtige Patronatsloge, bekrönt mit den Wappen des Herren von der Schulenburg und seiner Gemahlin. Und genau gegenüber in ihrem Blickfeld, in gleicher Höhe, stand der Prediger … Zwischen beiden Polen befindet sich ein sehenswerter Taufstein aus Marmor. Ein knieender Engel hält die große Taufschale. Auch die Emporen sollten wenigstens wie Marmor aussehen: auf die weißen Bretter ist die dunkle Äderung getüncht. Und in der Nähe des Altars ist die Gruft mit den vergessenen Junkern.

Vor der Kaufhalle der VdgB steht ein unscheinbarer Stein, aber ein wichtiges Denkmal für den schweren Anfang zum Leben im heutigen Tucheim. Es erinnert an eine Jugendbrigade. Nach der Bodenreform fehlte es überall an Zugkräften. Im Genthiner Land wurde Großgrundbesitz an 7 123 Familien aufgeteilt, darunter an über 3 000 Neubauern. Doch lediglich 245 Pferde konnten verteilt werden. In Tucheim und Paplitz bildete man »Maschinenhöfe«, aber das war ein wohlklingender Name für den Gesamtbestand von vier Traktoren. Wie sollte die Frühjahrsbestellung im ersten Friedensjahr bewerkstelligt werden? Der damalige Landrat Paul Albrecht erinnerte sich, in Hohenseeden ein fünfzehnjähriges Mädchen auf einem Traktor gesehen zu haben: Lieselotte Austräger. (Unter dem Namen Lieselotte Busse später weitbekannt geworden als Vorsitzende der LPG Schweineproduktion im benachbarten Demsin/Gladau.) Solche einsatzfreudigen jungen Menschen mußten gewonnen werden, die für die neuen Ziele arbeiten wollten. Und im Februar 1946 bildete sich aus fünfzehn bis achtzehn Jahre zählenden Jugendlichen eine Brigade zur Unterstützung werktätiger Bauern bei der Aussaat. In einem gemeinsamen Aufruf der Parteien (die FDJ war noch nicht gegründet) hieß es: »Helfen wir alle, die Schwierigkeiten zu überwinden!« Es gab sie in Fülle. In Genthin fand sich das knappe Dutzend Begeisterter zusammen, aber niemand verfügte über eine fachliche Ausbildung. Die Meister Tönnies und Schröder, die in der Kreisstadt eine Reparaturwerkstatt betrieben, gaben sechs Tage praktische Unterweisungen, dann setzten sie ihren Firmenstempel auf die provisorischen Ausweise. Die erste, beispielgebende Jugend-Traktorenbrigade im damaligen Land Sachsen-Anhalt mußte sich in der Arbeit bewähren. Mit vier zusammengeflickten Lanz-Bulldogs pflügten die Jugendlichen Tag und Nacht rund 850 Hektar. Unter Schwierigkeiten: Ersatzteile verschwanden, oft fehlte Benzin, Schnapsbrenner boten Proben ihrer geheimen Produktion, um bevorzugt zu werden. Als die Erntezeit kam, gab es die Freie Deutsche Jugend bereits, und zu derem 2. Parlament konnte man dem Brigademitglied Heinz Lucke sogar schon einen Anzug nähen lassen.

Erst im Jahre 1888 begann man mit dem Bau einer Chaussee zwischen Tucheim und Genthin, die das Bruch durchquerte. Die agrarkapitalistische Entwicklung brauchte unbedingt den Anschluß an die großen Verkehrsadern wie Eisenbahn und Kanal. Die schwere Entwicklung zur leistungsfähigen, sozialistischen Landwirtschaft hat ungleich höhere Leistungen und Veränderungen bewirkt. Hohen Anteil haben die vorbildlichen Landwirtschaftlichen Produktionsgenossenschaften in Tucheim »Ernst Thälmann« (Pflanzenproduktion) und »Weltfrieden« (Tierproduktion). 1976 bildete sich der Gemeindeverband. Da war die dritte und umfangreichste Melioration des Fiener Bruches (auch ein Jugendobjekt) – zwischen 1964 und 1970 – abgeschlossen und wirksam. Anlagen für die Milchproduktion und die Schweinemast entstanden, wurden bald vergrößert, und auch das Trokkenfuttermischwerk Tucheim.

Nutzbar ist das Land durch die Arbeit vieler Generationen geworden. Dickicht wuchs einst auf dem Morast. Begehbare Pfade kannten nur die Einheimischen. Auf ihnen erreichte man in Fehde- und Kriegszeiten abgelegene Verstecke. Knapp vier Kilometer nördlich von Tucheim liegt der sogenannte Burgstall, eine der wenigen Zuflucht- und Siedlungsstätten im Bruch.

Auch Dretzel, wohin mich der Triebwagen nach Mittag mit der lärmenden Schülerschar bringt, die von Tucheim wieder bis Gladau und Schattberge reist, kann mit einer alten Burgstelle aufwarten. Auf ihr erhebt sich der mächtige Bau des ehemaligen Schlosses (zweigeschossig, fünfzehn Achsen), stattlich und klassizistisch zwischen 1807 und 1810 gemauert und verputzt. Vermutet wurden Entwürfe von Karl Friedrich Schinkel (1781–1841), wenigstens sind Anregungen seiner künstlerischen Handschrift spürbar. Wenig mit dieser architektonischen Gesinnung, aber viel mit dem Geschäft der einstigen Besitzer hat die nahegelegene einstige Brennerei zu tun gehabt.

Dretzel, wo sich heutzutage eine zentrale Werkstatt für Landmaschinen befindet, hat aber auch eine, wenn auch unscheinbare, geschichtliche Erinnerung an die Anfänge des technischen Zeitalters. Es ist der »Telegrafenberg«. Hier stand eine Station der optischen Telegrafenlinie, die 1833 zwischen Berlin und Köln eingerichtet wurde. Die Signale in Form veränderlicher Balkenstellungen wurden von Dretzel nach Zitz (und umgekehrt) über das Fiener Bruch hinweg mit Fernrohren beobachtet und weitergegeben.

Zum Erstaunen der Triebwagenbesatzung besteige ich nun auch noch den Abendzug.

In Hohenseeden fahren wir am Reitplatz, dann am Bad vorbei. In einem Einschnitt verlassen wir die Hochfläche. Dunst liegt wieder über der Ebene. Ein letztes Sonnengelb flammt vor der langen Abenddämmerung auf. Herbstfarben – Graugelb, düsteres Grün und blauviolette Schatten – schimmern matt. Im weiten Bogen fahren wir zum Bahnhof Güsen, wo sich drei Eisenbahnstrecken treffen.

Ich steige endgültig aus.

Es sind nur wenige Reisende, die auf die abendliche Rückfahrt in Richtung Ziesar warten. Sie kennen sich alle.

»Wo ist denn hier die 1. Klasse?« fragt ein Mann in dunkler Lederjacke. Dann kommt die Frau mit der roten Mütze.

»Solln wir warten, ob noch wer kommt?«

»Fahrt man los! Es sind sowieso keine Fahrkarten mehr da.«

»Gut. Wir kommen ja doch nachher noch einmal wieder ...«

Ein Pfiff. Und schnell entfernen sich die roten Lampen, sind hinter dem schwarzen Wald wie weggewischt.

Parey am Kanal

»Die Ebene ist das Gefühl, an welchem wir wachsen«, hat Rainer Maria Rilke (1875–1926), ein Österreicher, vom norddeutschen Flachland geschrieben.

Durch den klaren Sonnentag sehe ich weit vom Steilufer bei Derben auf das Grau der breiten Elbe, das in der Ferne, zwischen dem stumpfen Grün der Wiesen und Felder, bewegungslos und starr scheint.

Diese Ebene mit wechselhafter Flut, mit Schlick und Sand, ist ständig eine Herausforderung an die Menschen geblieben, das Unwirtliche, die tückische Bedrohung und die Kargheit doch irgendwie anzunehmen und zu nutzen. Und oft genug entbrannte tiefer Haß um den Besitz des Landes am Strom.

Nach dem Dreißigjährigen Krieg war Derben verwüstet, bot keine Heimstatt mehr, wurde vergessen. Erst nach dem Kanalbau zur Havel und von Plaue aus, der hier eine (unbequeme, aber billige) Mündung zur bedeutenden Wasserstraße bekam, entstand wieder allmählich ein Schifferdorf. Eine Außenstelle des VEB Schiffsreparaturwerft Genthin ist vorhanden.

Archivalien und erhaltene, historische Zeugen erzählen in dem Landstrich zwischen der Elbe, um Derben und Parey, und dem Ihle-Kanal Beeindruckendes von vielfältigen Anstrengungen, die bescheidenen natürlichen Voraussetzungen zu erschließen.

Wenn die Elbe und ihre Nebenarme auch jedes Hochwasser in das ebene Land dringen ließen, so war der Strom doch schon im Mittelalter für die Bauern als beinahe kostenlose Energiequelle unabdingbar. Im Fluß wurden Schiffsmühlen verankert. Sie bestanden aus einem Hausschiff (dem Ufer zugewandt) und dem Well- oder Walschiff, die mit Balkenstegen miteinander verbunden waren. Nach erhaltenen Kontrakten wissen wir um solche Anlagen bei Parey bereits im 16. Jahrhundert. 1634 war wieder der Neubau solcher schnell vergänglichen Zimmermannsarbeit fällig. Er fiel schon 1653 einem Hochwasser zum Opfer. 1704 werden 750 Taler als Baukosten aufgeführt. Die Pächter wechselten oft. Um 1800 gab es mehrmals starke Beschädigungen durch Eisgang. Im Jahre 1806 war diese Pareyer Mühle (im Magdeburger Gebiet gab es 23 solcher privilegierten Anlagen), die auch der zunehmenden Schiffahrt mit großen Lastkähnen hinderlich war, verrottet. Der letzte Müllermeister bat um die Genehmigung, eine Windmühle auf dem Steilufer betreiben zu dürfen ...

Noch vor wenigen Jahren waren die Pareyer stolz, daß sich eine nützliche Nachfolgerin mit hohem, klobigem Haus, drehbar auf einem niedrigen, steinernen Fundament, erhalten hatte: eine Windmühle (aber sicherheitshalber auch mit Motorantrieb) in der Paltrock-Bauart, die sich mit einer Windrosetten-Konstruktion selbständig in den Wind drehen konnte. Ein Blitzschlag vernichtete die hölzerne Herrlichkeit aus vergangener Zeit. Sie fehlt nun leider unter den Raritäten, die hübscher als in einem Museum der Technik um Parey in seiner angenehmen Landschaft noch verstreut stehen und, wenn auch unter schwierigen Bedingungen, erhalten werden.

Eine Windmühle in Parey wird urkundlich bereits 1413 erwähnt. Altmärkische und brandenburgische Ritter überfielen den Ort, der 946 erstmals genannt wurde. In einer Klageschrift werden die Verluste der Bauern notiert: 31 Häuser, drei Scheunen, 606 Kühe, 1100 Schafe, 740 Schweine, 72 Pferde ... ja, und eine Windmühle. Die langwierige Entwicklung zur stattlichen Siedlung war abgerissen. Die Nordseite des Genthiner Elbtales (und Ringfurth auf der linken Elbseite) – auch »Wasserwinkel« genannt – gehörte der Familie von Plote. Deren Burg in Parey wurde von den Magdeburgern 1434 überrannt. Und dieses »Erbsloß« auf dem Kirchberg, der später abgetragen wurde, gaben nach den Zerstörungen, die 1496 Eisstau und Hochwasser verursachten, die »Edlen Herren« endgültig auf, um auf ihren Güsener Hof zu ziehen.

Die Bedeutung Parays sank erst einmal. Nur Hartnäckige siedelten weiter und bestellten Äcker und Weiden, mühten sich durch die Jahrzehnte des großen Krieges in Deutschland und blieben doch, wenn die Arbeit Früchte trug, immer in Abhängigkeiten und Verpflichtungen denen von Plote gegenüber. Zwei Herrenhöfe, von denen einer der Familie Krug zu Nidda zufiel, sammelten den Reichtum aus der Fron. In der Dorfkirche erinnern marmorne Epitaphien aus dem 18. Jahrhundert an sie, die Adelsempore mit ihren wappentragenden Engeln als Teil der prächtigen Ausstattung in dem schönen Saalbau aus dem Jahre 1698, dessen Turm mit Welscher Haube und Laterne das Bild der alten Ansiedlung bestimmt.

Im 18. Jahrhundert ist die Entwicklung der Technik etwas kurios mit dem Alltag in Parey verquickt. 1767 steht amtlich der Ort an erster Stelle, wenn es um die Zahl der Maulbeerbäume geht ...

König Friedrich II. verfolgte stur das Ziel, sein Land möglichst unabhängig von der Einfuhr kostspieliger Luxusgüter zu machen. Sie sollten im eigenen Land hergestellt werden. Schätzungsweise zwei Millio-

1 Havelberg: Blick zum Dom
2 Im Havelberger Dom: Kirchenschiff
3 Johann von Wöpelitz, Kirchenfenster im nördlichen Seitenschiff (um 1400)
4 Am Havelberger Hafen
5 Havel bei Vehlgast

6 Burg Ziesar
7/8 Der Holzbildhauer Günther Klam, ansässig in Kamern, schuf das »Kranichtor« am
Gülper See
9 Fährmann an der Havel bei Strodehne

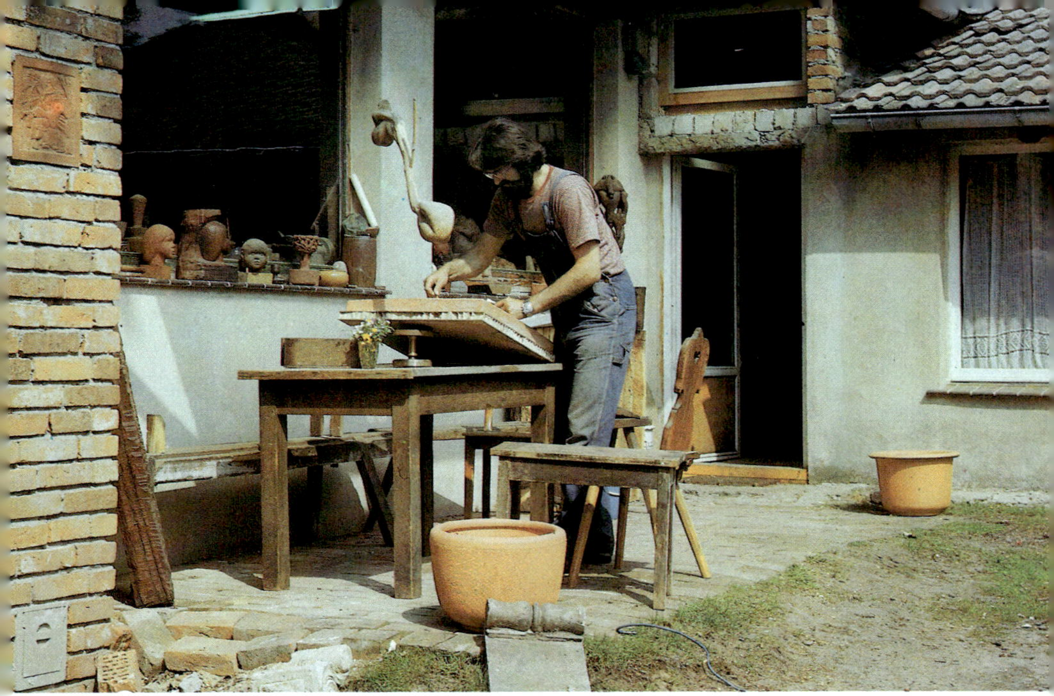

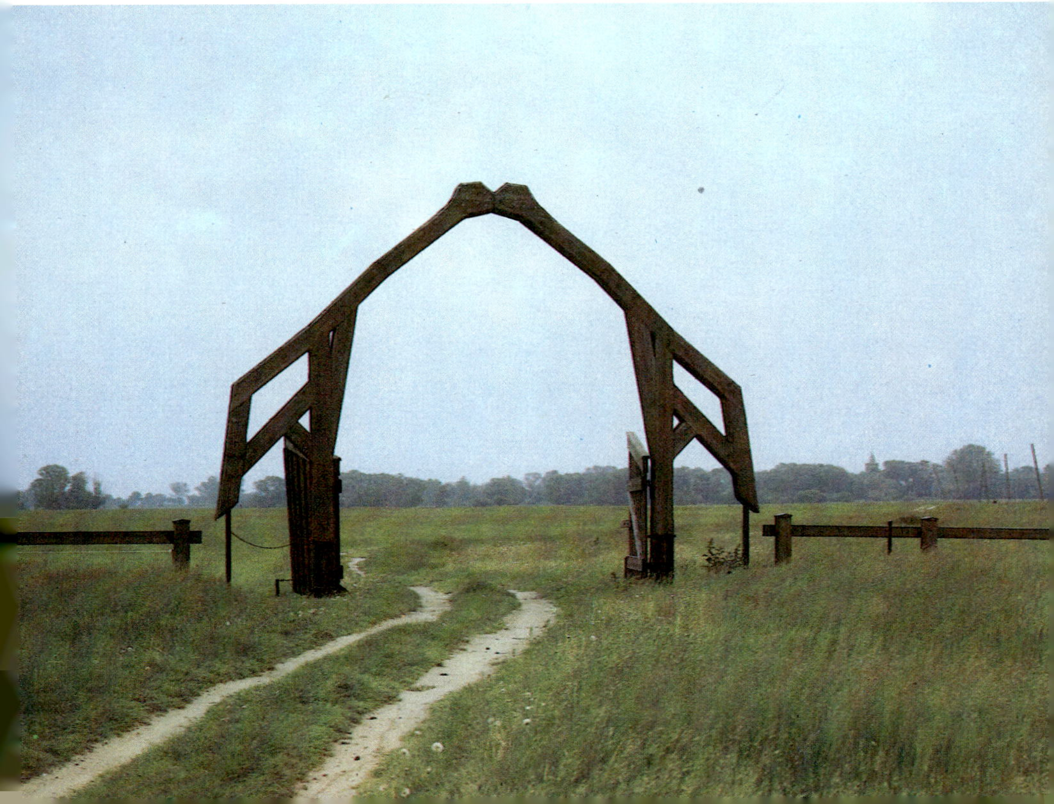

nen Taler bewilligte er dabei, um die Produktion von modischen Seidenstoffen zu fördern. Seidenraupen fraßen Maulbeerblätter, also mußten auf Befehl überall solche Bäumchen gepflanzt werden. Der strenge Winter von 1739 auf 1740 vernichtete sie praktisch vollkommen. Doch kein Rückschlag konnte die Bemühungen des Königs aufhalten. Der Magdeburger Kammer gab er die Schuld, denn auf den Rand ihrer dilettantischen Order notierte der Monarch: »es hält nichts in sich solkes Dumes habe ich meiner Tage nicht gesehen.« Ein ander Mal traf es die Seidenbauer, die durchschnittlich nur sechs Pfund Kokons (doch rund drei Kilometer Faden wiegen ja nur ein Gramm!) ablieferten: »Das kan nicht seindt die wahre Uhrsache ist das die Leute nicht Würmer genug haben, sie zu früh ausbrüten lassen und nicht atent genug seindt sie mit trockene Blätter zu futern« ...

Selbstverständlich waren die Bauern skeptisch. Aber Maulbeerbäume, deren Blätter erst vom sechsten Jahr an gepflückt werden durften, waren nun einmal überall anzupflanzen. Jeder Kolonist mußte drei Bäume vorm Häuschen haben. Die Kirchhöfe mußten damit prangen. Dreißig Bäume waren die Voraussetzung zur Aufzucht der Raupen aus einem Lot Eiern. Je Hufe Land mußten sechs Maulbeerbäume vorhanden sein, jeder fehlende Baum bewirkte vier Groschen Strafe ...

Aus Parey konnte man also 1767 Erfolge melden: 2 367 Bäume wuchsen heran! Zusätzlich wurde Samen verteilt, aber 1773 war die Zahl um rund 500 gesunken ... Begründung (auch aus anderen Orten zwischen Elbe und Havel): mal Nässe, mal Dürre, mal Frost ... Der König hatte eine andere: »es seindt faule Esels«, schrieb er als Randnotiz.

Die Bäume starben im ungewohnten Klima nach und nach. Die Genthiner Plantagen (1753 angelegt) wurden 1810 endgültig aufgegeben. 1805 wurden im Magdeburger und Halberstädter Gebiet lediglich noch 300 Pfund Seidenkokons gewonnen, dann vergaß man während der Kriegswirren das »große« Geschäft, das der »Alte Fritz« einst eifrig angekurbelt hatte.

Heutzutage ist Parey Sitz des Gemeindeverbandes. Nicht nur landwirtschaftliche, sondern auch industrielle Betriebe haben ein beachtliches Niveau erreicht. Aus bescheidenen Anfängen entstand zum Beispiel der VEB Stahlbau. Nach 1930 gab es wenige Arbeitsplätze. Als

Das ehemalige Herrenhaus in Parey (um 1860)

Waschgelegenheit genügte ein Eimer. Nach 1945 reparierte man zuerst Feldküchen und Pferdegespanne für die Rote Armee, dann Baumaschinen. Behelfsbrücken und Neubauernhöfe wurden errichtet. Seit 1953 kamen Stahlkonstruktionen für Fertigungshallen und Krananlagen in das Produktionsprogramm ...

Ein nächstes Stück im weiten Gelände eines technischen Museums in Parey: Im Ort steht die einzige hölzerne Kabelkrananlage in der DDR, die im Jahre 1921 für das ehemalige Dampfsägewerk gebaut werden mußte. Und von dort aus erblickt man auch – abseits vom Dorf – einen alten, hohen Schornstein, der zu einer stillgelegten Ziegelei gehört.

Einst waren Ziegeleien typisch für diese Landschaft bis hin nach Werder an der Havel. Reiche Lehmvorkommen in den urzeitlichen Flußtälern boten eine gute Voraussetzung. Im Jahre 1808 zählte man im Genthiner Land 13 Betriebe. Nach der Einführung der Gewerbefreiheit in Preußen entstanden immer neue Anlagen (bis 1848 waren es 63), da die Ziegeleien in diesem Landstrich den höchsten Profit erreichten. Kaufleute und Rittergutsbesitzer wetteiferten in der Gründung neuer Anlagen. Das Kanalsystem ermöglichte billigen Transport.

Die primitiven Feldöfen, die meistens nur vorübergehend genutzt worden waren, wurden durch »altdeutsche« Öfen abgelöst. Mit ihnen ließen sich mit einem Brand bis zu 46 000 Steine herstellen, doch mußte das Feuer immer wieder gelöscht werden.

Nach 1858 gab es als technische Neuerung den Ringbrandofen – wie er in Parey bis 1978 betrieben wurde und nun ein technisches Denkmal ist. Der Schornstein erhebt sich konisch aus dem Mittelpunkt eines breiten, kreisrunden Gebäudes mit flachem Dach. Hohe, gewölbte Tore führen in regelmäßigen Abständen in das rußige Ziegelbauwerk.

Da steht die verlassene Anlage inmitten der herbstlichen Felder. Wind schüttelt die Bäume am nahen Kanal. Alles atmet die Ruhe eines Idylls. Es fällt schwer, sich die eintönige, schwere Arbeit vorzustellen, die einst das Leben der Männer und Frauen an dieser Stelle prägte ...

An frostschwachen Tagen im Winter mußte die Lehmerde gegraben werden. Mit Schiebkarren fuhr man sie zu langgestreckten Haufen zusammen. Sie mußte »ausfrieren«, damit aus den gebrannten Steinen nicht gleich der weiße Salpeter kristallisierte.

Im April begann die Saison, von den zahlreichen Tagelöhnern sehnlich erwartet. Der Lehm wurde in tiefe Gruben, die mit Bohlen ausgelegt waren, gekarrt. Wasser floß in diesen »Sumpf«. Einen Tag und eine Nacht stand der zähe Brei, dann warf ihn der »Sumpfschmeißer« mit einer hölzernen Schaufel, die einen faserigen Rand (»Bart«) haben mußte und ständig in Wasser zu tauchen war, in den gedielten Teil der Scheune, den man »Trade« nannte. Pausenlos wurde dort der Lehm durchgehackt. Dann schlug ihn die linke Hand des Arbeiters in eine blechbeschlagene Form, damit alle Ecken ausgefüllt wurden, während die rechte gleichzeitig die überflüssige Masse abstrich. Geschickt mußte der Rohling auf ein Brettchen gelegt werden. Nun griff sich der »Abtragejunge« einen Stein, legte ihn auf den Kopf, wo ein Strohkranz die Kappe umgab, nahm weitere in jede Hand und brachte alles eilig auf ein Gerüst zum Trocknen. Auf den Rückweg nahm er drei neue Brettchen, die er noch mit feinem Sand bestreuen mußte, damit der nächste Rohling nicht »anbackte« ...

Stichwort: Abtragejunge. In 111 Ziegeleien im Kreis Jerichow II schufteten 1890 dreißig Kinder im Alter von 12 bis 14 Jahren, 279 männliche und 7 weibliche Jugendliche im Alter von 14 bis 16 Jahren. Tägliche Arbeitszeit: zehn bis zwölf Stunden und keinen freien Sonnabend.

Nun karrte man die Rohlinge in den Trockenschuppen, wo sie je nach Witterung ein bis zwei Wochen lagen. Und wieder die Schiebkarre, damit in einen »altdeutschen« Ofen in einer Woche rund 80 000 Steine kamen. Das Brennen in verschiedenen Stufen war eine Kunst für sich. Dann wieder Schiebkarren, um in Hetze alles aus der heißen Brennkammer zu fahren in das Lager, von dem schließlich wieder über schmale Bohlen auf die Lastkähne. Bis zur »Gründerzeit« war der Bedarf an Ziegel- und Dachsteinen geringfügig angestiegen. Dann begann das große Geschäft: Die Städte – vor allem Berlin – wuchsen, in den Dörfern wurden Ziegelbauten Mode. Mit der Zahl von 132 Ziegeleien erreichte man 1883 in dieser Landschaft den Höchststand.

Zwar gab es technische Neuerungen wie die Strangpresse, Lokomobile wurden aufgestellt, 1867 die Abmaße der Steine genormt, aber die »altdeutschen« Öfen gab es auch weiterhin und das Streichen der Rohlinge mit den Händen, denn die Menschen blieben die billigste Kraft. Die Unruhe über die soziale Misere wuchs. Im April 1890 bildeten die Ziegeleibesitzer von Genthin und Umgebung trotz aller Konkurrenz eine Gemeinschaft, »um einen etwa eintretenden Arbeiter-Ausstand zu bekämpfen«. Sollte irgendwo gestreikt werden, beschloß diese Art von Mafia, würden innerhalb eines Tages (spätestens!) sämtliche Arbeiter im Bezirk fristlos entlassen. Der Name des Vorsitzenden muß bekannt vorkommen: Freiherr von Plothe aus Parey. Und 1895 kam es folgerichtig zur ersten Monopolbildung im »Verein der Rathenower Ziegelfabrikanten«.

In Öfen wie in Parey faßten die ringförmig angelegten zwanzig Brennkammern je 7 500 Steine. Im vierzehntägigen Zyklus wärmte man Rohlinge vor, andere wurden in verschiedenen Stufen gebrannt, wieder andere langsam abgekühlt. Ohne Unterbrechung produzierten rund fünfzig Arbeiter auf diese Weise jährlich 2,5 Millionen Steine und eine halbe Million Dachpfannen.

Die Pareyer Ziegelei liegt nahe der Gabelung des Ihle-Kanales zum Durchstich. Die Kanäle, ein System von künstlich angelegten Wasserstraßen und vorhandenen Flußläufen, sind nun, wenn man so will, neben Schiffs- und Windmühlen, neben Kabelkran und Ziegelei das größte und lebendige technische Bauwerk, das am eindrucksvollsten die Landschaft veränderte und sie bis heute bestimmt.

Die erste Pareyer Schleuse wurde 1745 am westlichen Ende des Plauer Kanales angelegt, um den Höhenunterschied zur Elbe zu überwinden.

Die frühen Kanäle sind eine Leistung aus den Regierungsjahren Friedrichs II. von Preußen. Ein erster Plan wurde sogar schon vor ihm – 1709 – vorgelegt, um einen Wunschtraum, eine Schiffahrtsverbindung zwischen Elbe und Havel, zu erfüllen. Er wurde vom »Soldatenkönig« Friedrich Wilhelm I. (1688–1740) ohne Nachdruck verfolgt. Seinem Nachfolger leuchtete aber schnell ein, daß der vorgesehene Ausbau der Königlichen Saline Schönebeck (und ihr erhoffter Gewinn) abhängig war von einer schnellen Verbindung nach Brandenburg und Berlin.

Die natürlichen Gewässer verliefen zum guten Teil in westöstlicher Richtung. Ihle und Stremme standen vom Beginn der Planung im Mittelpunkt. Nach einer ersten Probefahrt 1745 wurde der Plauer Kanal im darauffolgenden Jahr freigegeben. Er benutzte vor allem den Parchauer Bach und die Stremme. Schleusen bei Plaue, Kade und Parey wurden gebaut.

Leider war die Pareyer Schleuse in den folgenden hundert.Jahren ein ständiges Hindernis. Sie lag ja nicht unmittelbar an der Elbe, sondern entließ die Lastkähne (oder nahm sie auf) in einen alten Flußarm, der erst nach fünf Kilometern beim Steilufer bei Derben mündete. Mit jedem Hochwasser schleppte die Flut Mengen von Sand und Schlick in diesen Elbarm, den man bald Baggerelbe nannte. Dort mußte unentwegt die Fahrrinne vertieft werden, und wenn das nicht schnell voranging, dann lagen wie im Frühsommer 1824 zwischen Parey und Genthin mehr als 170 Schiffe fest.

Eine spürbare Konkurrenz bot die erste Eisenbahnlinie zwischen Berlin und Magdeburg. In den fünfziger Jahren des vorigen Jahrhunderts verödete der Kanal. Doch nach 1862 legte man ihn zeitweise trocken, um ihn durch Tagelöhner vertiefen und verbreitern zu lassen. Schicht: zehn Stunden, Lohn: anderthalb Mark.

Von Seedorf kam eine Abzweigung zur Ihle hinzu. Auf Betreiben der Stadt Burg wurde das Flüßchen zum Kanal, über den man bei Niegripp in die Elbe fuhr.

Das »Genthiner Wochenblatt« berichtete:

»Am Sonntag, dem 13. August 1871 hatte der Wasserbauinspektor Hagen eine schöne Feier zur Eröffnung des neuen Kanals veranstaltet. Ein großer Kreis von Damen und Herren waren zu einer Lustfahrt eingeladen ... An der Schleuse bei Bergzow wurde ein großer Kahn bestiegen, der für dreißig Personen reichlich Platz gewährte. Der Kahn war höchst geschmackvoll und wunderschön geschmückt. Die Fahrt ging rasch vonstatten, da der Kanal überall von gleicher Tiefe war ... Diese Probefahrt ging bis unter Ihleburg, wo man in einem angrenzenden Eichenwald durch einen Festschmaus die Fahrt beendete.«

Im Herbst 1871 wurde der Kanal für die Schiffahrt freigegeben. Zwar war die neue Strecke nach Niegripp länger, aber besser, denn noch immer störte die Pareyer Schleuse an der Baggerelbe. Als nach 1888 die Elbe bei Parey neueingedeicht wurde, schuf man drei Kilometer flußaufwärts eine neue Öffnung zum Fluß. Nach der Einweihung der neuen Pareyer Schleuse fuhren die Schiffer dort entlang, wenn Berlin ihr Ziel war, aber über Niegripp in Richtung Magdeburg.

Einen weiteren Ausbau des Kanalsystems verhinderte der erste Weltkrieg. Nach ihm kamen wieder alte Vorstellungen über eine durchgehende Wasserstraße zwischen Rhein und Oder auf manche Tagesordnungen. 1920 beschloß dann der Preußische Landtag den Bau des Mittellandkanals von Magdeburg nach Hannover als Anschluß an die märkischen Wasserstraßen. Zusätzliche Veränderungen begünstigten das Vorhaben. Zum Beispiel schnitt bei Parey ein neuer Durchstich den Ihle-Kanal-Bogen bei Bergzow ab. Mit der Eröffnung des Schiffshebewerkes Rothensee endlich wurde 1938 der Kanal (mit Ausnahme der Elbüberführung bei Hohenwarthe) fertig. Weitere Pläne machte der Krieg zunichte ...

Die Zeugen für die alte Technik im weiten Umkreis um Parey habe ich mir angesehen. In der Nähe des Ortes ruhe ich mich an der »Alten Elbe«, einem wunderschönen Naherholungsgebiet, aus. Wenn man eine windgeschützte Stelle findet, ist der Nachmittag warm und hat noch manche Angler herbeigelockt; während das Bad und die Bungalows schon in den Herbst dämmern. Das Recht auf die Fische gehörte einst auch in den Elblaken den zuständigen Rittergütern. Man konnte als Untertan aber in ihnen mit dem Hamen, einem Netz, fischen, vorausgesetzt die Frau arbeitete dann drei Tage (kostenlos!) beim Flachsverarbeiten für den Junker ...

Rast in Ferchland

Müde erreiche ich am Nachmittag das hohe Ufer der Elbe bei Ferchland. Regengrau überzieht die Ebene, Windböen kräuseln den Fluß wie Vorboten der Winterstürme, die bald wieder von Nordwest heranjagen werden.

Zu einer alten, vergessenen Fährstelle bin ich gewandert. Manche historische Erinnerung ist mit ihr verbunden. Man betritt und übersieht einen Schauplatz unserer Geschichte. Anfang Mai 1813 wollte an dieser Stelle Adolph Freiherr von Lützow (1782–1834) mit seinem Freikorps die Elbe überqueren. Der Zeitpunkt schien sehr günstig zu sein. Der Widerstand der bedrängten Armeen Napoleons ließ nach. Einen Monat zuvor hatten vereinigte russische und preußische Truppen bei Möckern einen Sieg über die Franzosen aus der Festung Magdeburg errungen. Lützows »wilde, verwegene Jagd« drängte es, das westliche, französisch besetzte Ufer zu erreichen, aber der gute Plan, alle mutigen Vorhaben wurden erst einmal bei Ferchland vereitelt. Der Gegner hatte diese Fährstelle bestens befestigt: 5 000 Soldaten und acht Geschütze ...

Ferchland findet man 1305 zum ersten Mal in einer Urkunde als Berchland. Das hohe Ufer hat wohl den Ortsnamen beeinflußt. Es ist eine auffallende Barriere in der Niederung des Elbtales, die sich weit nach Osten ausdehnt. Während man dort auf den schlickbedeckten, höher gelegenen Flächen Ackerbau betreiben konnte, nutzte man die

Aue zwischen dem Fluß und den Deichen als Grünland trotz der vielen Tümpel und Auskolkungen. Und das »Berchland« ist Sand, der zu Dünen zusammengeweht wurde.

Durch Deiche haben die Bewohner während des letzten Jahrtausends das Bild der Landschaft gestaltet. Wenn es über die ersten Anlagen keine schriftlichen Zeugnisse gibt, so ist doch unbestritten, daß bereits die slawischen Stämme erste Aufschüttungen schufen. Nur in ihrem Schutz konnte man auf Dauer Herr des Landes sein ... vorausgesetzt, daß der Friede erhalten blieb. Welchen Wert man schon im Mittelalter auf diese Deiche legte, läßt eine Überlieferung ahnen: Die Bewohner der späteren Wüstung Poppendorf (südlich von Biederitz) waren – abgesehen von einer geringen Pacht – um 1164 von allen Abgaben befreit, mußten aber die Deiche erhalten. Gleiche Absichten verband man mit Gewißheit auch im 12. Jahrhundert mit der Anwerbung niederländischer Kolonisten für das Land an der Elbe. Der Erfolg der Ansiedlung ist nachweisbar. Kaufleute in Burg nannten in jener Zeit ihre Herkunftsorte Driest, Löwen oder Brüssel. Auch der Name der Wüstung Glawe auf der Feldmark von Ferchland wurde bereits mit Leuwen in Brabant in Verbindung gebracht. Verbreitete Flurnamen selbst wie Dunk (der Hügel im Sumpf) oder Fenn (das Land um den Morast) sind niederländischer Herkunft. Diese Sprache und die Kultur ihrer Verbreiter beförderten seit dem Ende des 12. Jahrhunderts in der Altmark und im Havelland wesentlich die Entstehung des Märkischen.

Die Sorge um die neuerworbene Heimat war unmittelbar verknüpft mit den Mühen um die Deiche. Fürchterliche Strafen wurden festgeschrieben für Generationen: wehe dem, der einen Deich durchstach; der nicht ohne jeden Vorbehalt schnellstens seiner Deichpflicht nachkam; der einen »Mitdeicher« in irgendeiner Weise schädigte!

Über alle Verpflichtungen wachte ein Deichgericht. Der zuständige Hauptmann war der Gerichtsherr auf Burg Plote bei Genthin. Seine Zuständigkeit galt im Mittelalter dem Elbabschnitt zwischen Ferchland und Hohenwarthe, zwei markanten Erhebungen auf dem östlichen Ufer. Zum Unterhalt der Deiche waren sogar die Bewohner des weiteren Umlandes – bis Altenklitsche, Genthin und Güsen beispielsweise – dienstpflichtig. Die Wirksamkeit einer notwendig gewordenen

Neufassung der Deichverfassung im Jahre 1619 verhinderte der Drei
ßigjährige Krieg, der sich ab 1626 in dieser Gegend festfraß. Die Anordnung mußte 1655 mit Nachdruck wiederholt werden, da das Frühjahrshochwasser die vernachlässigten Deiche durchbrach und zur
Katastrophe heranwuchs. In Magdeburg stieg der Pegel auf 649 Zentimeter, was einen absoluten Höchststand bedeutete. Damals wurde die
Elbe zwischen Hohenwarthe und der Höhe Havelberg in Unterabschnitte aufgeteilt. Danach war nicht mehr Ferchland der Grenzpunkt,
sondern das Steilufer bei Derben. Obwohl nicht alle Dörfer damals
zum Gebiet des Erzstifts zählten, sondern zum Beispiel wie Ihleburg
kursächsische Enklaven waren, gab es bei der Verpflichtung zum Deichen niemanden, der sich ausschloß.

Mit der Spitze des Turmes der wunderschönen Fachwerkkirche
Ferchlands ragt eine große Krone in den dunklen Himmel. Der Bau
wurde im Jahre 1729 geschaffen, als man den schmalen Siedlungsplatz
an der alten Fährstelle zum Teil aufgab und das Dorf auf dem gesicherten und verbreiterten Ufer nach Norden zu noch einmal baute. Während der Kanonaden in den letzten Wochen und Tagen des zweiten
Weltkrieges an der Elbe war auch die Kirche ein Zielpunkt, aber durch
die tatkräftige Gemeinde wurde sie 1955 instandgesetzt und umfassend restauriert.

Sandige Wege führen am Steilufer Ferchlands entlang. Der Wind
kommt vom düsteren Fluß herauf über den Hang und wühlt in den
trockenen Grasrispen. Ungemütlich und kühl ist der Nachmittag, und
nur mit viel Phantasie kann man Bilder aus dem unruhigen Frühjahr 1813 an diesem Ort heraufbeschwören. Die Fährleute und Bauern
erlebten nicht nur tatenlos Lützows Mißgeschick damals, sondern auch
am 28. Mai den draufgängerischen Kosakengeneral Tschernitschew,
der wie der Blitz aus heiterem Himmel in Ferchland mit über eintausend seiner Steppenreiter erschien und sich in Hast nach Grieben auf
das westliche Ufer übersetzen ließ. Wie ein Gewittersturm brach er in
das französische Königreich Westfalen ein, preschte mit seiner Schar
zur Hauptstadt von dessen Saale-Departement – nämlich Halberstadt
am Harz – vor, schlug dort zwei Tage später eine völlig überraschte
Nachschubeinheit und raste zurück. Für die Bevölkerung in der Börde
war er das erwartete, sichtbare Zeichen für die nahe Befreiung, für die

französische Besatzung das Signal ihrer zerfallenden, militärischen Macht.

Nach 1815 wurde es dann immer ruhiger um die Ferchlander Fähre. Chausseen und Eisenbahnstrecken erreichten den Ort nicht. Der Fährkahn genügte für die Verbindung der Dörfer zwischen altmärkischem und havelländischem Ufer. Nur das Schicksal der Familie des Fährmeisters Wienholz machte noch die Runde durch viele Zeitungen und Zeitschriften und regte selbst Literaten zu Schauerballaden an: Der Sohn begab sich in einer Januarnacht des Jahres 1826 auf die Pirsch nach Wildgänsen. Er hatte sich, um im Schnee nicht aufzufallen, ein langes Hemd übergestreift und antwortete im Eifer nicht, als ihn der »Unterförster« des Ortes (den Finger schon am Abzug) anrief …

»O Nacht, du Vertraute von Sorge und Pein,
wie mußt du jetzt Zeuge des Schrecklichsten sein!
Getroffen von tödlich verwundendem Blei .
sinkt nieder der Jüngling mit lautem Geschrei …«

Ein Streifen von fahlem Gelb macht mir die Dunkelheit der drohenden Regenwolken noch deutlicher. Vom Steilufer Ferchlands ließe sich zwar noch auf einem Naturlehrpfad wandern, und es gibt Berichte über ein unterirdisches Tanklager, das die Faschisten im Galgenberg angelegt hatten, aber nun ist mir ein sicheres Dach über dem Kopf erst einmal angenehmer …

Als ich am Pumpenschwengel vorbei zur Gaststätte »Fährkrug« komme, spiegelt sich in den Fenstern des flachen Gebäudes ein grüngelber Himmel, und in der Ferne donnert es über dem grauschwarzen Fluß. Erste, schwere Tropfen treffen auf den Sand.

Der »Fährkrug« ist glücklicherweise geöffnet.

Zwei ältere Männer sitzen vor ihren großen Biergläsern am Fenster und haben sich wohl schon Gedanken gemacht, wer da über den einsamen Weg kommt.

»Guten Tag!«

»'n Tach …«

Ich setze mich an den Nachbartisch und bestelle ein Bier. Laut »Taschenbuch für angehende Fußreisende« (1843) mache ich damit schon alles von Anfang an falsch: »Zuerst wird ausgeruht, dann gegessen, nachher erst getrunken und endlich geschlafen, weil sonst die Beine nicht gehörig ruhen.«

Einige nervöse Sommerfliegen summen am Fenster.

Im »Taschenbuch« wird verkündet: »In jedem Dorfwirtshause findet man Bänke, auf die man sich der Länge nach hinlegen und seinen Ranzen dabei als Kopfkissen benutzen kann...«

Platz ist genug in der leeren Gaststube ..., aber mir mangelt es an Mut. Ich mache noch einen Fehler und frage, ob es auch vielleicht etwas Eßbares ...

»Es ist nichts geliefert worden.«

Na gut.

»Eibatz«, sagt milde der glatzköpfige Herr vom Nachbartisch.

»Wenn sie damit zufrieden sind?«

»Ei freilich!«

In einem anderen Dorf, wo die Gaststätte erst abends öffnete, hatte man mich vor einigen Tagen zur Schulspeisung geschickt. Die fröhliche Köchin empfing mich bereits vor der Tür: Heute jibts was Jutes! Grüne-Bohnen-Suppe! (Ich: Prima!) Und Eierkuchen! (Bestens! Esse ich sehr gern!) Die Schüler wollten mich Unbekannten zwar vorlassen, aber ich trat am Ende der Warteschlange an. Es verwunderte mich, daß die Mädchen und Jungen zuerst ihren Eierkuchen in die Schüssel bekamen und die große Kelle voll Bohnensuppe darauf! Ich tippte auf Rationalisierung, bat aber doch um die getrennten Gänge. Überall helles Erstaunen! Hier wird das grundsätzlich zusammen gegessen ... Ich versagte als Vorbild und bekam zwei Schüsseln.

Tatsächlich war und ist Eibatz (Eiback, Rührei) in diesem Landstrich üblich auch zur Linsensuppe, zu »Tüffeln« und Mehlsuppe ... Dafür sang man aber zu Ostern:

»Wenn 't Ostern is, wenn 't Ostern is,
denn slacht mien Vadder 'n Buck,
denn danzt miene Mudder, denn danzt miene Mudder,
denn flüggt ehr de rode Rock!«

Und deshalb frage ich mutig meine Nachbarn, ob sie das uralte Liedchen kennen. Sie laden mich an ihren »Disch« ein.

»Ostereier jab's ok!«

»Zum Eiertrudeln!«

Darauf stoßen wir sicherheitshalber erst einmal an ...

Anfangs wollte ich gar nicht glauben, daß zwischen Kade und Roßdorf, zwischen Parchen und Ferchland und allüberall das Eiertrudeln noch üblich ist. In vielen Familien gehört dieser seltsame Wettkampf zum Osterspaziergang. Kindergartenmannschaften rücken geschlossen am Ostermontag mit ihren vollen Körbchen aus. Jugendklubs treffen sich irgendwo am »Eierberg«, denn über den verfügt wohl jedes Dorf zwischen Elbe und Havel.

Einst war es also üblich, daß die Kinder zum Osterfest ein Nest flochten, den Eltern mitteilten, wo es zu finden sei. Die lieben Eltern hatten sich dann als Naturwunder-Hasen zu betätigen.

Die schönsten Eier waren »marmeliert«. Rotholzspäne färbten und die gekochten Zwiebelschalen (gelb bis braun) oder ein Sud aus jungen Roggenhalmen (grün). Schrieb man vorher mit Kernseife auf die Schale, blieb sie an jenen Stellen weiß.

Der Nachmittag gehörte (und gehört!) dem Eiertrudeln.

Da leuchtet es auf in den Augen meiner Gesprächspartner, und Streit flammt immer auf, wenn Gewährsleute aus verschiedenen Dörfern beisammen sitzen, denn es gibt keine einheitlichen Trudelgesetze. Noch nicht einmal in Ferchland.

»Die machen et so, die annern so!«

Stimmt. In Mangelsdorf hatte der Maibaum einen Kranz, in Melkow keinen ...

Und das Eiertrudeln läuft vielleicht so ab: Über die Rillen in sandigen Abhängen rollen die gekochten Eier. In Parey nutzt man dazu die Elbdeiche, in Parchen den Wall der »Alten Burg« auf einer Düne im Fiener Bruch (gut zwei Kilometer vom Ort entfernt), nördlich von Ferchland liegt der »Osterberg« ... Es entstehen Rennbahnen mit Geraden und Kurven, mit Tunnels, Wippen, Brücken. Am Ende der Strecke polstert man oft ein Loch mit Moos aus.

Ich bekomme Eibatz und viele Erinnerungen.

»Wessen Ei am weitesten rollte, nahm das vom Spielgegner.«

»Und wenn beide Eier gleichauf lagen?« frage ich.

»Dann wurde gepickt!« antwortet der Glatzköpfige.

»Völlig falsch!« Der Mann in der graugrünen Joppe reißt die Arme hoch: »Dann warf man beide Eier in die Luft; welches Wurfgeschoß platzte, das wurde sofort aufgegessen!«

»Nee, nee, nee, mein Lieber! Eier über die Bäume werfen, das war ein Extra-Wettbewerb. Wir nahmen sie dazu möglichst von Zwerghühnern. Keine Ahnung, warum ... Was entzwei war, wurde verspeist!«

»Aber gepickt wurde auch! Zwei Eier wurden mit den Spitzen zusammengehauen. War die Schale durchstoßen, gab es wieder Futter.«

»Und da die Mädchen immer vorsichtig zu Werke gingen, nicht den rechten Schwung hatten, sich zierten wie die Zicke am Strick ...«

» ... ziert sick wie de olle Lehmannsche im Sarg!« verbessert der andere Erzähler und bestellt eine nächste Runde Bier.

»Später, später! Nein, den Mädchen wurden zum Schluß alle unbeschädigten Eier mit langen Stecken im unbewachten Augenblick zertöppert! Zur Freude aller heulten sie sich dann nach Hause!« Der Glatzköpfige haut von der Erinnerung überwältigt auf den Tisch.

»Eine herzlose Bande! Naja, wat eenmal tom Schwienstrog utgehauen is, werd in 't Leben keene Vigelin (= Violine)!«

Mein Eibatz ist alle.

»Hammelpiepen war in düsse Jegend ok wat Jutes!« schwärmt der Joppen-Mann. Ein besonderes Stück vom Hammeldarm (ich erfahre nicht, welches) wird gesäubert und gesalzen, dann mit dem Magen zusammengekocht ...«

»Ja nicht! Jebraten mit Zwiebeln zu Pellkartoffeln!«

Und schon sitze ich wieder im volkskundlichen Streit; dabei sollte ich mich nach der alten Wanderanleitung längst auf der Bank ausgestreckt haben ... Ich frage: »Haben die Kinder hier früher auch zum Schlachtfest gesungen –

Wir habn jehört, ihr habt jeschlacht
un ok ne Wurscht for uns jemacht;
nich zu jroß un nich zu klein,
paßt se in meen Korb hinein?«

»Und Aschermittwoch wurden Brezeln eingesammelt!«

»In Ferchland?«

»Bei uns!

Ascher, Aschermittwoch!
Eine Brezel jebt mich noch!«

»Mir, mir!« verbessert der Joppen-Mann.
»Das habt ihr vielleicht gesungen, aber wir nicht!«
Dumpf donnert es, und ich bestelle eine nächste Runde Bier.
Der Glatzköpfige sagt:
»Es is nichts in de Welt, sä de Jung, im Sommer donnerts, un in
Winter muß man in die Schule ...«
Sie lachen verwegen.
Im Wanderbuch steht: »Geht es auch mit dem wirklichen Schlafen
nicht, so tut schon die ausgestreckte Lage gut, und man fühlt sich beim
Weitergehen neu gestärkt.«
Der Regenschauer trommelt gegen die Fensterscheiben. Die Fliegen
haben kalte Füße und sind still. Und weit ist mein Weg vom »Fähr-
krug« an der Elbe bis zum Bahnhof Ferchland, sehr weit ...

Am Torfkanal entlang

Im Januar 1776 schrieb Friedrich II. an Voltaire: »Ich gestehe zu, daß –
Lybien ausgenommen – wenige Staaten sich rühmen können, es uns
an Sand gleichzutun.«
Einen schönen preußischen Sandhaufen habe ich im Fiener Bruch
erreicht. Es gibt eine Reihe von Dünen, Rastplätze bereits von Fi-
schern und Jägern während der mittleren Steinzeit, die zum Glück für
die heutigen Archäologen immer wieder Pfeilspitzen aus Feuerstein,
auch Schaber, Harpunen, Messer hinterlassen haben.
Wandert man heute durch die Wiesenflächen mit dem Gestrüpp,
das aus den Gräben wuchert, mit einzelnen Baumgruppen, scheint alles wie ein großzügig angelegter Park im englischen Geschmack, über
dem die Spätsommersonne flutet und die Lerchen ihre Triller schla-
gen. Nur an bequemen Wegen mangelt es.
Diese Düne, einen guten Kilometer südwestlich vom winzigen Fienerode am Nordrand des Bruches gelegen, heißt Barackenberg. Die
nahe Düne Mühlenberg ist eine jungsteinzeitliche Fundstätte. Und ein

Bodendenkmal ist auch die Düne Hörste, zum Teil aufgebrochen wie eine Kiesgrube, mit wenigen, kümmerlichen Kiefern bestanden und dem Blaugrün ausgedehnter Wälder im Hintergrund. Der Wind rauscht unablässig, und man gibt sich schnell der Illusion hin, hinter dem Wald atme bereits die Ostsee ...

Unter dem vielen Sand der Mark, den der König für sich reklamierte, gab es ab und an auch einmal etwas Brauchbareres: Torf zum Beispiel im Fiener Bruch.

Der Sumpfwald (in Urkunden 1009 Vinas silva, 1178 Palustris silva genannt) wuchs auf einem toten See mit seinen Verlandungszonen, den die Eiszeit hinterlassen hatte. Die ausgedehnte Niederung war morphologisch betrachtet mit ihrer Fläche von ungefähr 9 000 Hektar Teil des Glogau-Baruther-Urstromtales. Die Westgrenze des Fieners bildete eine Dünenkette, teilweise bis zu einer Höhe von fünf Metern angeweht, die aber zwischen Fienerode und Sophienhorst eingekerbt war. Hier gab (und gibt) es einen natürlichen Abfluß für das Fienerwasser, das freilich durch verschiedene Wasserläufe vom südlich gelegenen Hohen Fläming immer wieder aufgefüllt wurde. An genannter Stelle zwischen Fienerode und Sophienhorst treffen auf jeden Fall mehrere Gräben zusammen und bilden zum Zernau-See bei Mützel ein kleines Delta. Der ursprüngliche Weg des Fließes in die Niederung läßt sich heute nicht mehr mit Gewißheit ausmachen: Was war natürlicher Weg? Was ist künstlich geschaffener Verlauf?

Auf jeden Fall floß das Wasser durch die kleine Feldflur von Fienerode, es trieb die Räder in Hüttermühle und sammelte sich im Zernau-See, den dann nur noch ein Strang zur Niederung der Stremme verließ.

Aus einem Erbteilungsvertrag vom Jahre 1590 läßt sich erkennen, daß damals der Fiener (1574 als »durchaus sumpfig und dicht mit Wäldern bedeckt« beschrieben) als Weideland nicht in Frage kam. Das Vieh versank in tückischen Sumpflöchern und fand nur harte Seggen und Schilf. In diesem Niemandsland schlug man lediglich Holz, wenn im Winter der morastige Boden hartgefroren war. In der »Fiener-Ordnung« 1624 ist eine gewisse Sorge um den Waldbestand spürbar. Man teilte den Dörfern »Kabel« zu, um die es bald jahrzehntelang Streit gab, aber jeder Bauer, der jährlich sechs Fuder »Küchenholz«, Hopfen-

Am Elbe-Havel-Kanal bei Genthin mit dem Pieschelschen Park und Schrotturm (Lithographie von R. Geißler, um 1875)

und Zaunstangen kostenlos bei seinem Gutsherren abliefern mußte, richtete sich nicht nach diesen Vorgaben. Man schlug am nächstliegenden Platz die Stämme nieder, um die verhaßte Arbeit schnell hinter sich zu bringen.

Ein Kanal wurde 1747 in das Bruch vorgetrieben. Der künstliche Wasserweg zwischen Plaue und Parey war meistens zu flach. Der neue Zufluß war dringend notwendig, um den Wasserstand zu heben. Damit begann eigentlich eine umfassende Melioration. Die neuen Abflüsse senkten kräftig den Grundwasserspiegel des Sumpfes. Auf den sandigen Horsten verkümmerten zuerst die Eichen. Im Jahre 1776 erhielt der Tucheimer Bach seinen heutigen Lauf, der nicht mehr durch die Niederung führte. Über sechzig Schleusen und Staue im Bruch veränderten ab 1779 den Wasserhaushalt grundlegend. Wälder wurden niedergebrannt. Ihre Asche verbesserte den Boden. Dünen wurden abgefahren, um Senken aufzufüllen. Als Friedrich II. das Ergebnis dieser ersten Melioration inspizierte, waren aus Sumpfwald und Morast jedenfalls schon rund 27 000 Morgen Weideland geworden.

Die wenigen Häuser von Fienerode (heutzutage ein Ortsteil von Genthin) sind aus Siedlungsstellen für Kolonisten aus jenen Jahrzehnten hervorgegangen. Kolonisten waren in erster Linie Söldner, die nach Friedensschlüssen zu Zehntausenden sofort aus der Armee entlassen wurden. Die preußische Verwaltung teilte die Männer mit ihren Familien den einzelnen Kreisen zu. Das neugewonnene Fienerland war zur Ansiedlung solcher Abhängigen und Mittellosen besonders geeignet, denn es sollte ja nicht verkauft werden, sondern durch ständige (möglichst billige) Bearbeitung sich gut »verzinsen«. Jede Familie erhielt für einen jährlichen Betrag von 2,5 Taler ein vorgeschriebenes, einfaches Fachwerkhaus, unter dessen Walmdach zwei Stuben, eine Küche und ein Stall zu finden waren. Dazu kamen ein halber Morgen Garten und Weide für eine Kuh und ein Kalb, was aber in der Regel durch »Weidefreiheit« für zwölf Groschen Hirtenlohn ersetzt wurde.

Die Landzuteilung war also derart gering, daß alle Familienmitglieder sich Arbeitsplätze suchen mußten, um zu überleben. Nur selten beherrschte ein Soldat ein Handwerk. Wurde dessen Ausübung gestattet, war man etwas besser gestellt. Ansonsten warteten die Rittergüter ja nur auf diese billigsten Arbeitskräfte! Größter Nutznießer der ersten Landverbesserung war der Tucheimer Junker von der Schulenburg, dem 1 490 Morgen neuer Weide zugesprochen wurden, worauf er mindestens 500 Rinder zusätzlich halten konnte. Kein Wunder, daß er sofort und freiwillig seinem König fünfzig Grundstücke für Kolonisten anbot! Die Angesiedelten wurden auch zu fünf kostenlosen Arbeitstagen auf dem Gut verpflichtet. Diese 35 Soldatenfamilien (vier kamen in das völlig abgelegene Königsrode zwischen Dünen und Weiden) waren im Ständestaat selbstverständlich noch einmal von den Bauern sozial getrennt. Sie mußten bei Tucheim eine selbständige Gemeinde mit Schulzen, Stellmacher, Schmied und Bäcker bilden. Diese löste sich erst 1830 auf. Aber damit waren die Unterschiede und Diskriminierungen keineswegs aufgehoben. Im Gegenteil, sie verschärften sich um die Mitte des vorigen Jahrhunderts unter der zunehmenden Konkurrenz ins Unerträgliche. Die landarmen Kolonistenfamilien hatten sich mit der Flachsverarbeitung, mit Spinnen und Weben, mühselig erhalten können. Als diese Arbeit im Maschinenzeitalter bedeutungslos wurde, nistete sich unvorstellbare Not ein. Bis 1860 verließen allein Tucheim ziemlich einhundert Familien und wanderten zum größten Teil nach Australien aus ...

Der Wasserzufluß zum Plauer Kanal war 1747 bereits so breit gegraben, daß ihn die flachen Torfkähne befahren konnten. Das war sehr kostengünstig für den begehrten Brennstoff, wenn auch Oberbergrat Eiselen, der Besitzer der Torffaktorei in Fienerode, Anfang 1800 verlangte, die alte Richtung des Tucheimer Baches (vom namensgebenden Ort nach Norden!) müßte wiederhergestellt werden, um Transportwege zu verkürzen.

Gräben und Vorfluter gliederten in der Regel das Sumpfland in lange Rechtecke, die man noch immer Dämme nennt. An vielen Stellen lagert nun unter der Wiesendecke und märkischem Sand braunschwarzer Torf. Allerdings sind seine Qualität und die Lagerstärken (selten über 2,5 Meter) sehr unterschiedlich. Einst wurde er nicht nur bei Fienerode, von wo ich nun dem einstigen Torfkanal folge, sondern auch bei Gladau, Tucheim und Karow in großen Mengen gestochen. Man trocknete das Brennmaterial. Dann wurde es auf Kähnen mit sehr geringem Tiefgang gestakt oder getreidelt. In Genthin übernahmen die leeren Salzkähne (aus Richtung Berlin) die Torfstücke, brachten sie nach Burg oder Magdeburg, vor allem aber zur Saline Schönebeck.

Die Kolonisten drängten sich zur sehr schweren Arbeit in den Torfstichen. Immerhin war die Bezahlung erheblich besser als bei den Tagelöhnern, die in der Landwirtschaft im 19. Jahrhundert wöchentlich durchschnittlich einen halben Taler verdienen konnten. Ein Torfstecher konnte es je nach Marktlage auf zwei bis drei Taler bringen. Allerdings bewirkte der rasche Abbau der sehr flachen Lagerstätten die fortschreitende Vernichtung des gerade meliorierten Weidelandes. Im Wettbewerb mit der rasch ansteigenden Steinkohle- und Braunkohleförderung verlor die Torfproduktion im Fiener Bruch aber vollkommen. Der begehrte Stichtorf (unter Sandschichten) wurde schließlich nur noch in Notzeiten von den Bauern für den eigenen Bedarf gestochen.

50

Von Fienerode kommt man seit gut hundert Jahren bequem auf der Chaussee nach Hüttermühle. Wald, aufgeforstet auf Flugsanddünen, breitet sich aus, ein willkommener Gegensatz zur Niederung des Fiener Bruchs. Der Ortsname wird auf Glashütten zurückgeführt, die schon vor dem Dreißigjährigen Krieg betrieben wurden, den reichlich vorhandenen Sand nutzten und den Holzreichtum der Gegend vernichteten.

Der Wasserlauf und eine Straße führen schnell über Mollenberg nach Mützel.

Im Mittelalter galt der Name dem Wald, der als Holzung für Altenplathow und Genthin wichtig war. Wenn auch aus jenen Zeiten eine slawische, später wüste Dorfstelle in Erwägung gezogen worden ist, so nahm doch das heutige Mützel als Kolonistendorf den Anfang seiner überschaubaren Geschichte. Um 1754 bezogen die ersten drei Familien ihre Häuschen unter den bereits erzählten Bedingungen. Bis 1785 war die erste Etappe der Entwicklung abgeschlossen: 43 Familien, die insgesamt lediglich 90 Morgen Land besaßen, hatten Heimstatt gefunden, während das Amt Altenplathow, das hier ein Vorwerk einrichtete, über 335 Morgen Acker und 31 Morgen Wiese gebot ...

Neben der schlichten Fachwerkkirche von 1767 steht das aufgegebene Schulgebäude (der Bus fährt längst die Schüler auch aus Fienerode zum Unterricht nach Genthin), in welchem der Bürgermeister die Chronik des Ortes führt.

Das heutige Dorfbild erinnert überhaupt nicht mehr an das vergangene Jahrhundert, als Armseligkeit und Bedürftigkeit den boshaften Namen »Sirup-Mützel« herausforderten. In Mützel lebte man nach 1800 als Torfstecher. Es gab eine Sammel- und Anlegestelle für die Kähne. Hartnäckig wurde gespart, und 1820 übernahm die auf 240 Einwohner angewachsene Gemeinde das Königliche Domänenvorwerk durch einen Erbpachtvertrag. Das Kolonistendorf hatte seine Selbständigkeit errungen. Aber die Armut wich nicht, denn die Einnahmen aus dem Torfabbau wurden spürbar geringer, und die landwirtschaftliche Feldmark reichte nicht aus. Schon um 1700 hatten die Bauern des Dorfes Genthin bis zum heutigen Ortseingang von Mützel den wertvollen Wald roden müssen, um Ackerland zu bekommen ...

Die anhaltende Ungerechtigkeit nährte die soziale Unruhe in den

Kolonistendörfern früh. Aus diesen Tagelöhnern rekrutierten sich ja auch bald die Fabrikarbeiter. »Der Verein der Fabrik- und Landarbeiter«, schrieb 1907 der Genthiner Landrat in einem geheimen Zirkular, »ist nach seinen Wahrnehmungen das gefährlichste Organ der Sozialdemokratie im hiesigen Kreis.« Aber bereits 1893 las man in der Magdeburger »Volksstimme«: »Dem Nachtwächter in Fienerode ... hat der dortige Amtsvorsteher ... seine Stellung gekündigt, weil er bei der Wahl nicht einen Stimmzettel für den Grafen Herbert Bismarck abgegeben hat.« Zur Reichstagswahl ließ deshalb Graf Wartensleben im benachbarten Karow die Gendarmerie aufmarschieren, um die SPD-Wähler einzuschüchtern. (Es erscheint folgerichtig, daß während des Kapp-Putsches im März 1920 im dortigen Herrenhaus ein geheimes Waffenlager ausgehoben werden konnte, und daß an einem Märztag des folgenden Jahres »Punkt 1 Uhr die Glocken läuteten ..., als unser großer General-Feldmarschall von Hindenburg zum letzten Geleit seines väterlichen Freundes – Graf Wartensleben – mit dem Marschallsstab in der Hand das Gotteshaus betrat ...«)

Bürgermeister Günter Baeker zeigt mir aus jener Zeit, als man noch ein Dorf gegen das andere, eine soziale Schicht gegen die andere aufhetzen konnte, um alle zu beherrschen, eine vergilbte Postkarte mit dem Hafen für die Torfkähne in Mützel. Die Zeit ist vergangen, aber Spuren jener Arbeit sind noch in der Landschaft zu finden. Neben den »Wirtschaftswiesen« gibt es gerade in der Umgebung der Dörfer, in denen einst die Torfgewinnung blühte, Riedwiesen. Das sind die tiefer liegenden, ehemaligen Stiche. Da wurzeln beharrlich die Seggen und Binsen und die herrlichen, gelben Wasserlilien. Ist überdies der Säuregehalt des Wassers durch den Torf sehr hoch wie bei Fienerode, dann wachsen auf den graugrünen Seggenwiesen, wie sie der Botaniker nennt, auch noch seltene Sumpfdotterblumen, das Wollgras und einige Orchideenarten.

Im Jahre 1962 waren im Bruch noch rund 1 400 Hektar zu naß für die landwirtschaftliche Nutzung. Zwischen 1964 und 1970 wurde eine neue Melioration des Landstriches vorgenommen, während der unter anderem über zweihundert Kilometer Gräben geräumt und erneuert werden mußten. Für die sozialistische Landwirtschaft ist nun das Fiener Bruch im Hinblick auf die Tierproduktion eine außerordentlich wichtige Voraussetzung; dabei werden aber auch die Besonderheiten des Natur- und Landschaftsschutzes beachtet.

Von Mützel aus, wo man durch vielseitige Anpflanzungen das Dorfbild verschönt hat, wo man eine Bockwindmühle zu erhalten versucht und das Naherholungsgebiet Zernau-See ein vielbesuchtes Ausflugsziel ist, begleitet der alte Torfkanal meine Straße nach Genthin.

Weitausladende Äste und Zweige, deren Laub der Herbst allmählich und beinah unbemerkt neufärbt, wölben sich über dem stillen, langsamen Flußlauf. Nach dem vergessenen Flurstück »Streitort« zwischen Genthin und Mützel kommen die Baumschulen der Kreisstadt in den Blick und zwischen den knorrigen Uferbäumen das frische Farbenleuchten der Blumen, die man anbaut und vermehrt. Dann wird im Süden des alten Siedlungskerns des Kanals das neue Genthin sichtbar mit den Neubauten um die Uhlandstraße, um die »Straße der Befreiung«, um die Andreas-Grobler-Straße ...

Da ist die Zeit des alten Torfkanals schon vergessen. Nicht einmal der Name ist ihm geblieben. Als »Mühlengraben« fließt er an Gärten und Häusern vorbei, von denen eins – heute eine Gaststätte – vom Frühjahr 1907 an die Genthiner Badeanstalt beherbergte. Bis zu dem Zeitpunkt nahmen die Genthiner ihr Bad im Elbe-Havel-Kanal, doch zog man dann das Wasser aus dem Fiener für eine Zeit vor ...

Der »Mühlengraben« fließt im Süden und Westen um die wachsende Stadt. Am Gelände des Forstwirtschaftsbetriebes finde ich seine Mündung in den vielbefahrenen Elbe-Havel-Kanal. Einst wurden die flachen Torfkähne bis zum Platz geschafft, auf dem inzwischen der Wasserturm steht. Ein mächtiger Motorkahn fährt vorüber. Er hat Sand geladen, jede Menge Sand, von welchem schon Friedrich II. genug hatte ...

Plote und Pieschel in Genthin

Unweit des Genthiner Wasserturmes, dessen Ziegelmauerwerk nach 1930 auf über vierzig Meter Höhe wuchs, breitet sich ein altes Parkgelände aus, für dessen Pflege und Wiederherstellung es schon manche Mühen und Auseinandersetzungen gegeben hat. Die Anlage ist in eigentümlicher Weise mit einem beträchtlichen Teil der Geschichte der Stadt verbunden.

Es muß angemerkt werden, daß die alte Historie der heutigen Kreisstadt doch mehr die Entwicklung des 1920 eingemeindeten Altenplathow ist. Dort war im Mittelalter der Stammsitz der Familie von Plote (Plothe, Plotho). Sie hatte auch einen Herrenhof in Genthin, aber die unmittelbare Nachbarschaft der beiden Kirchdörfer benachteiligte auf Dauer eins von ihnen, und das war Genthin. Wenn sich später auch die Landstände des Jerichower Kreises dort versammelten, so blieb doch das Magdeburger Amt Altenplathow (anschließend kurfürstlich und königlich) übergeordnet. Als Mediatstadt hatte Genthin unmittelbar die Anordnungen und Ablehnungen der landesherrlichen Gewalt zu befolgen, und zwar ohne Widerspruch.

Die Städteordnung aus dem Jahre 1808 löste das Abhängigkeitsverhältnis auf. In Genthin wählte man 1809 zum ersten Mal einen Magistrat. Das Selbstvertrauen der Bürger wuchs allmählich. Ein Zeichen dafür? Der »Zichorienturm« in der Fabrikstraße. Vom Park aus sieht man den klobigen Stumpf. Und »Fabrik« war ein Zauberwort, um reich und damit mächtig zu werden.

Am 25. Februar 1808 kaufte sich der Magdeburger Kaufmann Karl Pieschel ein Grundstück in Altenplathow. Er investierte sein verbliebenes Kapital in den Zichorienanbau. Die Wurzeln einer Zuchtform der blaublühenden Wegwarte mußten geröstet und zermahlen werden, um die Kaffeebohnen, deren Import die Napoleonische Kontinentalsperre verwehrte, zu ersetzen. Die »Zichorienmühle« war der erste kapitalistische Betrieb der erwachenden Kleinstadt, der aber auch ein neues Denken und Handeln in der Landwirtschaft, das Hinwenden zur Monokultur, anregte. Eine Ölmühle, in der Raps, Lein und Rübsamen verarbeitet wurden, erweiterte das Unternehmen. Und es gab schon jahrelang Krieg! Pieschel erbot sich, eine Schrotgießerei zu bauen. Die Regierung überwies umgehend 5 000 Taler als Baukostenzuschuß. Freilich überzog das kriegerische Geschehen bald auch diesen Landstrich, und der Bau des Schrotturmes kam nur schleppend voran ...

Die feinen Kugeln wurden nach einem im Grunde einfachen Verfahren hergestellt. Das geschmolzene Blei fiel durch heiße, eiserne Siebe aus großer Höhe in Bottiche, die mit Wasser gefüllt waren. Er-

Das Amt Altenplathow mit der Burgruine 1655 (Zeichnung von L. v. Alvensleben)

fahrungen konnten die Arbeiter auf dem hohen Kirchturm von Sankt Stephan in Tangermünde sammeln, wo man Gießversuche gestattete.

Seit Juli 1808 verkaufte Karl Pieschel Zichorienmehl in alle Himmelsrichtungen. Das Guthaben vervielfachte sich. 1812 kaufte er das Flurstück Papenbusch. Wenn auch das Schrotgießen erst 1819 Gewinn abwarf, eine Mehlmühle war bereits in Betrieb. Eine Lokomobile wurde aufgestellt. Sie pumpte auch Wasser in einen Springbrunnen. Für den Kaufmann war eben das erstrebenswerte Ideal der Gutsbesitzer. In »Ostelbien« ein Junker sein, dafür tat ein kapitalistischer Unternehmer alles! Pieschel ließ sich nach bewährten Vorbildern ein ansehnliches Herrenhaus erbauen. Der Park, über dessen Plan man in Genthin spazieren kann, mußte selbstverständlich vom großen preußischen Gartenkünstler Peter Joseph Lenné (1789–1866) entworfen werden!

An jene Jahre um 1820 erinnert auch der schöne Meilenobelisk mit dem schwarzen Adler in Genthin an der heutigen Fernverkehrsstraße 1. Der ansteigende Fernhandel verlangte nach Chausseen.

Und Karl Pieschel kaufte Land von verarmten Bauern und Kossaten, vom Fiskus und fügte es nach und nach zu seinem Gut Altenplathow zusammen.

Nun gehörte der Park erst recht zur Reputation. Eine Kugelsonnenuhr ist noch zu bewundern. Seltene Pflanzen wurden in Fülle von überall her gekauft. Wenigstens vom Jahre 1827 wirkte ein »Hauptgärtner«, dessen Sohn als »Obergärtner« nach 1845 beschäftigt wurde. Waren anfangs Obstbäume gepflanzt worden, so kamen nun seltene Kastanienarten, morgenländische Lebensbäume und Maulbeeren dazu.

Während der Landadel um 1830 infolge einer ersten Agrarkrise gewaltige Schwierigkeiten hatte, um den Besitz (oft genug hochverschuldet) zu bewahren, waren Maschinen und Mindestlöhne Pieschels Quelle, um über ständige Zahlungskraft zu verfügen. Im Jahre 1834 mußte die Familie von Werder Ackerflächen über 19 000 Taler veräußern. Käufer: Karl Pieschel, der nun für seine Tochter, die in adelige Kreise heiraten konnte, eine standesgerechte Mitgift besaß und darauf selbst den erblichen Adel verliehen bekam. Eine preußische Bilderbuchgeschichte – vom braven Handelsmann zum neureichen Herrn Baron!

Allerdings wurde die zunehmende Konkurrenz für Pieschels Produkte aus Genthin um 1845 spürbar. Überall im Magdeburger Raum wurden Fabriken gegründet. Der Kampf um Marktanteile verstärkte sich. Zwar gingen die Genthiner Produktionszahlen etwas zurück, aber durch das Diktat höherer Preise ließ sich vorübergehend der Verlust ausgleichen. Während der alte Herr von Pieschel charitative Stiftungen in Burg ausstattete, kaufte sein Sohn August zwischen 1844 und 1883 weiteren Grundbesitz zusammen. Und selbstverständlich ließ er seinem ausgedehnten Park alle Pflege angedeihen.

Während bis in die »Gründerjahre« nach 1871 die Pieschel-Fabrik mit etwa 150 Arbeitern der größte Betrieb im damaligen Kreis Jerichow II war, stellten 1885 Zichorienmühle und Schrotgießerei die Produktion ein. Ein neues Zeitalter dämmerte mit erstem Morgenlicht. Genthin dehnte sich durch Eingemeindungen von Berggenthin (1888) und später Altenplathow aus, wo sich 1890 mit dem »Arbeiter-Rauchclub« eine erste sozialdemokratische Gruppe bildete. Dort entstand 1897 der SPD-Wahlverein, und am 1. Mai 1910 unternahm man von dort aus zum ersten Mal eine als Ausflug nach Brettin und Roßdorf ausgegebene Demonstration, deren Zug durch die Stadt führte ... In Pieschels Park aber spann sich die Ruhe eines märkischen Landsitzes ein. Durch das Rosenidyll, um Orangerie und immergrüne Hügel am

Kanalbett spazierten Fasane und Hirsche. Eine Haselnußplantage gab es und überall hohe, eiserne Lanzengitter. Aber manchmal wurde an Sonntagen auch dem gesitteten Genthiner der Zutritt gestattet.

Nach 1945 wurde der Park volkseigen. Im Herrenhaus richtete man ein Seminar für »Neulehrer« ein, später eine Schule der Sozialistischen Einheitspartei Deutschlands und andere Institutionen ...

Im Jahre 1962 wuchsen noch Blutbuchen und Gingkos, der ostasiatische Götterbaum und die Trauerweide, Ulme und Coloradotanne, Pyramideneiche und Japanischer Trompetenbaum und andere dendrologische Seltenheiten. Sie müßten dringend ersetzt und ergänzt werden.

Und letztlich ist der heutige »Volkspark« auch in anderer Hinsicht mit der Historie der Stadt verbunden ...

Der Elbe-Havel-Kanal, dessen Nordufer teilweise zum alten Park gehört, benutzt hier das mehrfach verbreitete Flußbett der Stremme. Spaziert man am Wasser entlang, entdeckt man die gegenüberliegende Mündung des »Mühlengrabens« (und ehemaligen Torfkanals) und daneben einen Gebäudekomplex der Forstverwaltung, in dem sich Baureste des einstigen Amtes Altenplathow befinden. Von der südlichen Hälfte der Stadt führt eine Eichenallee zu jener Stelle, wo auf einer frühmittelalterlichen, slawischen Burganlage später eine deutsche Feudalburg entstand. Letzte Reste von ihren Wällen trug man erst um 1961 ab, um Gräben aufzufüllen. Im ehemaligen Amtsgarten wurden Überbleibsel der slawischen Anlage freigelegt, wie eine Lehmmauer von einem Meter Stärke, Öfen und Hausgruben sowie Keramik aus dem 7. bis 12. Jahrhundert.

Über das neuerstrittene Land und die slawische Bevölkerung östlich der Elbe gebot um 1150 Albrecht der Bär (um 1100 bis 1170). Der Askanier war 1134 in Halberstadt mit der Nordmark, der heutigen Altmark, belehnt worden und 1157 mit der Mark Brandenburg. Im Bereich zwischen Elbe und Havel gehörte aber ein gutes Stück Land zum Besitz der Grafen von Stade. Aus deren Erbmasse kam 1144 »civitas Plote cum burchwardo« in den Besitz des Erzbistums Magdeburg. Dieser wichtige und große Burgbezirk Plote (später Aldenplote, Altenplathow) wurde danach unentwegt zum Streitobjekt mit den Brandenburgern. Während der Quitzowschen Fehden wurde Plote 1413 gestürmt und kam nach dem Zinnaer Vergleich 1149 endgültig an Magdeburg.

Blick auf Genthin um 1875 (Lithographie von R. Geißler)

Burg und Amtshof wurden im Dreißigjährigen Krieg eingeäschert. Danach erbaute man zum Teil aus den Steinresten der Ruinen die neuen Verwaltungsgebäude, von denen das Gefängnis – vermutlich auf einem Torturmfundament – und das Brauhaus (nach 1691) noch erkennbar sind.

Der ursprüngliche Sitz der Herren von Plote soll im Bereich des ehemaligen Gutes und Parks der Familie von Pieschel gewesen sein. Zu diesem Schluß ist der Archäologe Dr. Johannes Schneider nach ausgiebigen Untersuchungen gekommen. Da im übrigen 1144 schon der Burgwall genannt wird, muß die Burg viel älter sein. Zwischen den Vermutungen und seltenen urkundlichen Erwähnungen steht aber ein eindrucksvolles, künstlerisches Zeugnis aus dem 12. Jahrhundert.

Wer bis 1977 durch den Park und nach Altenplathow wanderte, fand noch Reste der Südwand der ehemaligen Dorfkirche. Der mittelalterliche Bau wurde im Jahre 1905 abgerissen, nachdem der gotisierende Neubau geweiht war. Beim Abtragen der Mauern und Fundamente entdeckte man dicht vor der Mitte des Triumphbogens vergrabene Fragmente eines Figurengrabsteins. Die nahezu zwei Meter hohe Bildhauerarbeit aus feinkörnigem, hellgrauem Sandstein, die im Hochrelief einen älteren Mann abbildet, befindet sich in der Kirche. Sie zählt zu den ältesten sächsischen Grabdenkmälern und erinnert an Herimannus (Hermann) von Plote, den Ritter des Heiligen Mauritius (= Patron des Magdeburger Domes und Bistums), der am 16. August 1161 auch der Einweihung des Havelberger Domes beiwohnte.

Hermann von Plote wird zum Adel gehört haben, der maßgeblich den »Wendenkreuzzug« 1147 förderte, um Besitzungen in der Prignitz zu erobern. Die rote Lilie der Plotes ist aus diesem Grunde noch heute im Wappen der Stadt Kyritz und halbiert in dem der Stadt Wusterhausen an der Dosse zu finden.

Genthin, das Jahrhunderte im Schatten des Ritter- und späteren Amtssitzes Altenplatow dahinlebte, erhielt nachweisbar erst 1539 das Marktrecht. Für seine finanzielle Schwäche noch lange nach dem verheerenden Dreißigjährigen Krieg spricht anschaulich der heutige Bau der Stadtkirche. Ihr Grundstein wurde 1707 gelegt. Die Weihe des Schiffes fand 1722 statt. Höhere Belastungen und Zwänge für das Gemeinwesen traten fünf Jahre später ein, als eine Garnison bei den Bürgern einquartiert wurde. So vergingen noch fünfzig Jahre, ehe der Kirchturm vollendet werden konnte.

Hatte Karl Pieschel den Anfang zur industriellen Produktion in diesem Landstrich gewagt, so weckte der Eisenbahnbau 1845 von Potsdam nach Brandenburg, Genthin, Burg und Magdeburg auch neue ökonomische Unternehmungen des ostelbischen Adels. Das begann schlicht mit Graf Itzenplitz, der im genannten Jahr seine Holzauktion inserierte: »Die Eichen eignen sich ganz vorzüglich zu Eisenbahnbauten«, und endete mit Aktiengesellschaften für Kleinbahnen, in denen man sich, auf die rasche Vermarktung der landwirtschaftlichen Erzeugnisse bedacht, die Majorität erkaufte.

Am 7. August 1846 fuhr der erste Dampfwagenzug offiziell in Genthin ein. Von hier nach Brandenburg zahlte man 26 Silbergroschen, wenn man in der 1. Klasse sitzen wollte, und elf Silbergroschen, reichte es nur zur 3. Klasse; auf jeden Fall durfte man aber 50 Pfund Gepäck kostenlos mitnehmen …

Der Andrang der Reisenden war anfangs keineswegs groß. Wohl auch deshalb teilte die Gesellschaft im »Jerichower Kreisblatt« (redigiert und verlegt in Redekin) mit, daß die neuen Bogenfedern vorzüglich seien, daß die Wagen der 3. Klasse inzwischen ein Dach bekommen haben. »Unsere Wagen ... sind dreißig Fuß lang, haben im Inneren sechs Fuß, zweieinhalb Zoll Höhe, so daß ein Mann mittlerer Größe mit Hut auf dem Kopf aufrecht darin stehen kann.« Ja, es träfe zu, daß die Wagen der 1. Klasse nie vollbesetzt sind, weshalb sie besonders schwanken, aber man tat etwas dagegen: »Für die 1. Klasse haben wir die Form des Sorgenstuhles gewählt, worin der Reisende sehr zurückgelegt sitzen kann, jedoch nicht gerade liegen muß.«

Und so fuhr man auf das unruhige Jahr 1848 zu. In dessen Frühjahr flüchteten in den fahrenden Sorgenstühlen der 1. Klasse viele »vornehme Familien aus Berlin« in das stillere Genthin, wo Pieschels Gärtner und ihre Gehilfen zwischen Zichorienmühle und Fabrikantenhaus das Parkidyll schufen. Dafür wurde der Genthiner Friedrich Ludwig Bisky (späte als Emigrant im Bürgerkrieg der USA gefallen) einer der tatkräftigsten Revolutionäre in Berlin. Sein Lied für die Beisetzung der Toten im Friedrichshain sangen Tausende ...

Ein neues Zeitalter hatte begonnen. Unscheinbar mit Pieschels Fabrik an diesem Platz. Nun wurde alles verändert. »Ein Gespenst geht um in Europa ...« Schatten und Schlaglichter der großen gesellschaftlichen Umwälzungen können vielfältig mit dem großen, alten Park am Kanalufer verbunden werden. Noch ein letztes, gutes Zeichen mag an dieser Stelle genügen: Nach dem letzten Krieg wurde 1848 der Turm der alten Schrotgießerei abgebrochen. Viele der noch brauchbaren Ziegel stecken im Bau einer damals dringend benötigten Schule.

Speeathen

Dampfstrahlen zischen pulsierend durch das Ventil und lösen sich in der trockenen Luft des herbstlichen Sonnentages auf. Die herrlich grüngestrichene, kleine Lokomotive zieht vier schmuddelige Kesselwagen über die Weiche in das Gleisgewirr zwischen Werkhallen und Lagerschuppen und hohen Silobatterien. Eine nächste Lokomotive faucht und rattert heran. Sie hält. Ein Mann mit gelbem Helm legt den schweren Hebel der Weiche um: weiter geht's.

Drei Fahrzeuge von der Bauart besitzen wir, erzählten mir Alfons Rauer und Dieter Blümel vorhin. Lokomotiven, die nicht nach Kohle oder Öl verlangen, sondern Dampf, der unter Hochdruck steht, speichern. Auf ihnen ist auch nicht »Deutsche Reichsbahn« gepinselt, sondern »VEB Waschmittelwerk Genthin«. Die sauberen Fahrzeuge, die ohne Feuerung auskommen, passen am besten zu diesem chemischen Betrieb, wo an allen Ecken Schilder mahnen »Rauchen verboten!«.

Ich sehe den Lokomotiven beim Rangieren zu, dem Qualm über den Produktionsanlagen nach. Asternbeete leuchten vor dem »Haus der Werktätigen«, das 1958 errichtet wurde. Ich schließe den Fensterflügel und gehe um den breiten Konferenztisch zurück zu meinem Platz. Im Haus ist es zu dieser vormittäglichen Stunde still. Und auch der Inspektionsbeauftragte Dieter Blümel sowie Alfons Rauer, der Leiter des Büros vom Betriebsdirektor, die mir einiges vom Werk gezeigt und erklärt haben, sind gegangen, um ihrem ausgefüllten Terminplan nachzukommen.

Ich ordne meine Notizen: »VEB Waschmittelwerk Genthin – Betrieb des VEB Agrochemie Piesteritz«. Agrochemie? Waschpulver und Agrochemie? Wir verarbeiten auch jede Menge Phosphat, hat lächelnd Dieter Blümel vorhin erklärt; kein Genthiner, er schüttelte den Kopf: erst seit 1980 hier ansässig ...

Aber Alfons Rauer stammt aus dieser Stadt, ist seit über zwanzig Jahren im Betrieb, hat einst hier als Betriebsschlosser seine Lehre abgeschlossen. Von ihm bekam ich ein Kolleg über Waschmittel und ihre Produktion, also ...

Wieder pfeift eine Dampfspeicherlok, aber sie darf und wird mich nicht ablenken ... Also, wie war das nun? In der ersten Abteilung ... Ja, erstens wird in Genthin Waschpulver in körniger und auch in flüssiger Form für den Haushalt hergestellt. Ein Drittel der Produktion wird exportiert.

Neben der grünen Schmierseife taten Sand und Ton, Waschbretter und Knüppel im fließenden Bach früher manches für die Sauberkeit, wenn nur die Hausfrau kräftige Armmuskeln besaß. Die Sträußchen Rosmarienkraut sorgten dann in Schränken und Truhen für einen angenehmen Duft. Im 19. Jahrhundert führten die »Materialwarenhandlungen« in Fässern und Kisten mehr und mehr Mittel, die den Frauen und Mädchen, die sich ja auch als Waschfrauen verdingten, die körperlich schwere Arbeit etwas erleichterten. Da legte man seine Groschen hin, und der Kaufmann drehte geschwind eine Tüte, langte nach dem Schaufelchen und wog sorgfältig das Waschmittel ab. Die Neuheit war, diese Pulver etwas zu vermischen und sie bereits abgepackt anzubieten. Eine einprägsame, farbige Beschriftung garantierte, daß die geplagte, immer eilende Frau nur nach diesem Päckchen griff. Mit diesem Konzept brachte es ein gewisser Henkel bis zum Kommerzienrat ...

Aber da bin ich schon in die Geschichte des Werkes geraten, doch wäre erst einmal ein Blick auf die heutige Produktion wichtig.

Waschmittel sind genannt. Zweitens: Scheuer- und Reinigungsmittel. Drittens: die Fettverarbeitung.

Zum Punkt 2 bietet sich wieder ein geschichtlicher Hinweis an: ATA. Das war ein Kurzwort, das man hier nicht vergessen sollte. Für diesen Scheuersand besitzt das Waschmittelwerk immer noch eine Art Bergwerk im altmärkischen Dorf Kläden westlich von Arendsee. Aus der Grube wurde jahrzehntelang feinster Quarzsand gebaggert. Das Grundwasser sammelte sich zu einem See. Wie heißt er? ATA-See, obwohl schon seit Jahren die Genthiner kein Körnchen aus Kläden mehr verarbeiten, sondern schonendes Kalkmehl verwenden ...

Ich soll erwähnen, hat Dieter Blümel geraten, daß die Hauptabnehmer für Scheuer- und Reinigungsmittel Industrie und Landwirtschaft sind. Für sie wurden spezielle Rezepturen entwickelt. Im Stahlbau müssen (zum Beispiel auch vor dem Verzinken) rostige Teile gesäubert und entfettet werden. Jede Melkanlage braucht täglich blitzblanke Rohrleitungen, jeder Milchtank muß ständig hygienisch gespült werden. Die Lebensmittelindustrie könnte ohne ständige Reinigung gar nicht funktionieren ...

Und Punkt 3? Fettverarbeitung in Genthin?

Meine beiden Gewährsmänner haben mir auch das eingehend erläutert. Aus pflanzlichen und tierischen Fetten, zumeist Abfällen aus der Landwirtschaft, entstehen mit Wasser, durch hohen Druck und bestimmte Temperaturen in Autoklaven hauptsächlich die Spaltprodukte Glyzerin und Fettsäuren. Glyzerin – vom Apotheker Karl Wilhelm Scheele schon 1779 entdeckt und »Ölsüß« genannt –, flüssiges Wasserglas und destillierte Fettsäuren werden auch in anderen chemischen Betrieben weiterverarbeitet.

Da habe ich schon einen Zettel in der Hand: Woraus besteht aber ein Waschpulver? Auch ein Artikel des täglichen Gebrauches, wie es wohl heißt, dessen Zusammensetzung kaum jemand kennt. Alfons Rauer hat mir diktiert: »Phosphat, optische Aufheller, waschaktive Substanzen, Bleichmittel.« In einzelnen Fällen auch Parfüms, ergänzte Dieter Blümel. Zum Beispiel: Spee konzentrat. Zwar hat mir bisher niemand sagen können, woher der Name des Waschmittels stammt, doch Spee und Genthin – das ist längst ein Begriff.

Betriebsgeschichte ist unmittelbar mit der Entwicklung der Stadt und der örtlichen Arbeiterbewegung seit mehr als einem halben Jahrhundert verbunden. Als nach dem ersten Weltkrieg der Bau des Mittellandkanals fortgesetzt werden konnte, wurde eine Befahrbarkeit für 1 000-Tonnen-Schiffe angestrebt. In diesem Zusammenhang entstand 1919 bei Parchau eine neue Brücke. Notstandsarbeiter mühten sich um Durchstiche, durch die der Kanal geradliniger und übersichtlicher wurde. Unter anderem beseitigte man bis 1926 den großen Bogen, der an Brettin und Roßdorf vorüberführte. 1921/22 gab es Bohrungen, um die geologischen Voraussetzungen für einen Schleusenneubau bei Zerben zu erkunden. Billige Arbeitskräfte bewegten fast acht Millionen Kubikmeter Erde. Der Kanal durch das »Mittelland« wurde immer attraktiver.

Am 1. März 1921 schloß der Düsseldorfer Henkel-Konzern mit dem Magistrat von Genthin einen Vertrag, den eine Woche später auch die Stadtverordneten bestätigten: für siebzig Morgen Baugelände auf dem Nordufer des Kanals (sie gehörten einst zu Pieschels Grundbesitz) zahlte das Unternehmen eine Million Mark. Das war allein schon im Hinblick auf die zunehmende Inflation eine sichere Kapitalanlage. Aber auch die Kleinstadt mit wachsenden sozialen Problemen profitierte. Der Bau des ausgedehnten Werkes brachte die Hoffnung, daß kapitalistische Investition das Elend von den Arbeiterfamilien abwenden konnte. Es gab Arbeit! Und bereits im März 1923 begann die Produktion im »Persil-Werk«. Knapp vierhundert Frauen und Männer bekamen »Lohn und Brot«.

Die Reaktion stieg im Aufwind. Ihre Vereinigungen und die militaristischen Verbände dankten der Hilfe »von oben«. Im Jahre 1924 rottete sich die erste Gruppe der faschistischen NSDAP im Kreis zusammen. Selbst die SPD bekannte sich nun (nicht nur) in Genthin zur Reform, nicht zur Revolution. Sie sabotierte am 1. Mai 1925 den Demonstrationszug durch die Stadt. Ihre Genossen arbeiteten an diesem Tag, und kein Angehöriger des Henkel-Werkes verließ aus Angst vor der Entlassung den Betrieb. Schließlich wurden seit 1923 auch gute »Werkswohnungen« gebaut. Und es gab überraschend neue Methoden, um die keimende Einheit und Solidarität zwischen den Abhängigen endgültig zu zertreten. Im Waschmittelwerk setzte 1932 die Direktion die wöchentliche Arbeitszeit von 48 auf 45 Stunden herab. Soziale Pose: zusätzliche Plätze für Arbeitslose. Effekt: noch größerer Druck auf die Arbeitenden, die widerspruchslos finanzielle Einbußen hinnahmen. Übrigens: Stundenlohn für Männer 0,64 M, für Frauen 0,46 M. Unter den rund 750 Arbeitern und Angestellten gab es aber auch den Direktor Dr. Leskien, der jährlich 54 000 Mark erhielt ...

Die Kehrseite der Medaille »Wohltäter der Stadt« war schnell zum Vorschein gekommen. Der Konzern diktierte vom Magistrat bis in jede Arbeiterfamilie. Aufrufe der mutigen KPD-Gruppe wie vom 6. Oktober 1932 – »Henkel-Proleten, brecht die Ketten! Reiht euch ein in die rote Einheitsfront!« – konnten den politischen Kurs nicht mehr ändern. Der Zwang durch den Konzern verstärkte sich durch die faschistische Gewalt. Nach 1940 kamen in das zum Spezialbetrieb für die Rüstungsproduktion veränderte Werk in großer Zahl Frauen und Männer als Zwangsarbeiter aus den annektierten Ländern. In Schichten arbeiteten hier unter anderem polnische Kinder im Alter von 6 bis 14 Jahren. In einer Statistik wird über sie die Zahl 30 aufgeführt; das sind ständig an Entzündungen, an Ausschlag leidende ... Nachschub wurde verlangt.

Nach dem Kriegsende setzte der Senat der USA Dr. Hugo Henkel auf eine Liste der Kriegsverbrecher, deren Wirtschaftsmacht den Faschismus ermöglicht hatte, aber auch von ihm maßlos profitierte. Eine Verurteilung blieb aus. Aber nach dem Volksentscheid vom 30. Juni 1946 in Sachsen enteigneten die Demokraten im Land Sachsen-Anhalt ebenfalls die Besitzer der Großindustrie. Das Henkel-Werk wie die benachbarte Zuckerraffinerie Genthin wurden volkseigen. Als »VEB Per-

14/15 Havelberg: St.-Annen-Kapelle, Domberg
16 Prignitz-Museum Havelberg: Exponate zur Schiffahrtsgeschichte

sil-Werk« nahm man die Produktion unter schwierigen Bedingungen auf. Ende der vierziger Jahre bot man Waschmittel wie Gemol und Gentina als Neuentwicklung an.

Ich habe zu meiner Information eine lange Liste von Produktnamen bekommen. 1955 »Wok« ... und so immer weiter und verwirrend ... Hier, das muß ich unterstreichen: im Jahre 1968 begann in Genthin die Produktion von Vollwaschmitteln, und 1970 kam zum ersten Male »Spee« auf den Markt ...

Auch die Herstellung von Waschmitteln setzt heutzutage zielgerichtete, wissenschaftliche Forschung voraus.

Der Forschungsleiter hat sich vorhin entschuldigen lassen. Die Verteidigung eines Vorhabens nimmt diesen Tag in Anspruch. Als sich die Kombinate bildeten, wurde auch das damalige Kombinat Haushaltchemie Genthin für den Forschungsbereich Chemie in der DDR der wichtige Partner in der Praxis. Alfons Rauer hat mich in diesem Zusammenhang auf einen Text hingewiesen:

»Ein Gespräch zwischen dem Leiter des Forschungsbereiches Chemie und dem Generaldirektor des Kombinats fand Anfang Juni 1981 in Genthin statt. In den Monaten zuvor war der Vertrag über die Zusammenarbeit in Forschung und Entwicklung für 1981 bis 1985 entworfen worden, der dann am Ende des Gespräches unterzeichnet wurde ... Die erste Aufgabe betrifft Beiträge zur Entwicklung eines Niedrigtemperaturwaschmittels ..., um Energie einzusparen ... Auf die Entwicklung von Fluortensiden bezieht sich die zweite Aufgabe ... Herstellung bestimmter Feuerlöschmittel, die Entwicklung von Pflegemitteln für Kraftfahrzeuge und Fußböden ...«

Das ist sicherlich gutgemeint, aber mir schon zu ausführlich. Es gibt nur noch einen Bleistiftstrich am Rand:

»Zur Tätigkeit des Kombinatsbeauftragten Professor Dr. Heinz Reinheckel vom Zentralinstitut für organische Chemie gehört aber noch eine Besonderheit: der Einsatz von Industriewissenschaftlern an der Akademie. So haben Mitarbeiter des Waschmittelwerks Genthin ihren Arbeitsplatz am Zentralinstitut, werden durch dessen Wissenschaftler angeleitet. In den ersten Jahren gab es für diese Mitarbeiter eigene Arbeitspläne; wir haben gemeinsam gelernt, auch diese Zusammenarbeit effektiver zu gestalten ...«

Ich packe meine Notizen in die Tasche, gehe noch einmal durch die Kulturhausräume und schließe die Tür.

Auf der Treppe spüre ich den Duft aus dem Speisesaal. Die Mittagsstunde rückt näher. Ein Zug fährt auf das Werksgelände – Phosphat kommt aus Bulgarien.

Am Pförtnerhaus ist ein blaues Schild, auf das Alfons Rauer, aber nicht nur er, als Genthiner Chemiewerker sehr stolz ist: »Wasserwirtschaftlich vorbildlich arbeitender Betrieb«. Das trifft noch keineswegs für jede Hausfrau an der Waschmaschine zu, obwohl es genaue Vorschriften, Hinweise und Dosierbecher gibt ...

Die Fußgängerbrücke führt über den Kanal zum Stadtinneren zurück. Ein Blick zum Waschmittelwerk, ein anderer zur Zuckerfabrik »F. C. Achard«, dem ältesten aus dem Jahre 1920 stammenden Großbetrieb des Kreises.

Am Heimatmuseum Genthin komme ich vorbei. Die Historiker mögen mir verzeihen, aber in ihm wirkten auf mich alle frühgeschichtlichen Scherben nicht so sehr wie ein kleines, grünblaues Paket »Henko« von Henkel's Bleichsoda. Millionen solcher Päckchen kamen einst aus Genthin. Wenn sie geleert waren, warteten Ofen oder Mülltonnen auf sie. Wer hat noch ein Waschpulverpaket aus dem Jahre 1925? Und von 1955 ein Paket Wok? Raritäten gegen die manche als Liebhaberstück gehandelte Antiquität lächerlich wirkt ...

Am Bahnhof zeigt ein Schaukasten den Anreisenden als Genthiner Spezialitäten: Spee gekörnt, Spee color, Spee brillant, Spee zymat, Spee konzentrat, Spee intensiv, Spee express ... Wer hat diese Kollektion schon zusammengebracht?! Dann fünfzig Jahre gut aufbewahren; das wird ein sauberes Geschäft ...

Ein Schweizer in Redekin

Der Omnibus, der frühmorgens von Genthin nach Havelberg fährt, verläßt bald nach dem Haltepunkt »Genthin Wald« der Eisenbahn die Fernverkehrsstraße 107, um in Scharteucke die Kinder und Schüler abzuholen. Sie sind auch heute wieder ordentlich angetreten unter den Bäumen, zwischen neuverputzten Wohnhäusern, die sich in merkwürdigen Kontrasten zu den Ställen und Schuppen auf den Höfen befinden.

Die Scharteucker Abordnung zum Kindergarten überbietet sich im lauthalsen Singen. Die Unterstufler sind äußerst streitsüchtig; jeder Satz beginnt bei ihnen mit: Denkste! Oder spinnste? Und die unausgeschlafenen FDJler lassen sich auf die Sitze fallen, haben gleich einen Finger im Reclam-Heft und buchstabieren darin ...

In Redekin empfangen die Kindergärtnerinnen ihre Schützlinge mit: »Antreten«! Und zu mir sagen sie mit einer Spur Neugier, die spürbar wächst: »Guten Morgen!«

Der Bus fährt davon. Ich sehe mich um.

»Wohin möchten sie denn?«

Eine Antwort fällt mir schwer; ich weiß wohl, wohin, aber mir ist auch bekannt, daß an jener Stelle nichts ist:

»Ich möchte mir Redekin ansehen.«

»Redekin?!«

Die beiden jungen Frauen grinsen sich an; eine sagt nur noch »Viel Spaß!«

Da ist bereits ein Straßenschild »Parkstraße«! Das ist mehr, als ich erwartet habe. Ich ziehe die Kopie eines alten Fotos aus der Tasche. Auf ihm ist auch dieser sandige Weg abgebildet, doch stehen in regelmäßigen Abständen auf hohen Pfeilern prächtige Rokokovasen. Sie waren aus Terrakotta.

Die Vasen waren aufgestellt, als diesen Weg die Kutsche mit Friedrich II. entlangfuhr; und Friedrich Wilhelm IV. und Wilhelm I. und Friedrich III. und selbstverständlich Otto von Bismarck müssen sie gesehen haben.

Ich wandere gemächlich durch die frische, kühle Morgenluft auf einen Park zu, von dem der ehemalige Grundriß noch zu erahnen ist. Die einst gestutzten, beschnittenen Bäume sind vor Menschengedenken ausgewachsen und alt geworden, umgestürzt oder gefällt, durch junge, schon wieder gealterte ersetzt. Ein Kommen und Gehen des Lebens, ein Werden und Vergehen, das auch der tüchtigste Gärtner nicht aufhalten kann.

Einst führte die Lindenallee, wird überliefert, auf einen großen Pavillon zu. Vergoldete Buchstaben fügten sich auf der Fassade, die mit

Das ehemalige Schloß Redekin (Farblithographie von Winkelmann, um 1860)

steinernen Blumen- und Fruchtgirlanden geschmückt worden war, zu der Aufschrift »Sans Chagrin« (ohne Verdruß, ohne Ärger), das Redekiner Pendant zum »Sans Souci« (ohne Sorgen, ohne Kummer) der Potsdamer Residenz.

Neben dem Pavillon gab es ein Schlößchen, von Potsdamer Handwerkern und Dekorateuren auch nur einstöckig gebaut, mit hohem Dach. Alle Zimmer befanden sich zu ebener Erde. Mit steinernen Vasen war das Dach besetzt. Über dem Mittelportal erhob sich ein hoher Uhrturm, den eine Statue der launischen Fortuna krönte. Sandsteinfiguren waren auch vor den hellen Außenwänden plaziert.

Ein Rokoko-Idyll. Abgeschirmt vor der kriegerischen Zeit.

Der »große« Friedrich ging über diese Wege im Sommer 1769. Er machte eine Visite bei einem seiner Generäle. Er schaute sich eigenwillig-kritisch um: fand im Saal Lüster aus venezianischem Kristallglas, betrat einen Salon, dessen Wände roter Damast verbarg, mit weißgoldenen, zierlichen Möbeln und bemalten Schränken, alles zum großen Teil aus Paris bezogen. Und vermutlich neidete er dem Schloßherren die Gemäldegalerie. Der 1827 gedruckte Katalog führte immerhin rund einhundertfünfzig Kunstwerke auf und bekannte Namen wie van Dyck, Watteau, Caravaggio ... Wie sich da die Schulden summierten, parbleu!

Im Jahre 1763 hatte General Lentulus das Gut Redekin gekauft. Der Siebenjährige Krieg war vorüber. Lentulus lobte die Leistungen seines Kriegsherren, aber der winkte mürrisch ab: »Gestehe Er nur, daß ich viel Glück gehabt habe!«

Lentulus konnte sich ebenfalls nicht beklagen. Vielleicht kam deshalb die vergoldete Glücksgöttin auf das Redekiner Schlößchen, das nun in kürzester Zeit erbaut werden mußte. Man vermutet, Lentulus zeichnete selbst den Entwurf.

Robert (auch Ruppert) Scipio von Lentulus (latinisiert aus Linser) wurde 1714 als Sohn eines geadelten Offiziers in der Schweiz geboren. Schon als Vierzehnjähriger war er Soldat auf Habsburger Seite, kam schließlich in diplomatischer Mission bis nach Konstantinopel. Von den Preußen wurde Lentulus 1744 vor Prag gefangengenommen, für einen Offizier damals nicht weltbewegend, denn in der Regel kaufte die Gegenpartei die gehobenen Söldner. Aber Lentulus zerbrach – stolz wie ein freier Schweizer – bei dieser Gelegenheit seinen Degen, um ihn nicht abgeben zu müssen. Dieser theatralische Auftritt soll auf Friedrich II. Eindruck gemacht haben. Der Offizier reiste zwar vorerst nach Bern zurück, schwor aber zwei Jahre später auf Preußens Fahne. Mit einem feinen Unterschied: er blieb (aktiv vor allem während des Urlaubs) »Generalleutnant der Bernischen Kriegsvölker«.

»Sans Chagrin«, sein Motto für das zurückgezogene Leben auf dem Lande, in Redekin. Lesen und Diktieren zwischen seidenen Tapeten, die mit tropischen Pflanzen, mit Meerkatzen und Papageien bemalt waren. Spazieren durch einen Park, der als Kopie – halb Versailles, halb Potsdam – ausgeführt wurde. Seine architektonischen Staffagen zerfielen schnell, denn Leinwand, Holz und Gips hielten nicht lange. So verschwand ein hoher Obelisk (siehe Potsdam!), die Kolonnaden (nach dem Gondartschen Vorbild in Potsdam) stürzten bald zusammen, das Bauerndörfchen verrottete. Die beschnittenen Taxushecken eines Freilichttheaters wucherten wieder wild ins Formlose ...

In Bern aber titulierte man den General der preußischen Kavallerie nun »Freiherr Lentulus von Redekin«. Er rückte 1768 zum Gouverneur von Neufchatel auf. Dieses Land (erst seit 1815 21. Kanton der Schweizerischen Eidgenossenschaft) war ein preußisches Fürstentum, denn seine Bewohner huldigten 1707 König Friedrich I., der als Sohn Louises von Oranien rechtmäßiger Erbe dieses Besitztums vom Hause Chalon geworden war.

Im Jahre 1778 nahm Lentulus seinen Abschied von der preußischen Armee. Der Mißklang war unüberhörbar. Der General hatte sich mit Landkauf, Schloßbau, Parkanlage und Kunstsammlungen in Redekin finanziell völlig übernommen. Schulden wie Blätter auf den Bäumen. Und ein Grundsatz des Königs dazu: »Wann die Edelleute alles durchbringen und liederlich seind, kann ich sie nicht helfen.« Sicherlich verkaufte Lentulus 1780 schweren Herzens sein Refugium ... »Sans Chagrin«, ein Hohn. Den Betrag, den die Familie von Alvensleben zahlte, nahm er, um sich in Monrepos bei Bern wieder einen Landsitz zu kaufen, auf dem er bis zu seinem Tode 1786 lebte.

Der herbstliche Park ist an diesem Morgen still und düster, aber ich erlebe, daß er keineswegs vergessen ist wie noch vor einigen Jahren. Überall spürt man, daß hier gearbeitet, gerodet und gepflanzt wurde.

Der verschwundene Herrensitz war ein künstlerisches Zeichen aus der Zeit des unaufhaltsam verfallenden Feudalismus. Das Ende einer sehr langen Epoche, die überall Spuren im Land und in menschlichen Beziehungen hinterließ, dämmerte. Die Kirche in Redekin ragt aus der Zeit des Beginns des Feudalismus in unsere Zeit.

Die Kirche, ein frühes Meisterwerk der Ziegelbauweise, entstand um die Wende vom 12. zum 13. Jahrhundert. Sie zeigt, nachdem 1974 wieder der Dachreiter abgenommen worden war, das mittelalterliche Aussehen eines romanischen Gotteshauses. Im Inneren des Bauwerkes, das aus einem breiten Westturm, aus Schiff, quadratischem Chorraum und halbrunder Apsis besteht, erinnert nur ein Teil des Taufsteins an die ersten Jahrhunderte. Die hölzerne Ausstattung entstand erst nach und nach, als die Aufbauarbeiten nach dem Dreißigjährigen Krieg allmählich Früchte trugen. Einen Figurengrabstein für den

Herrn von Randau (1581) betrachte ich, den Marienaltar aus der gleichen Zeit ... Auf der Hufeisenempore steht eine kleine Rokoko-Orgel,
die wieder an Lentulus in Redekin erinnert. Als ich die Kirche noch
einmal von außen betrachte, entdecke ich auch hier Mauersteine, in
die verschieden geformte Vertiefungen geschabt oder gekratzt sind.
Für sie gibt es viele Erklärungen, die in der Regel auf abergläubische
Praktiken hinauslaufen.

Durch Redekin rattern die Traktoren mit hochbeladenen Anhän-
gern. Die Hackfruchternte ist in vollem Gange.

Das Bauerndorf erscheint in den Urkunden mit wechselnden Namen. Im Jahre 1144 nennt man die Siedlung erstmals im Zusammenhang mit der Jerichower Klostergründung. Gardekin heißt sie 1155,
Gerdekin 1172, Rodekyn 1368 ... Ein ritterliches Geschlecht namens
von Redekin erlosch erst im 17. Jahrhundert.

Als ich über den großen Friedhof in der Mitte des Dorfes gehe,
bricht das Sonnenlicht durch das schwere Grau, und da zieht es mich
noch einmal zum verwandelten Park zurück.

Das Schlößchen im holländischen Stil wurde 1945 in den letzten
Kriegstagen zerstört und brannte nieder. Die Ruinen des Pavillons
»Sans Chagrin« mußten 1950 endgültig beseitigt werden.

Der Krieg war für Robert Scipio von Lentulus eine notwendige Wis-
senschaft. Im Jahre 1769 schloß er in Redekin ein umfangreiches Buch-
manuskript über den Einsatz der Kavallerie ab. Die Erfahrungen eines
furchtbaren Kriege sollten dem nächsten dienen ...

In diesem Zusammenhang fällt mir noch ein anderer Zeitgenosse
ein. Sein schlichter Name: Ludwig Müller. Der Pfarrersohn wurde
1735 in Groß Breese bei Wittenberge geboren. Ein Studium der Mathematik und Physik konnte ihm der Vater nicht finanzieren. Ausweg:
Kartenzeichner in Potsdam, dann im Ingenieurkorps der Armee ... Als
1763 General Lentulus sein Redekiner Idyll kaufte, wurde Müller nach
Polen abkommandiert, um im militärischen Auftrag Befestigungen zu
konstruieren. »Das Gehalt eines Ingenieurleutnants war gering.« Müller stach auf eigene Kosten Friedrichs II. Schlachtpläne, druckte sie
selbst ... Umsonst. »Der große König wollte ihm persönlich wenig
wohl und beförderte ihn nicht weiter ... Friedrich liebte ... die Inge-
nieure im allgemeinen nicht ...«, schrieb der Biograph Müllers, der erst

1807 dessen militärische Schriften aus dem Nachlaß herausgab. Da waren sie freilich durch den Geist und damit die Taktik des französischen Revolutionsheeres völlig überholt ...

Im Park kann ich noch den Platz ausmachen, an dem vor dem Schloß ein großes Bassin angelegt war. Auch die Statuen von Flußgöttern standen auf Postamenten. Schließlich hat der große Fluß, die Elbe, auch etwas mit Redekin zu schaffen gehabt. Von Parey über Derben, Nielebock, Redekin nach Groß Wulkow, Sydow, Schmetzdorf verlief ein ehemaliger Elbarm, der sich in der Landschaft noch gut verfolgen läßt. Bei Schmetzdorf, unmittelbar am Rande der Klietzer Hochfläche gelegen, gabelte sich das breite Tal. Sein westlicher Zweig führte zum heutigen Flußbett zurück, der östliche nach Böhne, wo er die Havel erreichte.

Das Redekiner Elbtal bahnte lange Zeit natürlich den Hochwasserfluten einen bequemen Weg in das Land. Schlick lagerte sich dort ab, der nicht nur die Weidewirtschaft, sondern auch Weizen- und Rübenanbau begünstigte. Von Redekin aus kann man durch das geradlinige, alte Tal, in welchem nun der Schaugraben mit allerlei Zu- und Nebenläufen fließt, an klaren Tagen bis Schmetzdorf oder nach Westen bis Derben blicken, zum Steilufer des Flusses.

»Die Elbe fließt ... in einer Sekunde beim höchsten Wasser drei, beim Mittelwasser zwei und bei kleinem Wasser anderthalb Fuß. Ihre Normalbreite ist daselbst 80 Ruten 960 Fuß und die Konsumtition bei vollen Ufern 38 800 Kubikfuß in einer Sekunde.« Diese Nachrichten habe ich mir aus Ludwig Müllers »Terrainlehre« für preußische Offiziere abgeschrieben.

Im Frühjahr 1945 interessierten ähnliche Fakten niemanden mehr. Die Fronten gegen den Faschismus rückten auf den Fluß vor. Das Schloß des Generals Lentulus, in Alvenslebens Besitz recht behutsam erhalten, verbrannte. Es gab wichtigeres, was die Menschen bewegte:

»Im Verlaufe des 6. Mai 1945 erreichten Einheiten unserer Division das Ostufer der Elbe bei Neuermark und Lübars und stellten Verbindung her zu der 9. amerikanischen Armee. Die Soldaten und Offiziere der Verbündeten begrüßten sich begeistert über den Fluß hinweg, schossen Salut mit Geschützen und MPi. Nach 15 bis 20 Minuten kam

eine Gruppe von amerikanischen Offizieren und Soldaten an das Ostufer der Elbe. Sie umarmten unsere Soldaten, gratulierten zum Sieg
und berichteten ...«, schrieb später als Augenzeuge der sowjetische
Oberst Awramow.

Trümmer wurden beseitigt. Neue, menschliche Verhältnisse regten
ein anderes, gutes Heimatbewußtsein an. Der Park wucherte zunächst
dahin, doch dann scharten sich die tatkräftigsten Redekiner (aber
auch Scharteucke und Neuredekin gehören zum stattlichen Dorf) zusammen, um das Gelände für sich und die Besucher des Ortes zu nutzen. Mit dem Rat der Gemeinde und engagierten Bürgern hat man inzwischen für das schwierige, langwierige Unternehmen Sichtbares
geleistet.

Ich gehe durch die »Parkstraße« zurück, um mit dem Zug weiter
nach Jerichow zu fahren. Ein letzter Blick. Schade, daß die Terrakotta-
vasen fehlen. Sie sind nicht alle zerstört und zertrümmert worden. Die
Reste der Gartenplastiken transportierte man im Jahre 1951 in Richtung Dessau ab. Dort stehen Redekiner Vasen aus Lentulus' Park noch
heute auf der Rasenfläche des Ehrenhofes vom Schloß Mosigkau. Sie
passen da gut ins Bild, aber warum soll ich beim Abschied nicht – wie
manche Redekiner – hoffen, daß in ihren erneuerten Park vielleicht
einmal ein Abguß zurückkehrt. Auch für alle Besucher und Einwohner
ein Zeichen mehr, daß friedliche Arbeit bewahrt, aber auch Verlorenes
in einem neuen, anderen Sinn wiederbringt.

In Jerichow

Der trübe Tag, mit einem Mal eigenartig fern, irgendwo da draußen,
berührt sacht die unwirkliche Düsternis, die in der Krypta steht. Meine
Schritte über den steinernen Boden hallen schwach. Die Säulen stehen
leblos und angeordnet wie in einem magischen Wald. Ihre Kapitelle
zählen zu den Meisterwerken romanischer Bildhauerkunst. Eine ab-
sonderliche Bilderwelt ist aus den Steinen gemeißelt worden: Muschel-
artiges, Tierköpfe, die Menschlein verschlingen, Pflanzen fressen, seltsame Knospen, Wulstig-Schneckenhaftes. Das sind Motive, wie man
sie wieder in Frankreich und Oberitalien findet, aber dort an keiner

Stelle so konzentriert wie in der zweischiffigen Krypta der Stiftskirche zu Jerichow. Dämonisches im grauen Zwielicht. Doch deshalb bin ich nicht gekommen. Ich suche eine Säule, die auch gleichzeitig Mittelpunkt der Apsis ist.

Diese Säule ist gut anderthalb Meter hoch und mißt im Durchmesser vierzig Zentimeter. Sie wurde aus Ravenna transportiert. Kaiser Otto I. ließ dort Säulen und Gesteine sammeln – Marmor, Porphyr, Granit – und nach Magdeburg schaffen, wo sie zum Bau des romanischen Domes verwendet wurden.

Zwar fiel der ottonische Dom 1207 einer Brandkatastrophe zum Opfer, doch findet man heutzutage im Magdeburger Wahrzeichen noch 34 Säulen aus dem Gründungsbau. Auf einem Lagerplatz müssen aber auch vordem noch Architekturteile aus Ravenna vorhanden gewesen sein, vermutlich auch die Säule, die nun seit Jahrhunderten in der Jerichower Krypta steht. Der später heiliggesprochene Norbert von Xanten (1085–1134) wurde 1126 zum Erzbischof von Magdeburg gewählt. Er, Stifter der Glaubensgemeinschaft der Prämonstratenser, überließ seinen Ordensbrüdern die aufbewahrten Säulenschäfte. Sechs von ihnen wurden in den Bau der Klosterkirche Unser Lieben Frauen in Magdeburg eingefügt. Hatte schon Otto I. die Steinmetzarbeiten aus Italien wie ein Zeichen der unmittelbaren Verbindung zum Land, in welchem der Mittelpunkt des christlichen Reiches bestand, heranschaffen und nach alter Überlieferung in die Kapitelle Reliquien einmauern lassen, um den ewigen Bestand seiner Gründung zu befördern, so betrachteten sich in der ersten Hälfte des 12. Jahrhunderts die Magdeburger Prämonstratenser in erster Linie als Fortsetzer der vom Kaiser verlangten Ostmissionierung.

Der Slawenaufstand im Jahre 983 hatte alle Anfänge vernichtet. Nun mußte die Mission um jeden Preis fortgesetzt und vor allem vollendet werden. Die Prämonstratenser fühlten sich zu dieser Aufgabe berufen. In die ersten Niederlassungen des Ordens auf dem Ostufer der Elbe kam deshalb gleich einem Talisman ein alter Säulenschaft aus Italien: wie in Leitzkau, so auch in Jerichow.

Diese Krypta ist kein unterirdischer Raum unter dem Chor. Sie liegt ausnahmsweise zu ebener Erde. Das geschah wohl aus Rücksicht auf den hohen Grundwasserstand und die nahe Elbe.

74

Aus dem düsteren Raum kehre ich zurück in das beeindruckende Kircheninnere. Seine monumentale Wirkung ist überhaupt keine Frage der Ausmaße, sondern der Gesinnung und Kunst der unbekannten Architekten und Baumeister. Oberitalienische Einflüsse sind unübersehbar. Vermutlich haben hier Maurer aus der Lombardei gewirkt, aber auch normannische Vorbilder sind von der Kunstwissenschaft herangezogen worden. Einzelheiten können damit aufgelistet werden, der Geist, aus dem dieses Kunstwerk geschaffen wurde, nicht. Und selbst in den Details bleibt sehr viel Unerklärbares. Zum Beispiel die Krypta. Diese Räume, zur Grabstätte geistlicher Würdenträger bestimmt und Aufbewahrungsort für Reliquien, wurden in der Zeit des Jerichower Baues gar nicht mehr angelegt. Überhaupt in jenen Jahrzehnten wuchs der frühgotische Dom zu Magdeburg (Grundsteinlegung 1209) empor. Im Vergleich zu ihm war die Jerichower Kirche ein merkwürdig altmodischer Plan.

Das Mittelschiff schließt eine moderne, hölzerne Flachdecke ab. Die seitlichen Mauern sind glatt und ungegliedert; alles harmonische Linienspiel geht nur von den Arkaden aus. Zwischen ihren Achsen gibt es keine mathematische Zuordnung, nichts Symmetrisches. Rotbrauner Mauerstein und wenige, helle Putzflächen – Kreisblenden zwischen und Wölbungen in den Arkadenbögen – sind auch an diesem dunklen Tag der Farbakkord im Mittelschiff, das fünfzehn Meter Höhe und acht Meter Breite mißt. Selbst die Säulen und ihre Kapitelle, die Trapezflächen zeigen, sind aus Backsteinen gemauert. Hausteinplatten liegen nur auf den Kapitellen, von denen die Halbkreise der Arkaden aufsteigen.

Kaum eine Ausstattung, kaum Ablenkung durch Dekoratives – den Eindruck gewinnt man in der Jerichower Stiftskirche als Abbild strenger, christlicher Glaubensvorstellungen. Doch die Besucher im Mittelalter stellten andere Ansprüche: Es gab große Wandgemälde – in der Apsis sind Fragmente einer Marienkrönung aufgedeckt – und dekorative Malerei. In den Vierungsbögen sind zum Beispiel noch Marmorimitationen erkennbar.

Umstritten ist die Baugeschichte dieser Kirche. Man schließt aus verschiedenen Umständen, daß der Plan im ersten Viertel des 13.Jahrhunderts verwirklicht wurde. Freilich führten unterschiedliche Auslegungen einer Urkunde auch zu Behauptungen, es handele sich um den frühesten romanischen Backsteinbau in Deutschland, während eine andere Lesart ergab, er zähle zu den letzten ... Auf jeden Fall ist die dreischiffige Säulenbasilika mit Querschiff, quadratischem Chor und Apsis ein romanischer Backsteinbau, der in einzigartiger Vollkommenheit emporwuchs und erhalten blieb. Sein Sockel ist allerdings aus Grauwacke geschaffen worden und stammt wahrscheinlich aus der Anfangszeit nach 1144. Die Bruchsteine sind aus alten Brüchen bei Plötzky. Dort holte man auch Steine zum Bau der Magdeburger Klosterkirche und nach Leitzkau. Der vorgesehene Bruchsteinbau wurde aus unbekannten Gründen aufgegeben, sein Plan verändert und erneuert und gegen Ende des 12. Jahrhunderts in der modernen Backsteinbauweise fortgeführt, wobei zwei Nebenchöre (breiter als die zugehörigen Seitenschiffe) entstanden. Erst nach dem Jahr 1200 schuf man die Türme, die am Ende des 15. Jahrhunderts schließlich um zwei Stockwerke erhöht wurden und ihre schlanken Spitzhelme bekamen.

Warum ließen die Prämonstratenser ausgerechnet in Jerichow diese Kirche errichten?

Ein verworrenes Geschehen. Wie so oft: lange erwogene Vorhaben und überraschende Zufälle ...

Im März 1144 fiel Rudolf von Stade in den Kämpfen mit aufständischen Dithmarschern. Vor dem Askanier Albrecht der Bär war jenes Grafengeschlecht lange Zeit mit der Nordmark, der späteren Altmark, belehnt. Als Markgrafen besaßen sie im Havelwinkel (vor allem östlich von Tangermünde) ein umfangreiches Allod. Dieses persönliche Eigentum an Grund und Boden fiel darauf an Hartwig von Stade, denn der älteste Bruder starb schon 1130 bei Aschersleben in einer der üblichen Fehden. Der Landerbe war als Geistlicher Magdeburger Domherr (er wurde später Propst und Erzbischof in Bremen). Er weigerte sich, seine Berufung zum kirchlichen Amt aufzugeben. Die Mutter Richardis, nach alten Überlieferungen eine geborene Magdeburgerin, sah damit das Aussterben des Stader Stammes vor Augen. In dieser ausweglosen Situation stiftete Hartwig im Verein mit seiner Mutter den Prämonstratensern eine Niederlassung auf seinem Grundbesitz in Jerichow. Dort war schon eine Kirche vorhanden. Diese Tatsache interessierte gar nicht. Wichtig war nur, daß der Orden (er war ja erst 1121

Die Prämonstratenser-Stiftskirche St. Marien und St. Nikolaus in Jerichow (um 1840)

gegründet im französischen Prémontré!) einen Stützpunkt auf dem Ostufer der Elbe besaß. Und nun kam überdies Bischof Anselm, der bedeutendste Schüler des Ordensgründers und Erzbischofs Norbert, gegen Ende 1144 nach Magdeburg. Ihm gehörte das Bistum Havelberg, das er freilich wegen der slawischen Besetzung (seit über hundert Jahren) nicht betreten, geschweige denn verwalten konnte. Anselm wird sofort erkannt haben, daß mit der Stiftsgründung auf dem Gebiet seiner Diözese ein erster, realer Schritt auf dem Wege zur Wiederherstellung der kirchlichen Organisation getan war. Er erwirkte als erprobter Diplomat umgehend eine Bestätigung der Gründung durch den König. Die finanzielle Voraussetzung für das Stift Jerichow war gut. Den größten Teil des Stader Allods – nämlich die Burgbezirke Altenplathow, Klietz und Milow – erwarb allerdings das Erzstift Magdeburg.

77

Die Kirche der Prämonstratenser in Jerichow galt anfangs dem Havelberger Bischof zwangsläufig als Hauptkirche seiner Diözese. Er erkannte ihren Klerikern sogar das Recht der Bischofswahl zu und andere Privilegien, die freilich nach der Wiederherstellung des Bistums in Havelberg stillschweigend kassiert wurden.

Eigentumsansprüche, damals schon viele Jahrzehnte außer Kraft, wurden im Zusammenhang mit Jerichows Stift wieder hervorgekramt. Zum Beispiel hatte man am Ende des 10. Jahrhunderts den Burgward Kabelitz mit elf slawischen Siedlungen dem Havelberger Bistum übereignet. Anselm ließ den Grundbesitz nun den Prämonstratensern zukommen, obwohl längst andere Herren herrschten und manches Dorf gar nicht mehr existierte. Doch nur der Burgwardshof Kabelitz mit Dorf und See kam 1146 tatsächlich zum Stiftsbesitz.

Auch die Grenzen des Stiftes, dem ein Propst vorstand, entsprachen mit dem Lauf von Elbe, Stremme und Havel ohnehin den ursprünglichen Bistumsgrenzen. Lediglich im Norden markierte eine Linie vom Klietzer See bis zum Land Schollene das Ende des Einflußbereiches.

Die vielfältigen, von uns kaum noch zu durchschauenden wirtschaftlichen und politischen Verflechtungen von Interessen hatten aber im Bau der Jerichower Kirche einen sichtbaren Mittelpunkt. Wenig ist aus den Anfangsjahren zwischen den starken Mauern bewahrt: der schlichte Sandsteinaltar, ein kräftiger Leuchter aus gleichem Material (wenn auch nicht in originaler Zusammensetzung) zeigt Reliefs mit Figuralem und Ornamentalem, dessen Ikonographie schon schwer zu deuten ist.

Und ich suche wieder Steinernes: Von der Kirche zur Klausur passiert man ein Säulenportal. Eine Bildhauerarbeit erzählt die volkstümliche Fabel vom Fuchs, der den Gänsen eine Predigt hält. Ein altes Sprichwort weiß zu berichten: »Wenn der Fuchs die Gänse beten lehrt, frißt er sie zum Lehrgeld.« Der Fuchs auf dem Jerichower Relief hat sich eine Mönchskutte mit Kapuze übergestreift. Und es ist ein sehr großer Fuchs, und es sind sehr kleine, zutrauliche Gänschen ...

Die Klausurgebäude stehen um einen fast quadratischen Hof. Nicht alle Kreuzgangflügel sind erhalten, doch hat eine äußerst aufwendige und gewissenhafte Instandsetzung, die 1964 begann, das ursprüngliche Bild weitgehend wieder herzustellen versucht. Im Obergeschoß des

Südflügels, das 1946 ausgebrannt war, wurde ein Lehrlingswohnheim eingerichtet. Der Ostflügel erhielt 1968/69 aufgrund noch erkennbarer Strukturen ein völlig neues Gewölbe. Die Denkmalpfleger konnten aber die verlorengegangenen, künstlerischen Leistungen nur zurückgewinnen, indem sie die Räume zuerst aus der ungeeigneten Nutzung herauslösten. Der Grund dafür war die jahrhundertelange Verwendung der Klausur (und auch der Kirche) als Mittelpunkt eines großen landwirtschaftlichen Betriebes. Bis zum Jahr 1945 handelte es sich dabei um eine verpachtete Domäne mit Schnitterkasernen, in denen zwischen April und Dezember bis einhundert »Sachsengänger« – Landarbeiter aus dem Osten – für 20 bis 26 Pfennig Stundenlohn tätig sein mußten und dort mit ihren Familien hausten. Nach dem Kriegsende bildete man ein Provinzialgut, das dann Eigentum des Landes Sachsen-Anhalt wurde und 1951 volkseigen.

Mit dem Gedeihen der Jerichower Niederlassung entwickelte sich Unser Lieben Frauen in Magdeburg schnell zum Mutterkloster der sächsischen Prämonstratenser. Es verfügte schließlich über etwa zwanzig Klöster der »weißen Chorherren« in der Ordensprovinz Sachsen und besetzte die Domkapitel von Havelberg, Brandenburg und Ratzeburg. Dadurch konnte man nicht nur mit Nachdruck die Missionierung betreiben, sondern auch die Einflußnahme des Jerichower Bauhütte wurde weithin in den märkischen Landschaften sichtbar. In dieser Gestaltung und Technik wurden Klosteranlagen in Arendsee, Diesdorf und Lehnin geschaffen. Die Gotteshäuser von Redekin, Wust, Melkow, Groß Wulkow, Schönhausen, Königsmark und Giesenslage sind nach dem Jerichower Vorbild entstanden; und auch die heutige Stadtkirche, ein einschiffiger Backsteinbau, der im 17.Jahrhundert einen Fachwerkturm aufgesetzt bekam.

Schon im 13.Jahrhundert sanken Macht und Einfluß der Prämonstratenser. In der Mark faßten die Zisterzienser Fuß. Im Jahre 1489 gab es Streit mit dem Erzbistum wegen Reformen, die offenbar dringend notwendig waren. Die Magdeburger besetzten das Kloster. Schulden beschleunigten die wirtschaftliche Talfahrt Anfang des 16.Jahrhunderts. Propst und Prior sowie elf Mönche erlebten 1531 den Abtransport des gesamten Kunstbesitzes und der Bibliothek nach Havelberg, wo sich die Spuren verlieren. Ein ähnliches Schicksal war dem Archiv beschieden, das man 1571 nach Magdeburg fuhr, wo es im Dreißigjährigen Krieg unterging. Keine Urkunde ist danach vom Stiftsarchiv aufgefunden worden, kein Kopialbuch ... Reste der Ausstattung wie silberne Geräte, Meßgewänder, Edelsteine, die den Altar zierten und selbst die Orgelpfeifen wurden 1551 geplündert. Ein Jahr später war das Kloster Vergangenheit. Sein Wirtschaftshof wurde Domäne ... Der große Plan der Prämonstratenser – zerfleddert im wahrsten Sinne des Wortes von der unerbittlichen Zeit ... Mauern überdauerten. Nach dem Dreißigjährigen Krieg wurde die Kirche noch einmal renoviert. Nach 1846 taugte sie nur noch als Getreidespeicher. Das kunstvolle Maßwerk aus Stein, das die Kreuzgangöffnungen schmückte, wurde Anfang des 19. Jahrhunderts zerschlagen. Die Klausurräume waren teils der Schweinemast, teils der Schnapsbrennerei zugewiesen ... Wenigstens die Kirche rettete der Denkmalpfleger Ferdinand von Quast (1807–1877) vor der endgültigen Verwahrlosung ...

Die Ziegelstreicher haben die Steine zum Jerichower Bau besonders sorgfältig gearbeitet. Die Masse wurde in hölzernen Formen getrocknet, aber vor dem Brand scharrierte man sie mit einem Flächhammer, wonach sie in etwa Hausteinen ähnelten.

Aus gebrannter Tonerde sind die drei Figuren über dem schönen Westportal: die Heilige Maria, der die Prämonstratenser auch in Magdeburg und Leitzkau ihre Kirchen weihten, sowie als Nebenpatrone Nikolaus und Augustinus (auch als Godehard gedeutet).

Ein Blick auf die älteste Karte aus dem Jahr 1722 belehrt darüber, daß zu jener Zeit die ehemalige Stiftskirche mit Wirtschaftsgebäuden, Tagelöhnerkaten, mit Mühle und Krug ein selbständiger Teil war, durch Felder und Gärten vom Stadtkern getrennt.

Der Name Jerichow ist slawischer Herkunft und bedeutet Ort des Jerich. (Er hat nichts mit dem biblischen Ort zu tun, dessen Mauern durch Posaunengetön zusammenstürzten.) Im 8. und 9. Jahrhundert wird Jerichow nicht nur eine Burg gewesen sein, sondern bereits in seiner Nähe Siedler geduldet haben. Als die letzten Angehörigen des Stader Grafenhauses hier umfangreiche Ländereien an das Magdeburger Erzbistum verkauften, entstand gleichsam ein Keil zwischen der Altmark und der Mittelmark. In den späteren Auseinandersetzungen des Erzbistums mit den Brandenburgern wurde das Land Jerichow deshalb ständig zum Zankapfel. Dazu kam, daß das ursprünglich reichsunmittelbare Bistum Havelberg bald auf das engste mit den askanischen Markgrafen von Brandenburg verknüpft war. Albrecht der Bär und sein Sohn Otto waren erste Schutzvögte von Jerichow, nach dem Aussterben ihres Familienstammes zu Beginn des 14. Jahrhunderts unterblieb eine neue Belehnung. Als im Vergleich von Zinna 1449 der Kurfürst den gesamten Elbhavelwinkel dem Erzbistum preisgab und ausdrücklich auf die Vogtei Jerichow verzichtete, brachen Auseinandersetzungen, die schließlich auch bewaffnet ausgetragen wurden, zwischen den Havelberger und Magdeburger Diözesen aus.

Westlich der Stadtkirche von Jerichow findet man im Niederungsgelände der Elbe einen nierenförmigen Hügel. Auf dieser natürlichen Anhöhe lag die Burg. Um 1900 wurde allerdings die Fläche planiert, und ein Park entstand, doch sind an seiner Nordseite noch Reste eines Walles zu erkennen. Man vermutet, daß im Schutz dieser Burg die »Stadt« ursprünglich wuchs. Sie wurde von einer Hochwasserflut im Jahre 1336 zerstört. Die zugehörige Kirche (schon 1144 genannt, also drei Jahre vor dem »Wendenkreuzzug«) stand vermutlich auf dem Hochufer an der Stelle des heutigen Standortes. An der Kirche wurde damals der Markt abgehalten, durch dessen Lärm und Unruhe sich die Magdeburger Prämonstratenser belästigt fühlten. Sie brachten einen Flurtausch mit dem Ritter von Jerichow zuwege und erhielten 1148 den ruhigen Platz, auf welchem dann Kloster und Stiftskirche errichtet wurden. Die Mauerreste der erzbischöflich-magdeburgischen Burg standen bis in das späte 18. Jahrhundert in dem Flecken, der sich 1562 »vor eine Stadt ausgab«. Dann aber brach man unter anderen den vierkantigen Bergfried ab, nutzte brauchbare Steine für Neubauten und füllte mit dem Schutt alte Schutzgräben.

In seiner mittelalterlichen Blütezeit lag Jerichow unmittelbar an der Stromelbe. Es nimmt deshalb nicht wunder, daß die wenigen Urkunden aus jenen Jahrhunderten von einer »Stad«, von »Städtlein« und »Flecken« sprechen. Nach der Katastrophe im Jahre 1336 war Jerichow nicht nur schwer zerstört, sondern die Elbe floß in einem neuen Bett. (So ist der Strom noch heute rund drei Kilometer von der Kleinstadt entfernt.) Tangermünde profitierte von Jerichows schnellem Sturz in die Bedeutungslosigkeit.

Obwohl Jerichow, von dem bereits 1320 ein Magistrat erwähnt ist, nach dem Hochwasser Stadtrechte verliehen bekam, zwei Tore besaß und ein Siegel führte, entstand erst im 19. Jahrhundert das Rathaus. Mit dem »Berg« und der »Neustadt« erweiterte sich die abgelegene Mediatstadt erst im 18. Jahrhundert bescheiden. Kolonisten wurden auch hierher geschickt, verdingten sich als Tagelöhner, bauten Flachs und Tabak an. Aus der Gemarkung Jerichow kamen 1770 zwar 169 Zentner und 42 Pfund von einem Knaster, den »Kenner den besseren Uckermärker nachsetzten«, aber man konnte vom Verdienst nicht leben und nicht sterben. Eine Hilfe schlug König Friedrich II. den »Tabak Planteurs« in Jerichow ab: »Das geht nicht an, ihr Toback taugt da nicht, und ist also nichts wehrt, sie können dafür Färbe-Kräuter und andere solche Sachen pflanzen, die beßer und nützlicher sind.«

Ein spürbares Wachsen der Stadt begann erst, als 1836 der Chausseebau zwischen Magdeburg und Hamburg vorankam und 1899 die erste Lokomotive auf der damaligen Kleinbahnstrecke herandampfte. Jerichow gab den beiden alten Kreisen zwischen Elbe und Havel den Namen. Die Numerierung war aus Magdeburger Sicht erfolgt. Burg lag näher, gehörte folglich zum Kreis Jerichow I, Genthin war entfernter, deshalb im Kreis Jerichow II …

Meine Spaziergänge in Jerichow enden in der alten, anheimelnden Gaststätte »Schulterblatt«. Der merkwürdige Name geht auf ein fossiles Stück zurück, das hier einmal ausgegraben wurde. Eine Geweihschaufel hielt man für das Schulterblatt eines Hünen.

Ich schreibe eine Ansichtskarte, die die wundervolle romanische Stiftskirche abbildet. Auch ihre Türme waren durch Beschuß im Frühjahr 1945 schwer beschädigt worden.

Damals schrieb der Soldat Alexander Ptaschiz:

»Am frühen Morgen erreichte mich in Jerichow an der Elbe die Kunde vom Ende des Krieges. Unser Regiment war in schweren Kämpfen bis zur Elbe vorgedrungen. Die Nachricht brachte uns der Politstellvertreter unseres Bataillons. ›Der Krieg ist aus‹, rief er. Wir rannten auf die Straße. Über dem Fluß ging die Sonne auf. Am anderen Ufer schwenkte jemand ein Sternenbanner. Leuchtkugeln stiegen in den Himmel. Ich setzte mich dann an den Tisch, um an mein Dorf zu schreiben … Ich begann meinen Brief mit den Worten: Ich lebe.«

Katte in Wust

Endlich bin ich in Wust. Der dicke Fachwerkturm der Kirche steht an der Hauptstraße, der kleine Postmeilenstein vor ihm. Gegenüber vom Gotteshaus befindet sich das ehemalige Herrenhaus, neben ihm der vergessene Friedhof, ein Rasenplatz heutzutage, aus dem man schon um 1900 einen stillen Park schuf.

Das aufgeregte, fröhliche Lärmen paßt überhaupt nicht zu meiner Vorstellung von diesem Platz: An diesem sonnigen Tag toben sich neben der Kirche die Mädchen und Jungen bei ihrem Sportfest aus. Geschrei soll anspornen, anfeuern. Jubel und wilde Tänze der Siegreichen. Einige behäbige, weil bereits besonders gut gewachsene, junge Damen trödeln ihre Laufrunden ab, doch kaum sind sie durch das Ziel geschlendert, haben sie hervorragende Lungen und Kehlköpfe, um den Jungen, die zu langsam rennen, allen Hohn nachzukreischen ...

Als vor gut einhundert Jahren Theodor Fontane (1819–1898) zu dieser Stelle kam, setzte er sich in das dürre Gras zwischen den verfallenen Gräbern und wartete auf den Diener aus dem Herrenhaus, nach dem ein Kind geschickt worden war.

Was konnte Fontane an jenem ruhigen Augusttag sehen?

Die spätromanische Kirche, ein Backsteinbau, der wohl nach 1200 errichtet worden war, stand da. Ihre reiche, barocke Ausstattung (sie ist vor einiger Zeit restauriert worden) konnte betrachtet werden. Für sie hatte die Junkerfamilie als Kirchenpatron gesorgt. Sie war nach dem Dreißigjährigen Krieg wieder zu Geld gekommen. Es war die Familie von Katte, deren männliche Angehörige durchweg als hohe Offiziere beim beschleunigten Aufbau des stehenden Heeres Brandenburgs – später Preußens – mitwirkten. Zählte es beim Tode des Großen Kurfürsten Friedrich Wilhelm bereits 30 000 Mann, so waren es 1740 beim Tode des Soldatenkönigs Friedrich Wilhelm I. 80 000 Soldaten, die gedrillt werden mußten, denn der König hatte ja erklärt: »Wenn man in der Welt will dirigieren, gewiß die Felder nit machet, wenn es nit mit complete Armee soutenirt (= unterstützt) wird.« Selbstverständlich wurde jenes Zwangsregiment auch auf die Besitzungen des Militäradels übertragen. Charakteristischerweise liest man 1720 in einem Kommentar zum geltenden Recht: »Man hat zwar heuti-

Schloß und Kirche in Wust (Farblithographie, um 1860)

gen Tages unter den Christen keine dergleichen (gemeint sind Sklaven in der Antike, d. Verf.) leibeigenen Sklaven ... Jedoch aber trifft man noch an etlichen Orten sogenannte eigene Leute an, welche einigermaßen mit denen römischen Leibeigenen zu vergleichen sind. Zu welchem denn auch gehören Häusler, Lohn- oder Erbdrescher, welche ... zu dreschen und andere Feldarbeit zu verrichten schuldig sind, auch ohne ihrer Herren Vergünstigung von dannen nicht anderswohin ziehen dürfen.«

Am Fuß des Kirchturmes erinnern gewaltige Grabplatten an die einstigen Herren von Wust und Umgebung. Auch die Kanzel ist aus einem Epitaph gebildet. Theodor Fontane schickte aber nach dem Diener, um den Gruftanbau inspizieren zu können. Durch einen der dort Beigesetzten ist das abgelegene Wust sozusagen mit der »großen« Historie verknüpft.

In der Gruft ruhen die sterblichen Reste von Hans Hermann von Katte ...

Wenn König Friedrich Wilhelm I. mit seiner Familie zum Schwiegervater nach Hannover reiste, ließ er stets die Pferde in Wust wechseln und machte eine Visite bei seinem vertrauten General. Zwischen ihren heranwachsenden Söhnen Friedrich (dem späteren König) und Hans Hermann begann eine Jugendfreundschaft, die verhängnisvoll enden sollte.

Friedrich Wilhelm I. setzte auch in seiner Familie seine Maxime durch: »Dem Willen des Königs muß alle Bequemlichkeit weichen und steht den Untertanen das Gehorchen am besten an.« Der Alltag in der Familie und am Hof glich vollkommen dem Aufenthalt in einer Militärkolonie. Dazu gehörten mancherlei Opponenten wie Spitzel und Denunzianten; Erpresser und Verräter auf allen Seiten brachten Abwechslung in das Gangsterspektakel. Um die Königin – sie stammte ja immerhin aus dem Lebenskreis ihrer Großmutter Kurfürstin Sophie von Hannover, wo Literatur, Architektur und Musik im Mittelpunkt des höfischen Lebens blühten – scharte sich heimlich eine Gegenpartei. Sie suchte Verbindungen und Rückhalt auf der britischen Insel, denn 1714 hatte ein Mitglied des Hauses Hannover den englischen Thron bestiegen.

In die tückischen Kraftfelder zwischen den verschiedenen Polen geriet in der preußischen Residenz unversehens der junge Katte. Theodor Fontane hat ihn nach einem alten Gemälde beschrieben: »Er trägt die Uniform des Regiments Gensd'armes, dazu das gepuderte Haar rechts und links in drei Locken gelegt. Seine Züge, weder hübsch noch häßlich, verraten Klugheit, Energie und einen gewissen Standesdünkel.«

Der junge Friedrich wollte der Despotie seines Vaters entfliehen. Katte war der Mann seines Vertrauens. Im November 1729 gab es eine erste Verabredung. Anfang Juni 1730 wollte der Kronprinz den Aufenthalt im Zeithainer Feldlager bei August dem Starken nutzen. Er gab ein geheimes Schreiben dem englischen Gesandten, worin er um Aufnahme im britischen Königreich bat. Einen Monat später bekam er während eines nächtlichen Treffens »unter dem großen Portal des Schlosses bei der Stechbahn« die Antwort: man wollte ihn nicht, war aber bereit, die Schulden zu bezahlen. Katte überbrachte die umfangreiche Aufstellung. Am 14. Juli 1730 trafen Friedrich und Hans Hermann sich vor Mitternacht im Potsdamer Schloßgarten, um einen Fluchtplan während einer süddeutschen Reise ins Werk zu setzen. Die französische Botschaft hatte geheim signalisiert, daß der Kronprinz in Paris Zuflucht finden würde. Der Rittmeister von Katte meldete, sein Vetter aus Wust bekäme keinen Urlaub in Berlin. Friedrich riet, der Vertraute solle nach den Niederlanden flüchten. Inzwischen wurde aber durch den Obristen von Rochow ein Fluchtversuch vereitelt. Am 12. August ließ der König seinen Sohn verhören, und Katte wurde in Berlin verhaftet. Man drohte ihm die Folter an, aber Hans Hermann von Katte gab das Geschehene zu. »Sie sollen den Katten herter angreiffen. FW.« lautete die königliche Order vom 28. August 1730.

Das Kriegsgericht stellte fest, Katte war nicht desertiert, er hatte keine eigenen Aktivitäten gezeigt, sondern lediglich gehorsam Anordnungen (und keineswegs alle!) des Thronfolgers befolgt. Urteil: lebenslängliche Haft. Dieser Spruch wurde an den folgenden Tagen wiederholt, aber der König erzwang das Todesurteil, das er sich in seinen Schädel gesetzt hatte. Kattes Gnadengesuch interessierte nicht.

» ... so erkühne mich zu E. K. M. Füßen mich hiermit zu legen und im Namen meiner und des Gen. Lieut. v. Katte allerunterthänigst flehentlichst zu bitten, die Strenge der Gerechtigkeit durch Dero königliche Gnade und Barmherzigkeit in Ansehung der Angehörigen zu mildern und nicht geschehen zu lassen, daß ich am Ende meines 80sten Jahres auf eine so betrübte Art noch müsse Blut triefen sehen von demjenigen, der von demjenigen, der von mir abgestammet und dadurch mein graues Haar mit Herzeleid in die Grube gebracht werde.« So bettelte Kattes Großvater, der Generalfeldmarschall von Wartensleben.

Antwort des Soldatenkönigs: Hans Hermann »hätte ... wohl verdienet, daß er mit glühenden Zangen zerrissen würde, doch habe ich in Consideration des Herrn General-Feldmarschalls und des Generallieutnants von Katt(e) die Strafe so weit gemindert, daß ihm zum Exempel und Warnung anderer der Kopf abgeschlagen werden soll.«

Die neumärkische Kriegs- und Domänenkammer in Küstrin meldete am 7. November 1730 unter anderen:

»Der Scharfrichter aus Seelow hat die Execution verrichtet und ist der von Katt(e) mit großer Freimütigkeit gestorben ..., umb den ihm zuerkannten, letzten Streich empfangen zu können, welcher denn auch mit einem Male den Kopf vom Körper abgelöset, beides hernach wieder zusammengelegt, ein schwarz Tuch darüber gedeckt ... Der Kronprinz, welchem man von dieser in seinem Gesichte (= vor seinen Augen, d. Verf.) vorzunehmenden Execution nur etwa eine Stunde vorher, da man ihn aus dem Schlafe gewecket, avertiret, soll sich darüber dergestalt alteriret haben, daß er 3 mal in Ohnmacht gefallen, auch heute sich sehr übel befinden, welches Ew. Königl. Maj. wir hierdurch allerunterthänigst berichten wollen.«

Generalleutnant von Katte bat aus Königsberg um vier Wochen Urlaub auf »einem meiner Güter«: »Und dann, Allergnädigster König und Herr, bitte mir diese einzige Gnade aus, um das Raisoniren meiner Nachbauern und Freunde zu evitiren, den Körper meines Sohnes nach meinem Gute in aller Stille zu bringen. Ihre Majestät versage diese Gnade einem bis in den Tod betrübten Vater nicht ...«

Der Trubel vom sportlichen Treiben tönt herüber.

Die Gruft ist ein schlichter Anbau aus Backsteinen. Sie hat keine Unterkellerung. Hier wartete also Theodor Fontane:

»Ein reich galonierter Diener kam vom Herrenhause herüber und mit einem doppelarmigen silbernen Leuchter in der Hand, schritt er über den Kirchhof hin, auf uns zu. Wir erhoben uns. Der Diener nahm den Vortritt, strich mit einem Phosphorholz an dem rostigen Eisenbeschlag des einen Torflügels entlang, zündete die Wachskerzen an und trat dann dienstmäßig und völlig ruhig zwischen die dichtgestellten Särge. Wir folgten, so gut wir konnten. Als wir die Mitte der Gruft erreicht hatten, hob er den Leuchter höher; – es gab ein sich einprägendes Bild. Die Kerzen warfen helle Streifen durch das Dunkel. Von der Decke herab wehte es in langen grauen Fahnen ... Wir standen jetzt so, daß wir durch Heben und Senken unserer zwei Kerzen die prächtigsten Sarkophage; den Steinsarg des Feldmarschalls ... ohne Mühen sehen ... konnten.«

Die Marmorarbeit für den Vater des Hingerichteten war 1806 von französischen Soldaten demoliert worden, als in Wust vorübergehend der napoleonische Marschall Soult Quartier nahm.

Fontane beschreibt seinen Besuch in der Gruft weiter:

»Aber wo stand Hans Hermann? wir taten scheu die Frage; der Diener indess griff sie ohne jegliches Bedenken auf, und abermals voranschreitend, folgten wir ihm nach links, in die eine Ecke des Raums. Die Särge standen hier minder dicht. Einer unter ihnen war ein schlichter, langer Holzsarg, des Farbe teils abgegriffen, teils abgesprungen war. Das war er. Der Diener gab mir den Leuchter, faßte den Deckel und schob ihn beiseite. Noch verbarg sich uns sein Inhalt. In dem äußeren Sarge stand ein zweiter, der eigentliche, in den man ihn zu Küstrin gelegt hatte, eh' die Familie ein Weiteres tat, – eine bloß zugeschrägte Kiste mit einem flachen Deckel. Nun hoben wir auch diesen und blickten auf alles Irdische, was von dem unglücklichen Katte noch übrig ist.

Ein hellblauer Seidenmantel umhüllt den Körper; da wo dieser Mantel nach oben hin aufhört, liegt ein Schädel; neben ihm eine blaue, kunstvoll zurechtgemachte, mit Spitzenüberresten geschmückte Schleife, die früher das schöne blonde Haar des Toten zusammenhielt ...«

Wie Fontane weiter berichtet, erschien um 1820 »ein Engländer in Wust, ließ sich die Gruft aufschließen und trat an den geöffneten Sarg. Er war offenbar ein Kenner, suchte unter den Halswirbeln umher, fand endlich den, den das Richtschwert durchschnitten hatte, und führte ihn im Triumphe weg. Andere nahmen die Zähne des Enthaupteten als Erinnerungsstücke mit, so daß, als Anfang der fünfziger Jahre das traurige Administrations-Interregnum endlich sein Ende erreichte, der neue Besitzer nur ein wüstes Durcheinander vorfand ...«

Auf dem Kirchturm drehte sich noch die schmiedeeiserne Wetterfahne, die das Kattesche Wappen zeigte. Auf dem Schild stolzierte auf zwei Beinen eine angriffslustige Katze wie ein Löwe einher.

Die alte Kirche (1240 »Basilica« genannt) wurde vom Havelberger Bischof Selenbertus (auch Helmbert) geweiht, der zwischen 1191 und 1206 sein Amt ausübte. Die Apsis erhielt ursprünglich drei Fenster, doch wurde das mittlere später zugesetzt. Nach der Renovierung des Kirchenschiffes zwischen 1977 und 1980 wurde auch der Gruftanbau wieder in Ordnung gebracht.

Die Geschichte Wusts war jahrhundertelang mit dem Auf und Ab der Familie von Katte verbunden. Ein Balduwin Cat wird bereits 1221 erwähnt. Wenn man auch nicht immer in Wust Wohnsitz nahm, so hielt sich der Besitz in männlicher Nachkommenschaft doch bis 1882, wo zuerst die Mutter des Verstorbenen erbte, darauf seine Tochter, die mit einem Herrn von Pilgrim verheiratet war.

Im Mittelalter bestanden im Dorf drei Edelhöfe; nur auf einem wirtschafteten Kattes. Aber 1608 hatten sie alle drei Anwesen an sich gebracht. Im Jahre 1716 vereinigte sie der Generalfeldmarschall Hans Heinrich von Katte zu einem Gut. In ihrer Blütezeit herrschte die Junkerfamilie über sechzehn Rittergüter, weshalb man den Landstrich zwischen Wust und der Havel allgemein »Kattenwinkel« nannte ...

Das ehemalige Schloß – ursprünglich eine hufeisenförmige Anlage – wurde später stark verändert. Der Standort gegenüber der Kirche ist keine alte Burgstelle. Jener Platz liegt knapp drei Kilometer nördlich vom Dorf: ein mit ziemlich vier Meter Höhe noch sehr gut erhaltener Rundwall, von Bäumen bedeckt. Der Name der Burg in der Trübenniederung läßt sich in keiner Urkunde finden. Vielleicht wurde sie als Folge des Slawenaufstandes im Jahre 983 zerstört und später wegen der schwankenden Wasserstände nicht wieder aufgebaut und eingerichtet.

Das Wuster Herrenhaus verwahrloste nach vielerlei Kriegsschäden bis um 1850 vollkommen. Da tobten sich – nach Theodor Fontane – die »Unbilden des Wetters, die Indolenz der Verwalter, die Zerstörungssucht der Dorfbevölkerung« gründlich aus. Gemälde schnitt man aus den Rahmen, Sandsteinplastiken mauerte man in Fundamente, Akten benötigten die Bäuerinnen zum Anheizen und zum Sengen der gerupften Gänse ...

Auch im Sommer 1945 war ein Chaos zu bändigen. Das Herrenhaus beherbergte Umsiedler. Als sie anderen Wohnraum zugewiesen bekamen, zog die Schule ein. Sie war bis zu diesem Zeitpunkt in zwei Räumen untergebracht, in denen zwei Lehrer alle Mädchen und Jungen vom 1. bis 8. Schuljahr unterrichteten. Im ehemaligen Schloß entwikkelte sich aus dem einst verspotteten »Pantoffel-Gymnasium« im Jahre 1953 eine »Zentralschule im Aufbau«. Zu ihr kamen die Kinder aus Melkow. Ohne Schulomnibus. Zu Fuß. Die Schüler aus Sydow transportierte ein Pferdegespann, später ein Oldtimer-Bus, der ab und an von den Gäulen nach Hause gezogen werden mußte. Im Jahre 1956 kamen die jungen Mangelsdorfer dazu, und zwei Jahre darauf schickte der Kraftverkehr Genthin seine Fahrzeuge, um die Zeit für die Schulwege zu verkürzen. Wer freilich die neueingerichteten 9. und 10. Schuljahre absolvieren wollte, mußte ins Internat nach Schönhausen ziehen, ehe ab 1962 auch das in Wust möglich wurde.

Im Winter 1959/60 fällten die Lehrer über einhundert Bäume für den Ausbau einer Turnhalle, nachdem bereits eine Sportanlage gegenüber der Schule geschaffen worden war.

Oberschule in einem ostelbischen Herrenhaus, Turnhalle, Sportplatz ... Und in diesen Dörfern schien einmal die Zeit stehengeblieben zu sein! Otto Karstädt, in Wust 1876 geboren, besang einst den Wert der morgendlichen Mehlsuppe, durch die »Lief un Seele irscht mol wedder ordentlich tosammenklebt« würden durch den »blaugrünen« Kleister:

»Wo män Mehlsuppe ett, do sett di ruhig nedder;
böse Menschen kriegen sowat nich nedder!«

Im Oktober 1945 rief die KPD in Wust eine Bauernversammlung ein. Zweihundertfünfzig Frauen und Männer, Einheimische und Umsiedler, drängten sich. Zuerst sprach Pfarrer Neuendorff aus Jerichow: Keine Milde mit den Faschisten! Endlich einen neuen Anfang machen: Bodenreform! Nach ihm befürwortete der Landrat Albrecht, ein Kommunist, die gleichen Forderungen.

Gesellschaftlicher Fortschritt? Technik auf dem Lande?

Otto Karstädt ließ seine Bauern noch über die Eisenbahn, die man sieht, wenn der Blick nach Norden, nach Schönhausen und Schönhauser Damm geht, sagen: »Ne Isenbahne? Wat is dät för'n Dingerichs?« Und der Gevatter erklärte: »Denk di ne Kegelbahne so lang wie van Stendal no Berlin, denk di statt's de Bretterbahne ne ieserne, un do häst de ne Isenbahne fertig ...«

Über die niedrigen Bauernhäuser ragt ein Kran. An der Straße in Richtung Melkow wird ein Wohnblock gebaut. Wieder eine Nachricht aus dem Alltag von Wust, die seine Chronik fortsetzt. Die »Jungen Historiker» der Wilhelm-Pieck-Oberschule haben viel dafür getan, daß Vergangenes nicht ins Vergessen gerät. Großen Anteil an dieser sich entwickelnden Haltung kommt dem Pädagogen Günter Heine zu, einem geborenen Zerbster und nicht einmal von Hause aus Historiker, sondern Fachlehrer für Mathematik und Werken. Unter seiner Anleitung begannen die Mädchen und Jungen zuerst vor Jahren mit dem Sammeln, Auswerten und Bewahren der Geschichte der Landwirtschaftlichen Produktionsgenossenschaft Tierproduktion in Wust. Durch die fleißige Arbeit der Schüler ist der Gedanke der Heimatgeschichtsforschung, aber auch der Denkmalpflege, der Bemühungen um ein gepflegtes Dorf und sein kulturelles Leben nach und nach in die meisten Familien getragen worden. Umgesetzt wurde danach auch die Postäule, ein Viertelmeilenstein, den ich nach meinem Eintreffen vor der Kirche betrachtete.

Theodor Fontane, der am 16. August 1867 im Wuster Herrenhaus zu Gast war, widmete der Hausherrin die Verse:

»Bunter Bilder in raschem Lauf
Steigen wechselnd vor mir auf:
Wust, der alte Kattesitz,
Im Sarge der Freund von Kronprinz Fritz.
Roter Abendschimmer umfloß
Die alte Linde vorm Bismarckschloß (= Schönhausen, S.).
Und Mond und Wolken sah ich ziehn
Über Turm und Pappeln von Redekin.
Wünsche, die lang ich im Herzen getragen,
Wurden erfüllt in diesen drei Tagen,
Und ein dankbar Angedenken
Werd' ich den Damen des Hauses schenken.«

Ich lese nach, was Theodor Fontane einst nach dem Besuch der Gruft unternahm:

»Stumm schritten wir dem Herrenhause zu, aber es duldete uns nicht in geschlossenen Räumen, und der stille Park nahm uns auf. In breiten Rüster-Alleen gingen wir auf und ab. Da lagen die umgestürzten Statuen, zerbrochen, zerschlagen, halb überwachsen von grünem Gesträuch ... Unser Weg führte uns zuletzt bis an die Grenze des Parks; eine Birkenbrücke, über einen Graben hinweg, ging ins Freie; breite Wiesen dehnten sich vor uns, jenseits stiegen Kirchtürme auf, aus der Niederung zog ein Nebel langsam zu uns her. Es dämmerte, und wie Dämmerung kam über uns selbst jener traumwache Zustand, dem Leid und Lust des Daseins gleichmäßig zu Bild und Erscheinung wird, zu Gliedern in derselben Kette.«

Der Park macht noch immer Sorgen. Eine Tafel ist aufgestellt, die anschaulich für ein Vorhaben wirbt, dessen Verwirklichung noch manche Anstrengungen voraussetzt: aus dem herrschaftlichen Parkgelände, dessen zum Teil überalterte Bäume auf einem wasserumflossenen Fleck noch einige historische Grabdenkmale überschatten, soll auch hier eine Anlage geschaffen werden mit einem Festplatz, mit einer Spielwiese, mit Ruhebänken und verschwiegenen Pfaden für Leute, die – zur Not auch paarweise – für einige Zeit einsam sein möchten ...

Die Statuen sind vergangen. Im Jahre 1951 folgten den Redekiner Terrokottavasen nur noch zwei Plastiken aus Wust. Sie stehen im Park des Schlosses Mosigkau in Dessau. Die Kunstwissenschaft bescheinigte ihnen, daß sie »ausgezeichnet in der Haltung komponiert« sind: eine »Bauerndirne« und ein »Blumenmädchen«; gut gewachsene, geschmeidige junge Mädchen werden da einst Modell gestanden haben. Das äußere ich selbstverständlich nicht den vorbeischnaufenden Läuferinnen in der abgeschlagenen Nachhut gegenüber.

Sie würden sowieso nur spitz antworten: Na und?!

Schatten in Schönhausen

Die Eichen stehen noch in tiefem Grün, die Kastanienblätter haben breite, gelbe Säume und von Ahornzweigen wirbelt ab und an hellbraunes Laub. Der Frühnebel treibt zwischen den Stämmen dahin zur Elbniederung. Die letzten Katzen trollen sich blinzelnd nach Hause, die ersten Hähne führen ihre Hennen geschäftig durch das Gesträuch, das einen Teil der Kirche umgibt, in den Park von Schönhausen.

Als die Prämonstratenser sich in Jerichow, auf dem östlichen Elbufer, eine erste Heimstatt für ihre Gemeinschaft schufen, folgten ihnen auch niederländische Kolonisten, die man seit der Mitte des 12.Jahrhunderts anwarb. Die backsteinerne Kirche von Schönhausen,

Dorfstraße in Schönhausen (Aquarell von W. Collenbey)

ein Nachfolgebau der Jerichower Stiftskirche, hat in ihrer urkundlichen Geschichte einen Fingerzeig auf jene Entwicklung bewahrt. In ihrem Altar wurde 1712 eine Nachricht gefunden, daß die Weihe am 7. November 1212 vom Bischof Sigebodo von Havelberg vorgenommen worden war. Wie bei den Prämonstratensern üblich, wurde das Gotteshaus damals nicht nur unter den Schutz der Heiligen Maria gestellt, sondern auch dem »Apostel der Niederländer«, Willibrord (657–739), zugeeignet.

Schönhausen, heutzutage im Kreis Havelberg mit ungefähr 2300 Einwohnern der zweitgrößte Ort, erlebte im Mittelalter ein Schicksal, das in gewisser Weise dem von Jerichow ähnelt. Eine Siedlung, in welcher Bauern und Handwerker lebten, wuchs allmählich. Ein »Burgstall« – gut zwei Kilometer nach Norden vom Dorf entfernt in der Aue – blieb bedeutungslos. Anfang des 16. Jahrhunderts hatte man städtische Rechte erworben. Bis in jene Zeit gehörte Schönhausen zum Bistum Havelberg. Hier kassierten die Bischöfe zum Beispiel Hebungen für ihre Residenz in Wittstock. Nach der Reformation in Brandenburg unterstanden die Schönhauser ihrem Kurfürsten. Der jagdbesessene Landesherr wollte die Letzlinger Heide im Herzen der Altmark, wo er bevorzugt Hof hielt, als geschlossenes Revier. Die ehemalige Patrizierfamilie von Bismarck hatte nach ihrer Vertreibung aus Stendal ausgedehnten Landbesitz um Burgstall (am Ostrand der Letzlinger Heide) erworben. Ihn konnte der Kurfürst seinem Jagdrevier zuschlagen, da sich im Austausch die Brüder Jobst und Georg von Bismarck mit dem Land um Schönhausen und Fischbeck einverstanden und zufrieden erklärten. Die erste Belehnung wurde 1563 beurkundet. Einzige Bedingung der Bismarck-Brüder: auch ihr neuer Landbesitz sollte zur Altmark gehören! Diese Ausnahme auf dem Ostufer der Elbe wurde genehmigt.

Das Schloß der neuen Besitzer wurde bereits 1642 wieder zerstört. Ihr Land mußte 1685 in zwei Schönhauser Gutsbezirke aufgeteilt werden.

Neben der Kirche findet man im Park »das Schloß mit dem eigenartigen Küchenanbau, in dem Otto von Bismarck am 1. April 1815 geboren wurde. Alte, prachtvolle Linden umgeben den Bau, die ihre Äste bis auf den Erdboden senken. Ziehe deine Schuhe aus, denn hier ist heiliges Land! Hier wandelte deiner Größten einer, der dein Reich schmiedete mit gewaltiger Hand, Deutscher! Hier unter den Linden umfangen dich Erinnerungen, die durch Weltenalter gehen werden.«

Ich gehe in weiten Schleifen über die feuchten Wege des alten Parkes und stelle mir vor, wie Wilhelm Kotzde, Verfasser des angeführten Textes, hier um 1914 mit heiligen Schauern barfuß (oder in echt-deutschen Herrensocken aus kolonialer Baumwolle) entlangstelzte ...

Das Schloß existiert nicht mehr. Es war 1700 erbaut, trug über dem Portal das Allianzwappen von Augustus von Bismarck und seiner zweiten Frau Dorothea von Katte.

In unserem Jahrhundert bewohnte das Schloß die Witwe des ältesten Sohnes Herbert vom gefürsteten Reichskanzler. Der Kunstwissenschaftler Udo von Alvensleben hat als persönliche Erinnerung um

Ehemaliges Schloß in Schönhausen (Farblithographie, um 1860)

1934 notiert: »Der französische Park ist noch gut erhalten, aber ver-
wahrlost ... Die Seidentapete, Lyoneser Chinoiserie, im Salon, einst
von Katharina II. an den Gesandten Allopäus geschenkt, war im ehemaligen Reichskanzler-Palais, wo der Berliner Kongreß stattfand. Der
Alte Kaiser (Wilhelm I., d. Verf.) schenkte sie Bismarck zur Erinnerung ...« Und: »Schönhausen ist niemals mächtiger als in der Dämmerung eines Wintertages. Der graue Würfel des Bismarckschen Hauses
mit dem breiten Backsteinturm der Dorfkirche dahinter, die Terrasse
mit den Kanonen, Statuen und Sandsteintreppen, den Buchenhecken
und geisterhaften Gartenhäusern, alles düster und der Zeit entrückt ...
Die Fürstin Herbert ist die Großsiegelbewahrerin des Familienerbes
von Geist und Tradition. Sie würde nicht den leisesten Widerspruch
dulden. Etwas gespenstisch sitzt sie in dem düsteren Landschaftszim-
mer.«

Im Mai 1945 begann eine neue Epoche unserer Geschichte. Ohne

Pathos! Mit Hilfe der sowjetischen Armee mußte in Schönhausen in aller Eile ein Behelfskrankenhaus eingerichtet werden. Typhus war zu bändigen. Es gab später mehrere Versuche, das Schloß zu renovieren. Das Dach wurde gedeckt, Zwischendecken eingezogen: einige zehntausend Mark. Die Bausubstanz war miserabel. Die Mauern bestanden nach außen aus Ziegellagern, zwischen die man Schutt eingefüllt hatte. Schließlich aber wurde der Bau gesprengt, ein Klub entstand auf alten Fundamenten, und die restaurierten Gartenplastiken befinden sich seit vielen Jahren in Magdeburg, in der Nähe der Elbpromenade ...

Im Jahre 1845 verknüpfte sich ein für die Landschaft wichtiger Vorgang mit dem Leben der Bismarckschen Familie:

Sehr viel Schnee war im Winter von 1844 auf 1845 gefallen. Die Flüsse erstarrten unter dicken Eispanzern. Wild erfror. Auch Menschen. Am 23. März (am 1. Osterfeiertag) ließ der Schmetzdorfer Pfarrer noch die Pferde vor den Schlitten spannen und fuhr auf dem Eis und durch die »Kattenberge« nach Wudicke. Überraschend setzte heftiger Regen ein. Am nächsten Tag reichte das Wasser über dem Eis der Gräben den Gäulen schon bis an den Bauch. Überall stieg die Flut sehr langsam, aber unablässig. Am 2. April stand sie nicht einmal mehr einen Fuß tief unterhalb der Elbdeichkrone. In Eile wurden die Dämme befestigt und erhöht. Zum 3. April 1845 fiel das Wasser überraschend um zwei Zoll, aber bald verbreitete sich die Nachricht, daß nur ein Deichbruch auf dem altmärkischen Ufer die Ursache war. Bald las man wieder ein Ansteigen des Hochwassers vom Pegel ab. Einen Tag später brach der Damm bei Fischbeck, obwohl dort Mannschaften aus den vielen Ortschaften mit zweihundert Pferdegespannen pausenlos arbeiteten. Der Fischbecker Deichmeister gab auf: rette sich, wer kann! Die Hilfskräfte aus entfernteren Dörfern rückten ohne Befehl ab, doch der Dorfschulze kämpfte mit seiner Gemeinde weiter gegen die Naturgewalt. In Schönhausen hörte man das näherkommende Brausen der Flut, die bei Lübars und Hohengöhren den Damm durchbrochen hatte. Bald stand das alte Dorf unter Wasser. Schafe und Hühner wurden auf die Dachböden geschleppt. Bretter und Mist sollten das Lehmfachwerk der Häuser schützen. Die Schmetzdorfer schufen in größter Eile einen Damm, um das Hochwasser zum Klietzer See abzudrängen, aber das blieben alles vergebliche Mühen. Die Flut ergoß

17 Genthin: Ernst-Thälmann-Platz mit Adler-Apotheke und Stadtkirche
18 Grabmal des Hermann von Plote in Genthin-Altenplathow
19–22 Klosterkirche Jerichow – Kapitell und Osterleuchter

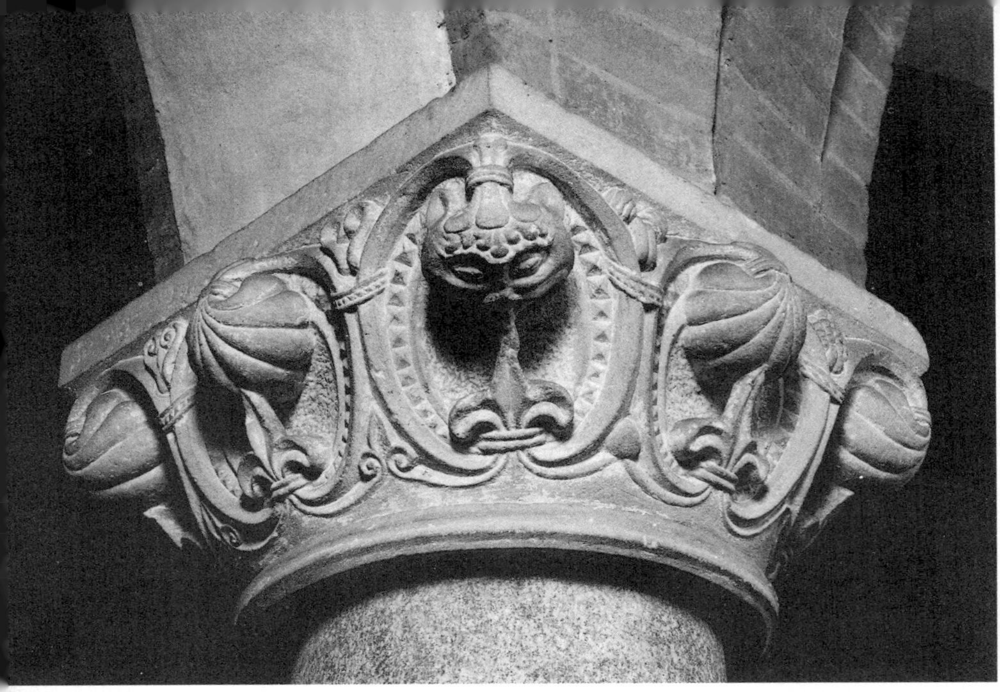

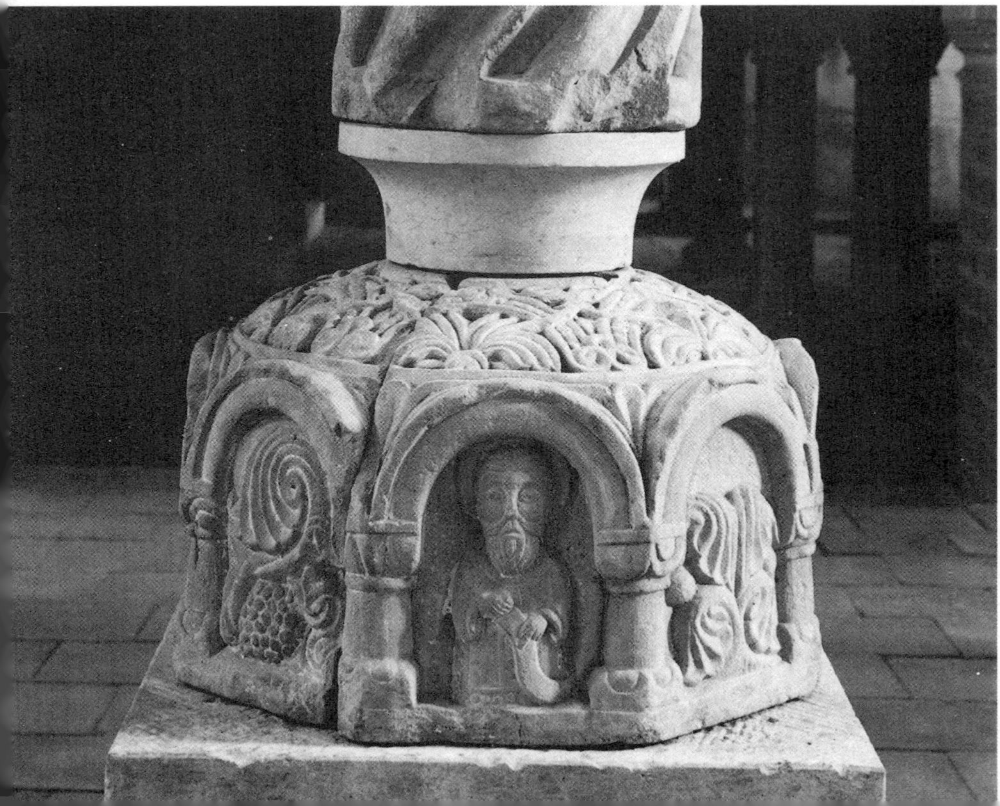

23/24 Mit dem Triebwagen unterwegs in der Landschaft an Havel und Elbe
25 Katte-Gruft in Wust

Ruhestätte
derer
von Katte.

sich in den uralten Talungen in Richtung Havel und erreichte sie auch bei Böhne.

Wochenlang ragten die Dörfer wie flache Inseln aus einer gewaltigen Wasserfläche zwischen beiden Flüssen. Nahrungsknappheit herrschte. Vieh starb. Die Menschen lebten auf den Böden. Es war – kaum glaublich! – möglich, mit dem Kahn von Tangermünde nach Rathenow zu gelangen ...

Als die Flut Anfang Mai abfloß, waren die meisten Wiesen derart vom Sand bedeckt, daß man ihn mühevoll mit Karren und Fuhrwerken abfahren mußte. Aus den Wäldern hatte das Wasser die Holzstapel geschwemmt. Die meisten Brücken waren zerstört ... Und der Meister schlug an der Schönauer Schmiede die höchste Wasserstandsmarke ein; im benachbarten Schönwalde war es die Zeichnung eines Kahnes – 1,75 Meter über dem Erdboden ...

Im »Jerichowschen Kreisblatt« (verlegt in Redekin, gedruckt in Magdeburg) erschien darauf eine »Bitte an alle edle Menschenfreunde«:

» ... wenig bekannt ist es wohl, daß Schönhausen zu den Orten gehört, die von den Fluten am meisten gelitten haben: denn in der Nähe unseres Dorfes kämpften die Wassermassen der beiden ersten und unteren Brüche (= Lübars, Hohengöhren) mit der des großen, oberen Bruches (= Fischbeck) gegeneinander, wodurch die Verwüstungen der Felder, Gärten und Gebäude auf Grausen erregende Weise und mit unglaublicher Schnelligkeit erfolgten ... Die Wintersaaten ... sind durch fünfwöchentliche Überflutung ganz verdorben ...« Erster Unterzeichner unter diesem Hilferuf vom 10. März 1845 war der Deichhauptmann Friedrich von Bismarck. Er hatte sich in dieser beispiellosen Katastrophe vorbildlich bewährt. Im Herbst des Unglücksjahres starb er plötzlich ...

Otto von Bismarck übernahm das kleine Gut seines verstorbenen Vaters; das größere war aus dem Besitz von Verwandten in andere Hände geraten. Und der junge Bismarck wurde umgehend für die Strecke von Jerichow bis Sandau zum Deichhauptmann gewählt.

Im Februar 1847 schrieb Otto von Bismarck an seine Verlobte eine Reihe von Briefen, in denen er stimmungsvoll über sein tägliches Ausharren auf dem verantwortungsvollen Posten erzählt:

»Den 25. Endlich ist die Elbe über Nacht 2 Fuß höher geworden.

Wenn sie übrigens alle Jahr so langweilig sanftmütig sein will wie bisher in diesem, so würde ich das Kommando über ihre Fluten niederlegen. Ehe ich träge Pferde reite, gehe ich lieber zu Fuß. Es ist jetzt 7 Uhr morg. – 2°, aber es kommt mir wärmer vor; der Schnee fällt seit einer Stunde leise, ohne daß sich das geringste Lüftchen rührte, senkrecht, auf der Gegend liegt Nebel, und wie hier das Ticken der großen Uhr, so ist draußen nichts zu hören als das leise Klirren des gleitenden Eises auf dem Wasser und der eintönige Schrei der wilden Gänse, die mir willkommene Boten sind, daß das Tauwetter Bestand haben wird. Auch die Menschen sind heut so still auf dem Deich und lassen sich beschneien wie Pfähle und sehen alle so schläfrig aus, was ich ihnen kaum verdenke, da sie die schlimmste Nachtnummer (= beim Auslosen der Wache, d. Verf.) gehabt haben, von 12 bis 6. Viermal in 24 Stunden werden sie abgelöst, ich aber gar nicht ...«

Bismarcks Aufgabenkreis erweiterte sich, als er zum Abgeordneten der Ritterschaft des Jerichower Landes im 1. vereinigten Landtag Preußens bestimmt wurde. Im Sommer 1847 fuhr er deshalb nach Berlin.

Im Frühjahr 1848 stieg eine andere Flut: Die Spannungen zwischen feudalen und kapitalistischen Interessen hatten zu einem Notstand ohnegleichen geführt, der die Dämme der Reaktion durchbrach. Unter dem demokratisch gesinnten Bürgermeister Fischer kam es in Rathenow zu einem Aufstand gegen das Militär. Die Waffenlosen verloren. Siebenundzwanzig Bürger wurden in Gefängnisse und Zuchthäuser abgeführt. Die »Königstreuen« bekamen wieder kräftig Aufwind, und Anfang 1849 stellten sie Otto von Bismark zum Landtag auf, wo er sich als Redner der »Rechten«, der Konservativen, schnell einen Namen machte; auch wegen der Offenheit, mit der er die Belange seiner Klasse vertrat. Während einer Kommissionssitzung erklärte er zum Beispiel: »Ich bin ein Junker und will auch Vorteile davon haben.« Als im Sommer 1848 geplante, zaghafte Steuerreformen einige Vorrechte des Landadels zu verringern drohten, schrieb der Junker an seinen König Friedrich Wilhelm IV. unter anderem: »Indem wir alleruntertänigst bitten, daß E. M. dem Gesetze wegen Veranlagung einer Grundsteuer, unentgeltlicher Aufhebung geldwerter Privatrechte und dem zu erwartenden Angriff auf das Vermögen der zu Grundrenten Berechtigten Ihre Zustimmung versagen, verlangen wir nur Gerechtigkeit, nur

Schutz unsres Eigentums, nur Gleichheit vor dem Gesetz mit dem letzten Tagelöhner; lassen E. M. die Geschichte nicht sagen, daß, unter Ihrer Regierung zuerst, ein solcher Ruf vor dem Preußischen Throne ungehört verhallt sei!«

Und wie verhielten sich die »letzten Tagelöhner« in Schönhausen während der unruhigen Wochen und Monate des Jahres 1848? Nach der Überlieferung soll im Dorf schon am 16. März eine schwarz-rot-goldene Fahne geflattert haben. Bismarck befürchtete eine Verbrüderung mit den »unteren Bevölkerungsklassen« der Stadt Tangermünde und bot die Landwehr auf. In ihren Reihen gaben die besitzenden Bauern den Ton an, und sie waren bald überzeugt, daß der König selbst nur das Beste für seine Untertanen wollte, aber leider zur Zeit unfrei wäre, da die zuchtlosen Berliner ihn bedrängten ...

Im Jahre 1849 saß die Reaktion wieder fest im Sattel, und das »Allgemeine Auswanderungs-Bureau«, das in Tangermünde eine Filiale betrieb, inserierte seine Fahrten nach »Südaustralien, Amerika und Californien«.

Bismarck kam nach einer Zeit beim Bundestag in Frankfurt am Main von 1859 bis 1862 als preußischer Gesandter an den Petersburger Hof, wo er am Newa-Kai für 7 000 Silberrubel das Haus mietete, vor dem 1917 die »Aurora« ankerte ... Zufälle ...

Nach Schönhausen kehrte der Diplomat von Rang selten in jenen Jahrzehnten zurück; was passierte dort inzwischen?

Im Jahre 1865 läuteten wieder einmal die Jerichower Glocken Sturm: der Fischbecker Deich war von der Flut überwunden. Die Männer aus den umliegenden Orten ruderten mit Kähne, Mollen und Brühtrögen zur Unglücksstelle, an welcher 800 Stück Vieh ertranken. Das war ein herber Verlust für Fischbeck, wo sich eine der ältesten Stammzuchtgenossenschaften für Rinder in Deutschland gebildet hatte.

In den Jahren 1868 bis 1871 wurde die Elbbrücke bei Schönhausen gebaut. Sie sollte ursprünglich bei Tangermünde den Strom überspannen, aber bei Schönhausen konnte man sie um 150 Meter kürzer konstruieren. Übrigens entstand damals eine Drehbrücke, die erst nach der Einführung der Kettenschiffahrt auf der Elbe im Jahre 1894 beseitigt wurde. Man verstärkte anschließend die Lager, weil nun vielmehr Züge mit schwereren Lokomotiven den Schienenstrang passierten.

1912 begannen die Vorarbeiten für einen Neubau, der durch den Krieg verhindert wurde. 1923 fehlte das Geld für die Finanzierung ...

Die Schönhauser konnten den Geist der Zeit an jener Brücke ablesen, am Anschluß an die Kleinbahnstrecke von Genthin nach Sandau und am spürbaren Erwachen einer neuen, gesellschaftlichen Kraft. »Hier wandelte deiner Größten einer ...«, das falsche Pathos bannte nicht mehr jeden; auch in Schönhausen nicht. Am 1. Mai 1919 zog zum ersten Mal in der Geschichte des Dorfes ein Demonstrationszug der Arbeiter und Landlosen durch die Straßen. Seine Fahne war aus rotem Inlett, das ein Maler beschriftet hatte. Vierzehn Tage darauf gründete man eine Ortsgruppe der SPD, ein Jahr später eine der KPD, die durch Tangermünder Genossen unterstützt wurde. Nach dem Kapp-Putsch konnte im März 1920 im Schönhauser Herrenhaus ein illegales Waffenlager ausgehoben werden.

Am 16. April 1945 geriet Schönhausen in das Artilleriefeuer. Vier Menschen fanden den Tod. Der Schaden an den Gebäuden war beträchtlich. In Genthin, wo man Otto von Bismarck zu dessen Geburtstag 1873 zum Ehrenbürger gekürt hatte, sprengten die Faschisten die »Bismarck-Brücke«. Und Generaloberst Kalaschnik von der 47. Armee hatte am 6. Mai im Raum zwischen Schönhausen und Fischbeck ein Gespräch mit US-amerikanischen Offizieren, über das er notierte: »Es ging uns vor allem um die jüngsten Gefechte, um die Vorstellungen der Amerikaner über die zukünftigen alliierten Beziehungen und die Zukunft Deutschlands. Wie ich bemerkte, waren die amerikanischen Offiziere an diesen Fragen jedoch wenig interessiert. Die Hauptsache war für sie das Ende des Krieges.«

Als am 7. Mai 1945 die ersten sowjetischen Soldaten das ausgedehnte Dorf erreichten, fielen noch überall Schüsse. Zwei Einwohner, die auf dem breiten Kirchturm eine weiße Fahne gehißt hatten, um ihre Heimat für sich und ihre Kinder in letzter Minute zu bewahren, wurden noch von Faschisten verhaftet, konnten aber in dem allgemeinen Chaos entkommen. Der Genosse Ernst Rehfeld schlug unterdessen die eingemauerte Arbeiterfahne aus der Wand, wo sie überdauert hatte, wies sie den Befreiern vor und wurde vom Ortskommandanten zum ersten Bürgermeister ernannt.

Es gibt noch eine interessante Urkunde aus jener Zeit. Der neue Bürgermeister fand auf dem Schreibtisch nur das alte Amtssiegel mit dem Bismarck-Wappen. Als er es auf das Papier gedrückt hatte, nahm er kurzentschlossen den Stempel der KPD-Gruppe, die am 29. Mai 1945 neugegründet worden war, und setzte ihn darüber. Eine geschichtliche Etappe war abgeschlossen, aber die neue hatte mit ihr fortgesetzt noch zu tun:

Das Präsidium der Provinz Sachsen erreichte der Brief eines Berliner Rechtsanwaltes vom 1. November 1945, in welchem es heißt: »Fürst Bismarck ist durch die Bodenreform-Verordnung begreiflicherweise auf das stärkste betroffen und in große Unruhe versetzt worden. Dabei verkennt er keineswegs die Notwendigkeit einer Bodenreform und vor allem einer Ansässigmachung der Flüchtlinge aus dem Osten ... Nach seiner Überzeugung darf die Regelung aber nur in einer Form geschehen, die ihm billigerweise zugemutet werden kann ... Fürst Bismarck, der mit dem Gute Schönhausen auf das engste verwurzelt ist, glaubt für sich in Anspruch nehmen zu können, daß er diesen Besitz bisher untadelig und erfolgreich bewirtschaftet hat ...«

Da muß angemerkt werden, daß im Sommer 1946 der Landrat von Genthin beredt schilderte, welche Mühen das Brachland bei Schönhausen abverlangte. Als Folge der Mißwirtschaft während der faschistischen Herrschaft war der vernachlässigte Boden des Junkers von Bismarck dicht mit Unkräutern und Disteln überwuchert; ein hartes Los traf die Neubauern.

Aber – Fürst Bismarck »legt größten Wert darauf, einen möglichst großen Teil des mit der Tradition seiner Familie und der Geschichte Preußens und Deutschlands so eng verbundenen Besitzes zu behalten ... Gegen die Bestimmungen in der Verordnung vom 3. September (= Bodenreform, d. Verf.), betreffend Überlassung von großen Waldungen an die Bauern und die örtlichen Gemeinden, bestehen bei meinem Mandanten und in anderen Kreisen, die als fachkundig und erfahren bezeichnet werden können, schwere Bedenken ... und er bittet, über die etwa zu Schönhausen gehörigen Waldungen jedenfalls zunächst noch keine Entscheidung zu treffen.«

Das vielbeschworene Rad der Geschichte konnte nicht zurückgedreht werden. Wilhelm Kotzde hatte im patriotischen Rausch des beginnenden ersten Weltkrieges das Gebiet zwischen Elbe und Havel in »Bismarckland« getauft. Die Zeit ging darüber hinweg. Nur Erinnerungen – ein wenig Licht, ein wenig Schatten – sind geblieben.

Über dem Portal der Hans-Beimler-Oberschule sehe ich noch das dreiblättrige Kleeblatt der Familie von Bismarck. Bei der Standeserhöhung zum Fürsten erhielt der Reichskanzler nach dem Krieg 1870/71 noch drei Eichenblätter dazu. Im Schönhauser Gebäude war einst das Bismarck-Museum untergebracht. Der Raum für die Schüler ist inzwischen viel zu knapp geworden: Neubauten und eine Halle ergänzen ihn. Und der Rat der Gemeinde hat eine zusätzliche Bürde durch die überalterte Bausubstanz dieses Geschenkes, das Otto von Bismarck vom »deutschen Volk« erhielt, zu tragen.

In der Fontanestraße bewundere ich die Schaufenster der Fontane-Apotheke, die eine Ausstellung von Gerätschaften aus alter Zeit bieten. Die breite Hauptstraße ist zu einem Einkaufszentrum geworden. Geschäftiges Leben herrscht hier vormittags. In ihm steht der schlichte Obelisk, der an die Opfer der Roten Armee auf dieser Uferseite der Elbe erinnert.

Ich kehre noch einmal zur Backsteinkirche zurück. In ihr ist ein lebensgroßes Kruzifix glücklicherweise erhalten geblieben, das noch um die letzte Jahrhundertwende »dick übertüncht« unbeachtet in einem Seitenschiff hing und nun zu den bedeutendsten Werken der romanischen Plastik gerechnet wird. In diesem Raum, zwischen den aufwendigen Epitaphen für Mitglieder der Familie von Bismarck, beschworen im Mai 1813 vor dem Altar neben vielen Angehörigen des Freikorps »Turnvater« Friedrich Ludwig Jahn, der junge Theodor Körner, Karl Friedrich Friesen und Major Adolph von Lützow ihren Willen, den Kampf gegen die napoleonische Herrschaft unbeirrt fortzuführen.

Mit der Kirche und dem abgetragenen Schloß hat auch ein Bericht zu tun, mit dem wir einen Blick in das bäuerliche Leben in der ersten Hälfte des vorigen Jahrhunderts werfen können. Hedwig von Bismarck hat ihn als Jugenderinnerung beschrieben:

»Zu unseren Schönhausener Kinderfreuden gehörte es auch, wenn sich die Kunde verbreitete, daß eine Hochzeit im Dorfe sein sollte. Da wurde zuerst die wichtige Angelegenheit verhandelt, ob die Braut zu dem meinem Vater eigenen Teil des Gutes gehörte ... Die Braut er-

Patronatsloge in der Kirche zu Schönhausen (mit den Wappen der Bismarcks und Kattes)

schien in ihrem besten Staat, einem roten, kurzen Friesrock mit blauen Bändern besetzt, ein schwarzes Samtkäppchen mit langen Bändern auf dem Kopf, ein in Falten gelegtes Tuch um die Schultern, die weißen Hemdärmel aus dem fast ärmellosen Jäckchen heraussehend, eine weite, weiße Schürze vorgebunden, und – o Wonne für uns Kinder! – mit einem großen Kuchen! Unsere Eltern waren dann beide zugegen, und es entspann sich meist folgende Unterhaltung: mein Vater frug: Na, Lies'chen – oder Trine, wie sie gerade hieß – du willst friegen? – Ja, ich dacht doch so, Herr Rittmeister, und ich wollt dann bitten, ob de gnädige Herr mi nich de Ehr anduhn wollte, mich in die Kirche zu führen: und für meinem Freiersmann wollt ich die gnädige Frau um dieselbe Ehre ansprechen. – In der Regel willfahrteten meine Eltern diesem Wunsche ...«

Und die nun vergessenen Trachten im Elbe-Havel-Land sind ausführlich aufgezählt:

»Die Frauen trugen Kappen von schwarzer Seide mit steifem Futter, vorn breit in große Falten gelegt, mit weißen, ebenfalls gefälteten Verzierungen, dazu Frisuren, die ziemlich hoch standen, und Röcke von feinem, steifem, schwarzem Wollstoff, der im täglichen Leben rotem Fries, mit buntem Band besetzt, Platz machte. Die Mädchen trugen ähnliche oder auch gestreifte Röcke, alle Mieder mit bunten Achseln, aus denen die weißen Hemdärmel heraussahen. Frauen sowohl als Mädchen hatten bunte, gefaltete Tücher um die Schultern; erstere trugen dazu die Krone, während bei den Mädchen ein silberner Pfeil, um den das Haar gelegt war, den einzigen Schmuck bildete. Die Männer gingen in langen, dunklen Röcken; ein Rundkamm, wie ihn jetzt kleine Mädchen tragen, hielt bei den älteren das Haar zurück.«

Ein letzter Abglanz jener vergangenen Farbigkeit ist für mich immer in Schönhausen erlebt worden. Im Winkel zwischen der Kirche und dem Park steht in einem Vorgarten eine große, hölzerne Windmühle. Der Genossenschaftsbauer Adolf Haak, der 1908 geboren wurde und in der LPG Tierproduktion »Rotes Banner« tätig war, hat nach 1947, wenn er die Kühe hütete, mit dem Schnitzen begonnen. Die vielen Figuren können zum größten Teil über die Welle der Mühle bewegt werden. Entstanden ist eine einmalige, echte Leistung unserer Volkskunst abseits von aller Turbulenz. Mit Adolf Haaks Figuren wird das selbstverständliche Miteinander von schwerer, angestrengter Arbeit und gemeinschaftlichem Vergnügen im Dorf sinnfällig. Der Schmied hämmert Eisen auf dem Amboß. Ein junges Paar fliegt in einer Schiffsschaukel auf und ab. Zwei Zimmerleute sägen Balken aus dem Stamm. Eine Kapelle spielt mit Violine, Akkordeon, Tenorhörnern und Tuba auf ...

Es ist Mittagszeit. Ein schwarzer Hahn stolziert als Anführer seiner Hennen aus dem schönen Park und verschwindet mit ihnen durch eine halbgeöffnete Hoftür.

Ich nehme Abschied von Adolf Haaks farbenprächtigen Figuren und mache mich auch auf die Suche, um einen gastlichen Tisch in Schönhausen zu finden.

Klietz, vom Hundertsten ins ...

In aller Frühe kommt Herbert Sachße schon aus dem Garten. Die Äpfel müssen abgenommen werden, überhaupt: es gibt auch im Herbst jeden Tag auf dem Stückchen Land hinter dem Haus etwas zu tun. Nun geht es noch ans Rasieren, dann ist Frühstückszeit für den pensionierten Lehrer in Klietz, später ist er mit mir verabredet.

Herbert Sachßes Eltern kamen nach arbeitsreichen Jahren aus Berlin in diesen Ort, der an der vielbefahrenen Fernverkehrsstraße 107 zwischen Schönhausen und Sandau liegt. Sie kauften ein Grundstück in einem Ort, der auch in den zwanziger Jahren einen, wenn auch bescheidenen Ruf als märkische Sommerfrische besaß. Einige wohlhabende jüdische Familien verbrachten hier im Sommer angenehme Wochen. Klietz lag verkehrstechnisch günstig, besaß eine Bäckerei, eine Fleischerei, andere Geschäfte. Unmittelbar am Ort begannen große Wälder, der herbe Geruch der Kiefern belebte, und ein zwar schmaler, aber langgezogener See gehörte ebenfalls zum harmonischen Landschaftsbild.

Ein Blick auf die Landkarte belehrt, daß der nördliche Teil des Landes zwischen Havel und Elbe »Land Schollene« heißt. Die große, heute bewaldete Hochfläche zwischen Kamern und Groß Wudicke, zwischen Schollene und Klietz war aber ursprünglich keineswegs eine politische Einheit. Eine Urkunde aus dem Jahr 1354 nennt die Lande Jerichow, Schollene und Klietz. Im letztgenannten Ort war eine Burg der Mittelpunkt der »terra Klytzegin«, um deren Besitz der Havelberger Bischof Dietrich II. sogar gegen seinen Erzbischof von Magdeburg 1377 einen Feldzug befahl. Der Streit konnte erst durch Kaiser Karl IV. notdürftig geschlichtet werden.

Von Herbert Sachßes Wohnung aus können wir den Burgwall in wenigen Minuten erreichen. Diese im Laufe der Jahrhunderte völlig eingeebnete Burgstelle befindet sich auf einer in den Klietzer See vorspringenden Halbinsel. Gleichbedeutend mit Milow, Plote und Jerichow steht das Burgwardium Klietz 1144 in der Urkunde, durch die König Konrad III. bestätigte, daß der Stadesche Besitz durch den Dompropst Hartwig an die Bistümer Magdeburg und Havelberg übertragen wurde.

Professor Dr. H. A. Knorr und Dr. Hubert Reimer haben mit ihren Studenten aus Leipzig über einige Jahre hinweg Ausgrabungen auf der Burgstelle durchgeführt. Herbert Sachße, der sich seit den fünfziger Jahren um die Bodendenkmalpflege kümmert, erzählt begeistert, von Scherben, Fragmenten von verschiedener Gerätschaft und von Kämmen, die entdeckt wurden. Ein »voller Barkas« fuhr ab … Die Ergebnisse sicherten bisher angezweifelte Überlieferungen, nach denen die deutsche Burg auf einer slawischen Befestigung aus dem 9. und 10. Jahrhundert errichtet und wohl 1476 durch die plündernde Horde unter Quitzowschem Kommando endgültig zerstört wurde.

Herbert Sachße hat sich eingehend mit den geographischen Entwicklungen dieser Landschaft befaßt und einige Arbeiten veröffentlicht.

Zwischen der Gollwitzer Hochfläche (Nordflanke des Fiener Bruches) und der Klietzer Hochfläche breitet sich eine wasserreiche Niederung aus, in derem Zentrum Genthin liegt und durch die sich der Elbe-Havel-Kanal zieht. Ihr nordwestlicher Teil heißt Trüben. Wenn in früheren Jahrhunderten sich die alljährlichen Hochwasser ihren Weg von der Elbe nach Nordosten – also zur Havel hin – suchten, verwandelte sich der Trüben in unwegsamen Morast. Trüben und Hauptgraben sammelten die Wasser beim Klietzer Vorsprung der Hochebene, füllten den See, aus dem heutzutage parallel zur eingedeichten Elbe der Trübengraben nach Jederitz fließt, wo er in die Havel mündet. Die Niederung bietet nun nach aufwendiger Melioration Platz für Weiden, auf denen Kühe und Pferde bestes Auskommen finden. Aber auch der Kiebitz und der Storch schätzen den Landstrich.

Den »Historiker« in Herbert Sachße hat schon sein Lehrer Emil Wesemeier in frühesten Jahren geweckt. Nach der Volksschule in Klietz folgte die Handelsschule in Stendal; ein Glücksfall, denn die Mädchen und Jungen aus diesem Dorf hatten in der Regel kaum solche Möglichkeiten, einen derartigen Beruf zu ergreifen. In Klietz gab es keine Großbauern. Die Feldflur war knapp. Man lebte als Tagelöhner und Arbeiter in der Forstwirtschaft, in der Holzbearbeitung. Die Löhne waren gering. Eine Wende bahnte sich 1934 an, als sich unter dem harmlos klingenden Namen WASAG ein Betrieb ansiedelte, ab 1935 hieß er »Deutsche Sprengstoffchemie GmbH«, und in den Kriegsjahren arbeiteten hier für die Rüstung bis zu 2000 Zwangsarbeiter ...

Auch Herbert Sachßes Jugend, seine Lebenspläne wurden von dieser verhängnisvollen Entwicklung diktiert: Arbeitsdienst, von 1938 bis 1945 Soldat, dann arbeitete er als Elektriker und bei der Demontage des Rüstungswerkes. Es war Arbeit aus der Not der Zeit heraus. Aber Menschen wie Herbert Sachße suchten nicht nur einen neuen Anfang, sondern auch einen neuen Plan, der sie über die Jahre des Lebens forderte und erfüllte.

Im »Aufruf zur demokratischen Schulreform« hieß es unter anderem: »Die heranwachsende Generation des deutschen Volkes, berufen, die demokratische Erneuerung Deutschlands zu festigen und zu Ende zu führen, muß frei von nazistischen und militaristischen Gedanken, in einem neuen Geiste, im Geiste einer kämpferischen Demokratie, der Freundschaft unter den friedliebenden Völkern, zum selbständigen, aufrechten, freiheitlichen und fortschrittlichen Denken und Handeln erzogen werden.«

Es fehlte überall an Lehrkräften.

Der Landrat des Kreises Jerichow II ließ Plakate aushängen: »Volkslehrerbewerber heraus! Gesunde Männer und Frauen zwischen 20 und höchstens 50 Jahren, die Antifaschisten sind und Liebe zum Lehrerberuf haben, können als Volkslehrer sich am Neubau Deutschlands hervorragend betätigen. Noch im Januar 1946 laufen die Ausbildungskurse in Genthin an!«

Herbert Sachße meldete sich.

In Genthin-Altenplathow nahm am 7. Januar 1946 das Friedrich-Engels-Seminar seine Lehrtätigkeit auf. Es fehlte an allen materiellen Voraussetzungen, aber der Wille, den Anforderungen gerecht zu werden, beflügelte. In jener Zeit unterrichtete im Kreis durchschnittlich eine Lehrkraft 73 Schüler! Es gab 56 einklassige Dorfschulen – ostelbisches Erbe ...

Am 22. August 1946 schlossen 187 Frauen und Männer die Ausbildung ab, eine Woche später eröffnete Herbert Sachße – dann Leiter von vier Kollegen – das neue Schuljahr in Klietz. Im Altdorf hatte es unmittelbar neben der Kirche ein Schulhaus gegeben, 1932, nach dem Zuzug von Arbeitskräften und dem Aufbau einer Werkssiedlung, eine weitere Unterrichtsmöglichkeit, aber 1946 mußte man – auch durch angesiedelte Flüchtlingsfamilien – rund 500 Schüler unterbringen. Herbert Sachße und seine Kollegen unterrichteten von morgens bis abends. »Eigentlich war's wie in einer Großstadt«, sagt er lächelnd: »an jeder Ecke des Dorfes 'ne Schule!« Überall Provisorien ...

Heute steht der wunderschöne (und gepflegte!) Neubau der Hermann-Matern-Oberschule am Waldrand. Ihr Pionier- und FDJ-Blasorchester hat seit über einem Vierteljahrhundert sich einen guten Namen gemacht und viele junge Menschen ausgebildet.

Sein Wissen um die Geschichte der Heimat hat Herbert Sachße – und sein Name steht nur stellvertretend für den anderer Pädagogen in dieser Landschaft – mit großem Eifer an seine Schüler weitergegeben. Zum Beispiel die Historie von Klotzendorf, dessen Ortsname im Kirchenbuch noch als Zusatz zu manchen Lebensdaten notiert ist. Am Weg nach Hohengöhrener Damm, auf dem Kirchberg am Südufer des Sees gibt es einen Fleck, auf dem Holunder wuchert. Für Kenner wie Herbert Sachße ist das immer ein Hinweis, daß dort Bauschutt lagert. An jener Stelle sind die Reste von Klotzendorf. Die Einwohner zogen einst nach Klietz, wobei sie ja die Fachwerkkonstruktionen ihrer Häuser wie ein Teil der beweglichen Habe umsetzen konnten ...

Und da sind wir schon bei den Bränden, die das Bild von Klietz mehrmals völlig verändert haben: Innerhalb von zwei Stunden waren im Juli 1816 17 Bauernhöfe, 21 Kossatenhöfe, das Pfarrhaus, die Schule niedergebrannt und die Kirche schwer zerstört ... Im Mai 1827 gab es wieder Alarm, noch einmal im Oktober ... Am 30. Mai 1917 fachte heißer Westwind den Funkenflug der Eisenbahn (aber es wird auch noch von anderer Ursache erzählt) zum Großfeuer an, in welchem siebzehn Höfe in Schutt und Asche gelegt wurden und drei Menschen starben. Im Juli 1925 vernichtete ein Waldbrand 14 000 Morgen Kiefern. Der

Ostwind trieb die Flammen näher zum Dorf, das von allen aufgegeben wurde, bis sich am Abend, in wirklich letzter Minute der Sturm plötzlich drehte ...

Und Anekdoten gehören auch zur Geschichte eines Dorfes. Da war ein Schmied und Spritzenmeister namens Pfund. Die Klietzer Familie zählt einen noch berühmteren Pfund zu ihren Ahnen: den Leibkutscher Friedrichs II.

Also ein Histörchen von diesem merkwürdigen Paar: Als Pfund einmal mit der Kutsche, in welcher der König saß, wie der Teufel fuhr und sie umstürzte, griff Friedrich nach seinem Krückstock. »Wat denn! Wat denn!« soll Pfund empört ausgerufen haben: »Haben Ew. Majestät niemals eine Schlacht verloren?«

Wir sind beim Plaudern in ein hübsches Labyrinth geraten. Das muß auch einmal sein, stellen wir fest, aber ich muß unbedingt den nächsten Omnibus bekommen, und auf Herbert Sachße warten die Äpfel. Der Herbst ist ohne Arbeit nicht denkbar. Im Winter erst ist die rechte Zeit zum Erzählen und Erinnern.

Schollene mit Seeblick

Endstation Schollene.

Auf der Bank der Omnibushaltestelle liegt ein vergessener Strauß: gelbe und blaue Blüten, trockene Grasrispen ... Das Ende einer unbekannten Geschichte.

Ich sehe hinauf zum Kirchturm. Im Jahre 1844 brannte praktisch der gesamte Ort nieder. Der Grundstein für das neugotische Gotteshaus wurde am Erntedankfest 1848 gelegt. In der Weihnachtszeit des folgenden Jahres versammelte sich die Gemeinde zur Einweihung der neuen Kirche.

Ein älterer Mann stopft sich die Pfeife, schleppt Äste, die der letzte Sturm abgerissen hat, zur Seite, wischt die Hände an der Kittelschürze ab. Er greift zur blauen Kanne und gießt den Rhododendron. Durch den gepflegten Park erblickt man das ehemalige Schloß, in welchem sich ein Feierabend- und Pflegeheim sowie das Landambulatorium befinden. Ein modernes Bettenhaus ist freilich ein architektonischer

Mißklang zum spätbarocken Schloß mit einem klassizistischen Giebeldreieck. Eiserne Wappentafeln erinnern an frühere Besitzer.

Der Bauherr des Schlosses war um 1752 ein Mitglied der Familie von Printzen. Schollene bietet eins von zahlreichen Beispielen, wie der Hofadel sein Einkommen zum Erwerb von Grundbesitz nutzte. Diese wirtschaftliche Grundlage sicherte am besten den politischen Einfluß, der durch Launen und Intrigen stets gefährdet war. Als Friedrich Wilhelm I. das Sterbezimmer seines Vaters verließ, mußte Oberhofmarschall von Printzen ihm sofort die Hof-Etats-Liste vorlegen. Der König strich alle Namen durch: »Sämtliche Hofchargen sind kassiert«. Freilich brauchte auch ein Autokrat wie der »Soldatenkönig« Mitarbeiter wie Marquardt Ludwig von Printzen. Die zusammengekauften Rittergüter wie Alt- und Neu-Schollene und Nierow (insgesamt 11 000 Morgen), blieben aber nur bis 1773 in seiner Hand, dann wechselten die Besitzer mehrmals, bis die Familie von Alvensleben 1860 Schollene und das Schloß kaufte.

Die Abhängigkeit der Siedlung von den Junkern hat der Volksmund in einer amüsanen Anekdote dargestellt: Während der »Grafenzeit« mußten die Schollener immer viele Eier abliefern, deren Transport so umständlich war. Als einmal nur ein kleiner Wagen dafür bereitstand, stampften kurzentschlossen einige Einwohner mit nackten Beinen die Eierabgabe ein. Seit jener sagenhaften Zeit sind die Schollener die »Jäelbeenigen« ...

Ich wandere über die Pflasterstraßen und die Wege mit bestem märkischen Sand. Die Häuser, oft auch einstöckig, zeigen hübschen Gründerzeit-Zierat auf den weißen und pastellfarbenen Fassaden. Die backsteinerne Erich-Weinert-Oberschule ist mit mancherlei Neubauten umgeben. Mächtige Agaven ragen in den Vorgärten aus den Kübeln. In Fensterbänken, im Gras, auf Mauern und Zäunen ruhen sich Katzen aus. Über einem Schaufenster kann ich noch »Tuch- & Manufactur-Waaren-Handlung« lesen. Die »HO-Industriewaren« bietet »elektrische Petroleumlampen« an. In dem Gebäude, in welchem heutzutage die Post und die Bibliothek untergebracht sind, erinnert eine Maueraufschrift an »Optische Werke« ...

Von Schollene nach Rathenow ist es nicht weit. Seit 1882 kam wöchentlich dreimal ein Personendampfer auf der Route von dort nach

Havelberg und zurück hier zur Anlegestelle. Ein Jahr später wurde der Chausseebau von Rathenow nach Sandau vollendet.

Als 1922 die Firma Rohrbach den größten Saal in Schollene kaufte, nutzte sie im kapitalistischen Konkurrenzkampf nicht nur die günstigen Verkehrswege, sondern sie konnte durch den niedrigen »Ortsklassentarif« ihre Lohnkosten ansehnlich reduzieren. Die Notlage vieler Rathenower Arbeiter wurde ausgenutzt. Ein Bus brachte sie täglich nach Schollene. Auch andere, kleinere Betriebe dieser Branche in Rathenow ließen in Schollene billig produzieren. Nach den roten Schleif- und Poliermitteln für optische Gläser, deren Farbe sich von den Händen kaum entfernen ließ, nannte man die Beschäftigten »Rotenburger«. Nach der Inflation fielen viele Werkstätten der Monopolisierung zum Opfer.

Augenfällig ist, daß die Straßen und Wege, die zum Dorf führen, vorwiegend mit Linden bepflanzt sind, aber im Ort auch vor den Häusern Kirschen, Äpfel und Birnen gedeihen; und selbst neuverputzte Wände werden schon von jungen Weinranken überzogen.

Eine Straße führt auf den Mühlenberg im Süden. Ein herrlicher Blick bietet sich mir von dort über das Land und die Wälder im herbstlichen, gedämpften Sonnenlicht. In ihrer Mitte liegt mein nächstes Ziel – der Schollener See.

Vorerst gehe ich aber zu einem Denkmal – »dem eigenartigsten im deutschen Lande« (so 1915 bezeichnet) –, das Otto von Bismarck gewidmet wurde. Die Ansammlung von Findlingen erscheint dem heutigen Besucher recht wahl- und planlos. Sie ist es aber ursprünglich nicht. Der Berliner Baurat Köhne hat 1908 ein einmaliges Beispiel für spintisierendes Germanentum geschaffen. Auf dem Plateau des Mühlenberges konstruierte er ein großes Fünfeck (einen Drudenfuß) als Grundriß, in dessen Schwerpunkt ein hoher Findling gestellt werden mußte. In ihn meißelte man den Namen Bismarck in Runenschrift sowie das Kleeblatt-Wappen; noch ein germanisch-kabbalistisches Zeichen kam hinzu. An jeder Spitze des Fünfecks wuchs eine Linde. In die Schnittpunkte der Verbindungslinien setzte man fünf Steine für Wotan. Nicht genug damit: Vor die Anlage wurden noch zwei mächtige Feldsteine gepackt, die als »Hugin« und »Munin« das Feuer des Gedankens und das der Erinnerung trugen ...

Blick auf den Schollener See (Zeichnung, um 1925)

Am alten Windmühlenberg läuft die Mühlenstraße vorüber und führt nach Ferchels, einem kleinen Dorf südlich vom Schollener See, das schon 1369 erwähnt wurde und später (sicherlich unpassend) Verkels hieß. In der volkstümlichen Überlieferung ist nicht vergessen, daß dort eine junge Brandstifterin 1734 auf dem Scheiterhaufen endete. Noch im Jahre 1882 mahnte ein Pfahl an der Vollstreckungsstelle an das Schicksal dieser Frau.

Ich wandere auf der stillen Straße in Richtung Ferchels mit der Hoffnung, irgendwo eine Stelle zu finden, die mich näher an das Ufer des Schollener Sees bringt.

Hohe Bäume wurzeln zwischen Straße und Wasserfläche, von der nur an wenigen Stellen winzige, grausilberne Stücke durch Gesträuch und Röhricht schimmern. Hopfen rankt dicht an vielen Stämmen hinauf. Weiße Dolden und blaue Blüten. Hohes Gras im Naturschutzgebiet, und eine schwarze Katze lauert ... Wahrscheinlich auf delikate Beute wie das weißsternige Blaukehlchen, von dem höchstens noch

112

25 Paare brüten. Oder die Trauerseeschwalbe, die in Kolonien lebt. Oder den exotisch-farbigen Eisvogel.

Ich breche meine Versuche näher zum Ufer vorzudringen mit nassen Füßen ab.

Das morastige Terrain begünstigt nicht nur die Orchideenwiese bei Ferchels, sondern auch Lachmöwen, die seltenen Spieß- und Löffelenten oder die Graugans, die Stammutter der Gänse, einst zwischen Island und dem Mittelmeer weit verbreitet, heute eine Rarität.

Der Schollener See wurde erst im Jahre 1957 zum Naturschutzgebiet erklärt. Neben dem Gewässer und der Uferzone zählt noch der im Westen ansteigende Gütschow, eine Moräne, von der sich der See gut überblicken läßt, dazu.

Einst erstreckte sich der Schollener See mit viel größerer Ausdehnung zwischen Nierow und Carlstal, Schollene und Neuwartensleben. Immer wieder grub man Abflüsse, um Wiesen zu entwässern. Eindrucksvoll sind auch die blühenden Seerosenfelder, aber andererseits nur eins von vielen Zeichen für die schnelle Verlandung. Bis auf den stufenförmigen Moränenabbruch sind alle Ufer sehr flach und steigen nur sanft zum Grünland, später zu Ackerflächen an. Die wellige Struktur der Landschaft, die harmonisch wirkende Folge zwischen Hügeln und Senken, bildete sich während der Weichseleiszeit durch Ablagern von sandigen und kiesigen Moränen, durch Geschiebemergel und Sanderflächen allmählich heraus.

Eine besondere Eigenart der lebendigen Fauna und Flora im Seegebiet beschreibt der Ornithologe Alfred Hilprecht, der durch seine Forschungen dieses Vogelparadies weithin bekanntgemacht hat:

»Die Bäume und Sträucher am Seerand haben es schwer, in dem lokkeren Schlamm einen Halt zu finden. Sie verschlingen darum ihre Wurzeln miteinander, versuchen so untergehakt dem Sturm zu trotzen. Aber immer wieder faßt er wieder eine schwache Stelle, reißt eine Lücke in die grüne Wand und jagt mit ihr davon. Mal hier-, mal dorthin, je nachdem, in welche Richtung er gerade bläst. Manchmal sind es große Inseln mit Rohr, Gebüsch und Bäumen ... So geschah es, daß sich vor Jahrzehnten eines Morgens mitten im See ... eine große, grüne Insel erhob. Krähen hockten im Baumgeäst, und Rohrsänger lärmten im Uferkraut. Später legte sich noch ein zweites, abgetriebenes größeres Randstück daneben. Es hatte sich am Südrand gelöst und brachte eine Naturschutztafel mit. Die beiden angetriebenen Inseln wuchsen zusammen und nehmen jetzt soviel Raum ein, daß man eine geraume Zeit braucht, um sie zu umfahren.«

Seltene Pflanzengesellschaften, in denen Vertreter der kontinentalen und subkontinentalen Flora zu finden sind, wachsen nicht nur in der Uferzone, sondern selbstverständlich auch auf den schwimmenden, sich verfilzenden Inseln.

Der Wasserstand des Sees wird durch eine Verbindung – den »Seestrang« – von der Havel beeinflußt. Hochwasser bringt einen steigenden Pegel, Niedrigwasser fördert den Verlandungsprozeß. Ein Stau soll ausgleichend wirken, denn der ausgedehnte See täuscht den Betrachter vollkommen über seine wahre Tiefe. Sie beträgt durchschnittlich nur wenige Dezimeter. Dann folgen die »aktuelle Schlammschicht«, die Pelose, der sogenannte Faulschlamm und endlich der pleistozäne Sand.

Auch die Pelose hat den Schollener See bekanntgemacht.

Stagniert ein Gewässer, so daß der Sauerstoff größtenteils (oder vollkommen) ausgeschlossen ist, so beginnt ein besonderer Zersetzungsprozeß, in dem sich ein Faulschlamm bildet. Unter solchen Bedingungen hat sich seit der Eiszeit im Schollener See organischer Schlamm (Sapropel) in mächtigen Schichten abgelagert. Aus den Relikten von vielen Algen und Kieselalgen, aber auch aus den Kalkskeletten kleinster Schnecken und Krebse, hat sich unter den angeführten Voraussetzungen ein homogenes, naßschlüpfriges Sediment gebildet – die Pelose, von Professor Dr. Potonié als »Idealtyp eines Naturheilschlammes« charakterisiert.

Schon um das Jahr 1920 begann in Schollene der Arzt Dr. Michaelis mit Heilbehandlungen durch diese dunkle Masse, die ausgezeichnete thermische Eigenschaften hat. Später wurde systematisch Pelose gefördert und verkauft.

Der Schollener See gleicht – abgesehen von dem Wasserstand von einem halben Meter – eigentlich einem Schlammbottich, denn die Pelose reicht bis in eine Tiefe von zehn Meter. Um den Reichtum zu bergen, fuhr man anfangs ein Floß auf das Wasser. Es war durch zwei zwölf Meter hohe Stangen schnell auszumachen. An ihnen trieb man einen Förderkasten in die Tiefe, holte ihn an die Oberfläche, schaufelte die Pelose in Holzkisten, die auf Kähnen zum Ufer gebracht wurden. Winde und Schaufel: überall Handarbeit. Auch an Land, wo die gereinigte Masse in Fässer oder Beutel abgefüllt werden mußte ...

Ein Lastkraftwagen mit Anhänger fährt zur Betriebshalle am Nordufer. Hunderte leerer Fässer stehen dort. Zwischen einem Stapel Dauben und einem mit eisernen Reifen sind zwei Männer beschäftigt, ramponierte Behälter zu flicken. Über ein Förderband kommen unterdessen volle Fässer aus dem Gebäude, füllen nach und nach die Ladefläche. Im Jahre 1977 förderte man täglich soviel Pelose wie vor einem halben Jahrhundert im Jahr! Heutzutage verlassen jährlich rund 4 000 Tonnen Heilschlamm den See. Der natürliche Vorrat wird ausreichend für siebzig bis achtzig Jahre geschätzt. Freilich muß man anmerken, daß der Bedarf an Pelose, die im Kosmetiksalon wie im Krankenhaus eingesetzt wird, ständig gestiegen ist. Seit dem Jahr 1979, als die Heilschlammförderung ein Betriebsteil des VEB Polstermöbel in Havelberg wurde, sind die Arbeitsbedingungen vorbildlich verbessert. Nur – die frostempfindliche Pelose kann im Winter nicht aus dem See geholt werden, um in Plasttüten verschweißt zu werden.

Die Burg Schollene lag nördlich vom Ort und von seinem Gut in einer ehemaligen Havelschlinge. Sie wird urkundlich 1195 genannt. Da war aus der slawischen Anlage eine deutsche geworden, und die Herren von Plote besaßen sie als Zentrum der »provincia Schollene«. Sie bestätigten unter anderem auch 1240 den Kauf des benachbarten Dorfes Molkenberg mit Gewässern, Fischerei, Wiesen und Holzung durch das Stift in Jerichow. In dem Jahrzehnte währenden Streit zwischen Magdeburger Erzbistum und brandenburgischen Markgrafen eroberte mal die eine, mal die andere Partei den befestigten Punkt. Nach einer Aussöhnung im Jahre 1351 sollte die Burg geschleift werden, was aber längere Zeit angemahnt werden mußte. Noch 1655 waren der doppelte Wall mit Graben sowie Grundmauerreste vorhanden. Bodenerhöhungen, Steine und Reste von eichenen Palisaden konnte man 1879 noch beschreiben, dann sorgte eine Ziegelei für die endgültige Zerstörung, und nur die Sage bewahrte phantastische Nachrichten: von einem grausamen Raubritter, der seinem Pferd die Hufeisen verkehrt aufschlagen ließ, um seine Verfolger zu täuschen; über einen Barbier im

Dienste des Grafen Wartensleben, der einen unterirdischen Gang fand, von einer Fee Gold und Edelsteine erhielt und sich in Rathenow ansiedelte ...

Wenn auch die Burg Schollene wahrscheinlich um die Mitte des 12.Jahrhunderts wieder von deutschen Feudalherren in Besitz genommen wurde, so blieb die slawische Bevölkerung doch ihrer Heimat treu. Der »Kiez« – an ihn erinnert die »Kiezerstraße« – war ihre Siedlungsstelle. Dort standen ungefähr zehn Höfe, während die vierzehn deutschen in einigem Abstand errichtet wurden. Die Slawen waren Fischer, aber am Schollener See war überhaupt bis in das 18.Jahrhundert hinein der Fischfang wichtiger als die Landwirtschaft. Jeder Einwohner überwachte die Privilegien des anderen argwöhnisch. »Junkerwasser« war vom Seestrang bis zur Havelmündung. Viel Streit gab es zwischen Molkenberg und Neumolkenberg, wo 1826 eine Ziegelei angelegt wurde. Und noch heute erzählt Anglerlatein von 185 Aalen, die ein Mann in einer Nacht in Körben erbeutete oder von fünfzehn Zentner Hecht in einer Reuse, die zerschnitten werden mußte. Die begehrten, gutbezahlten Havelkrebse fielen nach 1863 einer Pest fast vollständig zum Opfer. Durch die schnelle Verlandung ist der Fischreichtum zurückgegangen. Die Fischereirechte wurden aber erst 1935 vom Staat abgelöst und dann verpachtet.

Ich nehme Abschied vom reizvollen Schollene und seinem See. Im Straßengraben wachsen noch einige gelbe und blaue Blüten und Rispen in jeder Form und Menge, aber ich pflücke keinen Strauß. Ich studiere die Landkarte. Auf der Chaussee käme ich nach Molkenberg an der Havel. Ursprünglich sollte die Straße dem uralten Rehberger Weg folgen, auf dem im späten Mittelalter bereits die Pilger nach Wilsnack wallfahrteten. Doch die Molkenberger Bauern bewerkstelligten um 1882 die Ablenkung der Chaussee zu ihrem Dorf, weil sie freiwillig und kostenlos die benötigten Steine heranfuhren. Aber ich beschließe, den Weg durch die Wälder des alten »Landes Schollene« zu nehmen.

Durch die Fürstentümer

Die Betonstraße führt durch Spargelfelder allmählich hangaufwärts am Nordufer des Schollener Sees, dessen Wasser silbrig glitzert.

Das gelbe Straßenschild vor Hecken, Gärten und wenigen Häusern verkündet: Nierow. Auf meiner Karte hat man das Dorf vergessen. Dabei wurden bereits in der Gründungsurkunde (leider ist ihr Original nicht überliefert) des Bistums Havelberg im Jahre 946 die Siedlungen Niecerim (Nierow) und Malici (Mahlitz) aufgeführt. Und ein »Borchwall«, gut einen Kilometer südöstlich vom Ortsteil (zu Schollene gehörig) gelegen, macht deutlich, wie umstritten und begehrt dieser Landstrich war. Freilich erstreckte sich im 9. bis 11. Jahrhundert, aus denen Scherben gefunden wurden, der See wohl noch bis an den Siedlungsplatz.

Ahorn, Eiche, Esche, aber auch Birke, Pappel und Holunder, alles wächst an der Straße, auf der mir bis Nierow kein Fahrzeug begegnet ist. Schafgarbe, Wolfsmilch und Brombeerranken hat ein erster Hauch des Herbstes berührt. An der Abzweigung nach Neuwartensleben steht einsam (und geschlossen) der Konsumladen. Im Vorgarten wuchern Schwertlilienblätter, und der Schaukasten für Bekanntmachungen ist leer. Gegenüber wartet ein Häuschen auf Reisende. Zweimal täglich kommt der Havelberger Bus vorbei. Ein Fahrrad ist angekettet ...

Die interessante Geschichte des so abgelegenen Neuwartensleben hat mir der beredte Ortschronist von Schollene, Werner Woltersdorf, erzählt:

Die erbende Tochter der Familie von Printzen wurde mit einem Grafen Wartensleben verheiratet, der das Schloß in Schollene und den umfangreichen Landbesitz übernahm. Nach den Steinschen Reformen 1807 zur Aufhebung der Leibeigenschaft gab es auch in diesem Rittergut Schwierigkeiten, um weiterhin zu billigen Arbeitskräften zu kommen. Der Herr Graf war besonders geschickt. Er verkaufte einhundert Hektar westlich vom See vor der Klietzer Heide an zwanzig Familien. Jede Parzelle begann am Poltergraben, der klares Wasser lieferte, zog sich über den Wiesenplan zum Wald hin. Die rohrgedeckten Häuser (mit Stall und Scheunendiele) standen dadurch in der Rege' rund

100 Meter voneinander entfernt. Das »eigene Land« in der beinah versteckten, weit auseinander gezogenen »Kolonie Neuwartensleben« sicherte keiner Familie eine auch noch so bescheidene Existenz. Die Rechnung des Grafen ging auf. Er hatte abhängige Landarbeiterfamilien für sein Nierower Gut, die auf Gedeih und Verderb an den Ort gebunden waren.

Erst 1897 wurde ein massives Schulhaus gebaut, zu dem auch die Kinder aus Mahlitz kommen mußten. Ein Streiflicht auf die soziale Situation wirft die Angabe, daß um 1920 die Männer von sechs Kolonistenstellen auf dem Katteschen Rittergut Mahlitz und vier sogar im fernen Rathenow täglich arbeiteten ...

Einen grüngelben Blättertunnel wölben die Linden über der einsamen Straße. Der Naturschutzbeauftragte Otto Koch, über dreißig Jahre in dieser Eigenschaft im Kreis Havelberg tätig, hat beschrieben, wie er um 1960 durch einen Radfahrer benachrichtigt wurde, Straßenbauarbeiter fällten die prächtigen Bäume zwischen Nierow und Mahlitz. Glücklicherweise konnte noch rechtzeitig Einhalt geboten werden, und Hermann Ehrecke pflanzte mit vielen jugendlichen Helfern wieder Linden auf den kahlen Stellen.

Mahlitz empfinde ich um die Mittagsstunde wie ein verlassenes, verwunschenes Dorf. Auch in den Gärten läßt sich niemand sehen. Wen soll ich nach dem Weg, der mich nach Kamern bringt, fragen? In dem »Leitfaden« aus der Zeit der Romantik wird geraten: »Es ist aber nicht einerlei, wen man fragt. Weiber kennen gewöhnlich nur den Weg von einem Dorfe zum anderen ... geben aber, um doch etwas zu antworten, nicht selten falsche Auskunft; man muß also ... den nächsten Mann – abermals ansprechen.«

Es kommt nur ein dunkelbraunes Pferd den Weg entlang und zieht einen Mann mit rotkariertem Hemd, blauer Hose und einem Hütchen auf dem Kopf hinter sich her.

»Ist dies der Weg nach Kamern?« rufe ich hinüber.

»Da kommen sie mit'm Auto nich durch!«

»Ich hab gar keins!«

Das Pferd schüttelt unwillig die schwarze Mähne.

»Auch mit'm Fahrrad nich!«

»Ich gehe zu Fuß!«

Der Mann stemmt seine Stiefelabsätze in den Sand und klammert sich mit aller Gewalt an die Zügel:

»Zu Fuß?« ruft er ungläubig: »Wissen sie überhaupt, wieviel Kilometer das sind?«

»Ich schätze – zehn!«

»Neun!« ruft er, schüttelt den Kopf fassungslos, der Gaul ruckt an, und der Mann verschwindet zwischen den Kiefernstämmen.

Es geht recht geradlinig durch den Wald. Bis in das 18. Jahrhundert wuchsen in diesem Landstrich bevorzugt Eichen, die der Schweinemast halfen. Nach 1770 wurden sie rigoros abgeholzt.

Johann Gustav Büsching schrieb 1817 in sein Reisetagebuch: »Von Rathenow aus eilte ich nach Havelberg ... Durch eine wahre Wildnis und Öde windet sich der Weg, und links und rechts erreicht der Blick nichts anderes als Heidekraut und einzelnes Gebüsch. Es ist nicht zu begreifen, wie der Eigentümer dieses beträchtlichen Landstriches eine solche zurückschreckende Einöde dulden kann, die einem jeden Reisenden höchst unangenehm sein muß, und sie nicht zu einer Waldung benutzt, die der benachbarten, holzärmeren Altmark von so hohem Nutzen sein müßte.«

Flurbereinigungen (Separationen) im vergangenen Jahrhundert änderten die Lage. Auch in neuerer Zeit wurde verstärkt aufgeforstet.

Mein Wanderweg ist eine uralte Heerstraße, die zur wichtigen Havelmündung führte: nur Sand, Eichen, auch einmal eine Birkenallee, aber am meisten Kiefern. Überall kann man Nistkästen entdecken. Ein letzter Kaisermantel flattert über das trockene Gras ...

Wieviel Menschen sind hier schon aus den verschiedensten Antrieben und Zwängen in vergangenen Zeiten entlanggegangen, geritten oder gefahren worden ...

An Ibrahim ibn Jaqub, jüdischer Kaufmann und Gesandter des Kalifen im maurischen Spanien, muß ich denken. Er bereiste das slawische Land östlich der Elbe um das Jahr 966 und verfaßte in Cordoba (seit 929 ein Kalifat) seinen Bericht, der von anderen arabischen Geographen als Quelle benutzt wurde. Der Ausgangspunkt für zwei Reisen war Magdeburg, die damalige Metropole des Reiches. Nach den scharfsinnigen Untersuchungen von Dr. Max Bathe führte eine Route von Burg aus nach Plote und auf diesem alten Weg weiter nach Sydow und

Schloß Hohenkamern (Farblithographie von Winkelmann, um 1860)

Kamern. Ibrahim erreichte Sandau und Havelberg und schließlich sein Ziel, die Burg Gard nördlich vom Schweriner See.

Der Weg führt am Westhang der im flachen Land weithin sichtbaren Kamernschen Berge (110 Meter ü. d. M.) vorüber, dann recht schnell auf die ersten Häuser des Ortes zu.

Die Gaststätte mit dem zunächst unverständlichen Namen »Hedemicke« ist in einem Fachwerkhaus aus dem Jahre 1774 eingerichtet. Nur an einem Tisch sitzen drei Männer. Die Urlaubszeit ist längst vorüber. Nun sind Fremde in Kamern wieder rar.

Ich bekomme mein Bier und das charmant-neugierige Woher-des-Weges von der Kellnerin.

»Aus Schollene.«

Die Männer rücken unruhig hin und her. Sie haben mich kommen sehen. Die Richtung stimmt wohl nicht ... »Zu Fuß«, füge ich hinzu: »über Nierow, Neuwartensleben und Mahlitz.«

120

»Da ist er über die Fürstentümer gekommen!« stellt ein Mann erstaunt fest.

Über die »Fürstentümer?« Ja, so nennt man die Dörfer um den Schollener See immer noch, die einst vollkommen von den Rittergütern abhängig waren. Ich hebe mein Glas: Wir sind alle über die Fürstentümer gekommen ...

Auch zu Kamern gehört ein See. Die Sage weiß, daß einst eine Frau von den Kamernschen Bergen zu ihrer Tochter nach Wulkau wollte, um ihr frisches Brot zu bringen. Als sie über einen seichten Graben mußte, legte sie einen Laib hinein, trat auf ihn, um mit trockenen Füßen das Hindernis zu überwinden. Ein »alter Mann mit grauem Haar« trat auf sie zu, verurteilte den Frevel und schwor, keines Menschen Fuß würde diese Stelle je wieder betreten.

»Bald darauf kam eine große Überschwemmung, die Fluten der Elbe rissen ein großes Stück der Kamernberge weg, gruben in der Niederung zwischen diesen und Wulkow einen tiefen See und stürzten einen ganzen schönen Eichenwald hinein, dessen Stämme noch auf dem Grunde liegen.«

Der See bei Kamern ist ein Teil des Bettes für den Trübengraben, und selbstverständlich ist seine Ausdehnung durch die gewaltigen Elbhochwasser wie in den Jahren 1805, 1845 und 1850 geformt worden. Die Mädchen und Jungen aus dem Ferienlager der Station junger Naturforscher und Techniker in Tangerhütte haben 120 Tiefenlotungen im vier Kilometer langen Seestück vorgenommen. Durchschnittlich drei Meter mißt seine Tiefe, fünf Meter beträgt sie an der Badestelle.

Am See entstand in den letzten Jahrzehnten ein anziehendes Naherholungsgebiet mit Wasch-, Dusch- und Sanitäranlagen. Ein Kino ist vorhanden. Einige Betriebe haben für ihre Angehörigen Ferienplätze geschaffen. Gerade ist der dreigeteilte Rumpf des ehemaligen Motorschiffes »Roland I« auf seiner letzten Fahrt mit Hilfe der Verkehrspolizei. Er wird am Strand aufgebaut, renoviert, um eine Bar und ein Eiscafé aufzunehmen.

Und dann stehe ich auch der berühmten Hedemicke gegenüber. Sie wurzelt am Straßenrand. Heutzutage ist es ein abgestorbener Baumstamm, der seine sagenhafte Geschichte hat, um den die Bürger von Kamern schon manch einen Streit erfolgreich ausgefochten haben.

Der Sagenkreis von der Frau Harke ist in dieser Gegend noch lebendig. Die hünenhafte Frau lebte zurückgezogen in den Wäldern, welche die Berge bei Kamern bedeckten. Ihre Ruhe und Beschaulichkeit störten die eifrigen Menschlein, die um Havelberg, um Brandenburg und Stendal Städte mit hohen Kirchen bauten. Sie warf mit Findlingen nach ihnen, traf aber nicht, sie schaufelte sich die Schürze voller Sand, um alles darunter zu begraben, aber das Band riß zu früh: die Rhinower Berge zeugen noch heute von dem Mißgeschick. Frau Harke beschloß darauf, die Elbfähre bei Arneburg nachts zu benutzen und weiter nach Thüringen zu ziehen. Auf ihrem Weg aus der liebgewonnenen Heimat am Elbe-Havel-Winkel stieß sie wütend ihren Spinnstock in den Sand. Dort steht er noch heute als einst kräftige Kiefer. Nun erklärt sich auch der Name: eine Micke ist ein Stock mit einer Astgabel, Hede nennt man den groben Flachs.

Obwohl die Hedemicke bereits 1928 unter Schutz gestellt wurde, ließ die Chausseeverwaltung doch einige Jahre später an ihr sägen. Eingabe: »Die abgesägten Zweige haben den Unwillen eines großen Teils der Bevölkerung hervorgerufen«. Der Baum an der ehemaligen Heerstraße von Kamern nach Sandau begann um 1936 trocken zu werden. Nun durften Äste entfernt werden, aber mit der Auflage, die »charakteristische Mickenform« zu bewahren. 1940 wagten die Hedemicken-Feinde einen neuen Angriff auf die Kiefer-Ruine: sie wäre eine Gefahr für den Verkehr. Krieg und Neuaufbau brachten andere Sorgen und Probleme. Im Jahre 1955 kennzeichnete man die Hedemicke als Naturdenkmal, aber sicherheitshalber pflanzten bald danach die jungen Pioniere eine Ersatz-Micke. Im Oktober 1976 machte sich schließlich ein Mann an die Arbeit, den abgestorbenen Baum zu konservieren ... ja, ein Fachmann für Holz machte sich an Kamerns Hedemicke zu schaffen: Günther Klam.

Der vollbärtige, kräftige Mann mit dunklem Haarschopf kommt mit der langen Arbeitsschürze aus seiner Werkstatt. Jahrgang 1952. Er stammt aus Kamern; daß er dort nicht geboren wurde (wer wird schon noch in seinem Dorf zur Welt gebracht?), liegt an dem Umstand, daß die zuständige Klinik in der Kreisstadt Havelberg steht. Die Mutter stammte aus Kamern, der Vater, Umsiedler aus dem Osten, hatte entschieden: hier bleibe ich, hier stehen die Eichen so gut. Vater Klam war eben mit Leib und Seele Tischler und baute sich eine Werkstatt auf. Es gab viel Arbeit. »Wenn andere Kinder zum Baden gingen, zog ich mit meinem Vater ins Heu ...« Er lernte den Tischlerberuf bei seinem strengen Vater, arbeitete zwei Jahre in Magdeburger Großbetrieben, ehe er seinen Ehrendienst bei der NVA antrat.

Nun bekam sein Lebensplan völlig neue Dimensionen. Lust zum Zeichnen hatte er immer bewiesen. Er arbeitete gern mit den verschiedenen Arten von Holz. In einer Gaststätte traf er zufällig den Bildhauer Professor Robert Riehl. Dessen Vorstellungen und sein handwerkliches Können gingen eine neue Verbindung ein. Günther Klam begann künstlerisch zu arbeiten. Mentoren halfen. Fünf Jahre Fernstudium in Dresden, dann war er Ingenieur für Holztechnik. Keine leichte Zeit, aber Klam wollte es auch nie leicht. Zur Ausbildung als Holzbildhauer fuhr er in die Rhön. Er erlernte die Töpferei und richtete sich auch eine keramische Werkstatt in Kamern ein. Nun ist der Tischler und Holzbildhauer auch staatlich anerkannter Kunsthandwerker, bildet Lehrlinge aus (ohne drechseln, schnitzen, modellieren geht das nicht ab) und kämpft den endlosen Kampf zwischen Aufträgen, die man von ihm als Handwerker erfüllt haben möchte und anderen, die sein künstlerisches Wollen herausfordern. Die Bewohner der Dörfer sind ständig an der Modernisierung ihrer Häuser interessiert. Da wartet auf den Tischler Klam Arbeit in Fülle ...

Heute gibt es noch eine zusätzliche Beschäftigung, bei der das Lehrmädchen hilft und ich meistens im Wege stehe. Die Ausstellungsstücke aus der Kleinen Galerie im Neuperver Tor in Salzwedel sind zurückgekehrt. Ein Mädchenkopf von herber, eigenwilliger Schönheit. Nach einem Tonmodell ist er in einem Monat aus einem Mahagoniblock gehauen worden. Eine Gruppe von drei Mädchen. Porträtköpfe. Leuchter und Etageren. Ich bekomme eine Fotomappe, setze mich zwischen die Pflanzenkübel vor der Werkstattwand aus Glas und rankendem Wein und blättere darin.

Die Stele »Umwelt« ist ein Kiefernstamm, in geknickten Strähnen aufgerissen. Gleichzeitig wirkt sie verletzt und läßt doch einen Blick in ihr seltsam lebendiges Inneres zu. Die Arbeit hat ihren Platz im Landeskulturkabinett in Kamern gefunden.

Eine Wandgestaltung im Jugendklub »Hanseat« in Salzwedel entwikkelt ihre Strukturen aus den Begriffen Wald, Hanse und Handwerk. Vier Reliefs aus Eiche zeigen in der LPG »Havelland« in seinem Heimatdorf Bilder von den Jahreszeiten und der bäuerlichen Arbeit. Die Landschaft zwischen den beiden Flüssen gibt die Themen für Arbeiten, die im Sitzungssaal vom Rat des Kreises Havelberg zu finden sind.

Zu Günther Klams schönsten Werken zähle ich das »Kranichtor«. Zwischen dem benachbarten Warnau und Rhinow fließt die Havel, verbunden mit dem Gülper See. An ihm steht eine Station für Wasservögelforschung, die zur Pädagogischen Hochschule Potsdam gehört und auch zur Ausbildung von Biologielehrern gebraucht wird. Zu ihrem Gelände kommt man nun durch ein hohes Tor, das von zwei stilisierten Kranichen gebildet wird. Die Fichtenbalken mußten wie eine Zimmermannsarbeit genau zugerichtet werden, um sich nach dem gleichzeitigen Aufstellen mit einer Toleranz von nur einem Zentimeter auf dem Betonfundament zusammenzufügen. Über dieses handwerkliche und technische Kunststück drehte das Fernsehen der DDR einen kurzen Film.

Günther Klam hat eine Arbeit für die Sandauer Kirche vor, übernahm für den VEB Holzindustrie in Tangerhütte die gesamte Gestaltung für einen Mehrzweckraum, vervielfältigt gerade eine Holzschale »100 Jahre Deutsches Theater« als Keramik ... Aufträge bis zum Ende der achtziger Jahre. Und da ist das Vorhaben, mit dessen Entwurf er nach anstrengenden Bemühungen nun fürs erste zufrieden ist. Das Modell besteht aus auffliegenden Tauben, die sich vielfältig berühren und insgesamt wie ein zum Himmel drängender Schwarm angeordnet sind. Diese Plastik soll aus Holz gearbeitet werden. Der Stamm wurde bereits angefahren. Mit einem Kran will ihn die LPG aufstellen, damit er als »Friedensbrunnen« in Schollene steht.

In der Werkstatt treffen sich auch in Volkskunstarbeitsgemeinschaften Erwachsene und Kinder, um Erfindungsgabe und Geschick zu schulen. Sie arbeiten für den Havelberger Pferdemarkt, der jährlich am Septemberbeginn zahllose Besucher aus allen Bezirken unseres Landes anlockt. Günther Klam und seine Freunde haben zu diesem Zweck einen Planwagen hergerichtet, den die Pferde zur Kreisstadt ziehen. Und wenn schließlich zu den offenen Werkstattagen »Holz und Keramik« nach Kamern nach einer gewachsenen Tradition geladen wird, dann reisen die begeisterten Interessenten selbst aus Magdeburg oder Rostock an.

Wir gehen über den Lagerplatz. Mancherlei Holzsorten, auch exotische, einige schwerer als Wasser ... Am Waldrand ist ein Fundament geschaffen. Dachpfannen liegen daneben, eichene Balken, die aus abgerissenen Häusern und Ställen stammen. Günther Klam will sich ein Atelier bauen: »Dann hab ich die Nachtigall zur Nachbarin ...«

Und irgendwo steht in der Werkstatt der Firnis, mit dem Günther Klam auch selbstverständlich die Hedemicke jährlich bepinselt.

Storkenpenners Heimat – Sandau

Als ich im Frühsommer in Sandau war, regnete es stundenlang, und die fünf Störche, die auf der Ruine des Kirchturmes geduldig ihr Gefieder hin- und hersortierten, hatten den Eindruck gemacht, als müßten sie zunächst kräftig geschleudert werden. Doch dann äugten sie wieder lebhaft der blaßgelben Sonne entgegen, die sich durch die träge abziehende Wolkenwand eine erste Strahlenbahn schuf.

Störche müssen waschechte Ehrenbürger Sandaus sein, auch wenn sie zur Zeit ihre afrikanische Nebenwohnung aufgesucht haben. Von dem unausrottbaren Ruf ihrer Gastgeber als »Storkenpenner« wissen sie freilich nichts.

Mehr schlecht als recht ins Hochdeutsche übertragen bezeichnet der Begriff »Storchpfänder« und rührt aus dem »ollen Stippstörken«, nach welchem einst die argwöhnischen Sandauer eine große, weiße Gänseschar auf ihren Weiden erspähten und sogleich auf eine weitere Heimtücke ihrer Havelberger Nachbarn schlossen: Diese »Plötzenfreeter« ließen tatsächlich ihre Martinsbraten auf Sandauer Grund und Boden weiden, ohne einen Pfennig zu bezahlen! Jeder selbstbewußte Sandauer stürmte damals los, um möglichst viele Pfannenvögel als Pfand einzufangen. Als man sich allerdings der Beute näherte, schwangen sich keine festen Gänse, sondern dünnbeinige Adebare, gestärkt durch Sandauer Froschragout, in die Lüfte ...

Auch in vergnüglichen Anekdoten steckt ein Splitter vom wahren

Bild des Vergangenen, aber es ist nicht leicht, ihn schnell zu entdek-ken.

Im Frühsommer hatte ich die Stadt auf dem flachen Ostufer der Elbe von der gegenüberliegenden, altmärkischen Seite betrachtet, ehe mich die Fähre übersetzte. Nach einer Generalreparatur auf der Werft in Aken war die Gierfähre im Oktober 1981 dem Rat der Stadt überge-ben worden.

Auf dem Westufer liegt Sandauerholz und erinnert, daß vor rund achthundert Jahren die Elbe noch in einer weiten Schleife bis vor das Dorf Kannenberg floß. Von dort bis Berge sicherte ein Deich, den nie-derländische Kolonisten um das Jahr 1160 aufwarfen, die fruchtbare Wische. Die verbliebenen Wasserflächen der »Alten Elbe« sind Ziele für Naturfreunde.

Als sich im Mittelalter aber der Strom ein neues Bett suchte und einen geraden Durchbruch nach Norden schaffte, änderte sich auch die Bedeutung des im Jahre 1190 erstmals als »villa sandowe« genann-ten Dorfes. Die Sandauer Fähre (schon 1272 urkundlich nachzuwei-sen) wurde gleichsam zu einem Nadelöhr auf der Heer- und Handels-straße nach Osten, zu der sich Wege von Stendal (und Magdeburg) und von Osterburg (aus Arendsee, Salzwedel und Lüneburg) trafen. Diese Verbindung kreuzte der Straßenzug von Rathenow (also von Brandenburg) wie der Weg nach Genthin. Auf ihnen kamen Reisende und Reisige aus Magdeburg, aus Zerbst, aus dem gesamten sächsischen Raum. Nur von Sandau verlief eine kurze, sichere Straße nach Havel-berg, dem Mittelpunkt einer Diözese, weiter in die Städte der Prignitz und nach Mecklenburg und zu den Zentren der Hanse an Nord- und Ostsee.

Gut beraten war, wer in diesem strategisch wichtigen Ort Grund und Boden erwarb, wie um 1200 zum Beispiel Heinrich von Gardele-gen oder das Kloster Arendsee. Ein Ausgangspunkt für die weitere Ostexpansion entstand. Und es ist festgestellt worden, daß Sandau in der ersten Hälfte des 13. Jahrhunderts planmäßig aufgebaut wurde. Sein Grundriß: ein Viereck (im Osten bogenförmig), ausgefüllt mit einem Straßengitter; in seinem Nordosten die Kirche (geweiht dem Heiligen Nikolaus, dem Patron der Kaufleute und Schiffer), im Süd-osten der Markt. Vermutlich übertrug Markgraf Johann, der sich in

Sandau nachweisen läßt, dieses sogenannte »Kolonialschema« auf seine Gründung Neubrandenburg.

Die neuen Siedler hofften auf ein schnelles Wachstum des Ortes, auf eine Blüte für Handel und Handwerk. Auch die Ausmaße der Kirche, die stilistisch eng mit den Bauten in Jerichow und Schönhausen verbunden ist, erzählen das dem aufmerksamen Betrachter. Doch ein derart günstig gelegener Ort wurde schnell zum Streitobjekt. Kampf und Krieg schädigten das Gemeinwohl bis in die Wurzeln. Nur wenige Tatsachen, die Sandaus Gedeihen behinderten:

Nach dem Erlöschen der Linie askanischer Markgrafen beanspruchten die Magdeburger Erzbischöfe – neben anderen Gebieten – auch das Land um Sandau. Daraufhin ließ Markgräfin Agnes, die als erbende Witwe den Herzog Otto von Braunschweig heiratete, innerhalb der Stadt um 1322 eine Burg mit einer »zwölf Fuß hohen Mauer« errichten. Die Flurstelle »Burgwall« – Platz der ursprünglichen Anlage – liegt mehr als einen Kilometer östlich der Altstadt. Auf sie konzentrierten sich selbstverständlich nun alle Bestrebungen der Widerparte. Nach blutigen Fehden, unter denen Bauern und Bürger am ärgsten litten, gehörte 1354 Sandau zum Erzbistum Magdeburg. Aber die Havelberger Bischöfe und die Ritterschaft der Prignitz fühlten sich darauf erst recht zur Gegenwehr angestachelt. Das Ergebnis: einmal rammte diese Partei ihre Fahnenlanze in das Land, dann wieder jene. Dauer des jammervollen Hin und Her: über einhundert Jahre! Im Jahre 1449 kam der Ort wieder an das Erzbistum und zeigt deshalb in seinem Wappen dessen Schutzheiligen Mauritius.

Auf diese Weise erreichte die Blütezeit für altmärkische und prignitzische Städte Sandau nie. Bis 1464 kamen überdies Burg und Stadt für 4500 rheinische Gulden an Dietrich von Quitzow. Nach einem Eisstau riß dann 1496 eine Hochwasserflut auch die befestigte Anlage mit sich …

Als die Sandauer 1680 mit dem aus geistlichen Besitz neugeschaffenen Herzogtum Magdeburg in das brandenburgische Kurfürstentum gerieten, war ihr Schicksal besiegelt, denn in ihm hatte das benachbarte Havelberg durch längere Zugehörigkeit längst alle Vorrechte an sich gezogen. Die »Plötzenfreeter« triumphierten, die »Storkenpenner« hatten wieder einmal das Nachsehen. Auch in die Stadtordnung kamen neue, rauhe Töne wie: »Es soll niemand mehr denn vier Gänse und einen Gänserich aus dem Winter bringen.«

Aber die Sandauer, ob in der »Stawenstraße« (als »Badstubenstraße« erinnert sie an mittelalterliche Geselligkeit), ob in der »Rosenstraße« (wo die hübschesten, manchmal auch freigiebigsten Mädchen, aber in diesem Ort auch die frommen Beginen wohnten, die wohl manchmal mit den Störchen auch ein Hühnchen zu rupfen hatten) zu Hause, wurden bald durch neue Katastrophen heimgesucht: Im Jahre 1695 brannte die Stadt bis auf zwei Gebäude ab ...

Ein altes Havelberger Kinderlied lautet:

»Bumbau Bälau – Klocken schlao'n in Sandau.
Wer is dod? Sparbrot.
Wenner werd 'r begraoben? Übermorgen Oabend ...«

Da war guter Rat bei den »Sparbrots« in Sandau wirklich gefragt. Praktischerweise richtete man zunächst den Ratskeller wieder ein: ein Tisch, acht Schemel, nennt die Rechnung ...

Auf Königliche Anordnung hin mußten 1703 alle Befestigungen geschleift werden. Das letzte Stück vom mittelalterlichen Panorama, die Mauer und drei Tore, wurde abgerissen. Und 1716 kam ein mächtiger Schicksalsschlag: die Kompagnie eines Dragonerregiments rückte in die zugewiesene Garnison ein. In den kommenden einhundert Jahren mußte sich alles nach dem Militär richten. Dragoner und drakonisch lagen wohl eng beieinander. Alle Hoffnungen und Pläne der Ackerbürger auf einen wirtschaftlichen Neubeginn, gegen ständiges Hochwasser, für wirkungsvolle Melioration wurden abgewiesen oder verstaubten in den Registraturen. Handel und Wandel? In einer preußischen Garnison auf dem platten Lande?? Gestrichen. Schneddereteng!

Kasernen existierten nicht. Jeder Hausbesitzer bekam Einquartierung und Auflagen. Der Postmeister gab 992 Taler für Pferdestall und Hinterhaus aus. 1724 wurde die »Bürgerkasse« eingezogen, so daß keine Mittel mehr für den Straßenbau zur Verfügung standen. Im einzigen Gasthof mußten für etwaige Rekrutentransporte ständig Zimmer und Räume freigehalten werden. Das gute Geschäft mit der Übernachtung von Kaufleuten, die zur Leipziger Messe reisten oder von ihr kamen, fiel aus. Sie mieden die Stadt und übernachteten in den nächsten

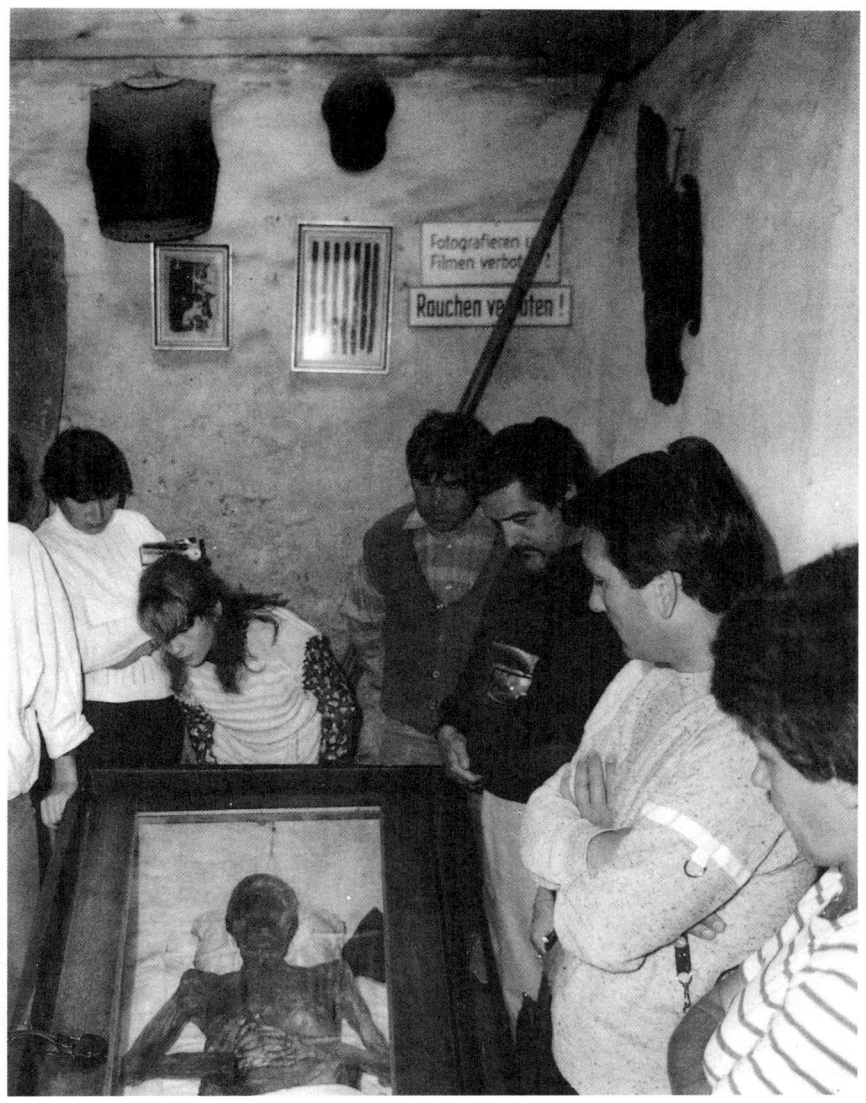

26 Mühle in Melkow
27/28 Anziehungspunkt für Touristen: die Mumie des Ritters Kahlbutz in der Gruft der Dorfkirche zu Neustadt-Kampehl
29–31 Wusterhausen mit Peter-Pauls-Kirche und Heimatmuseum

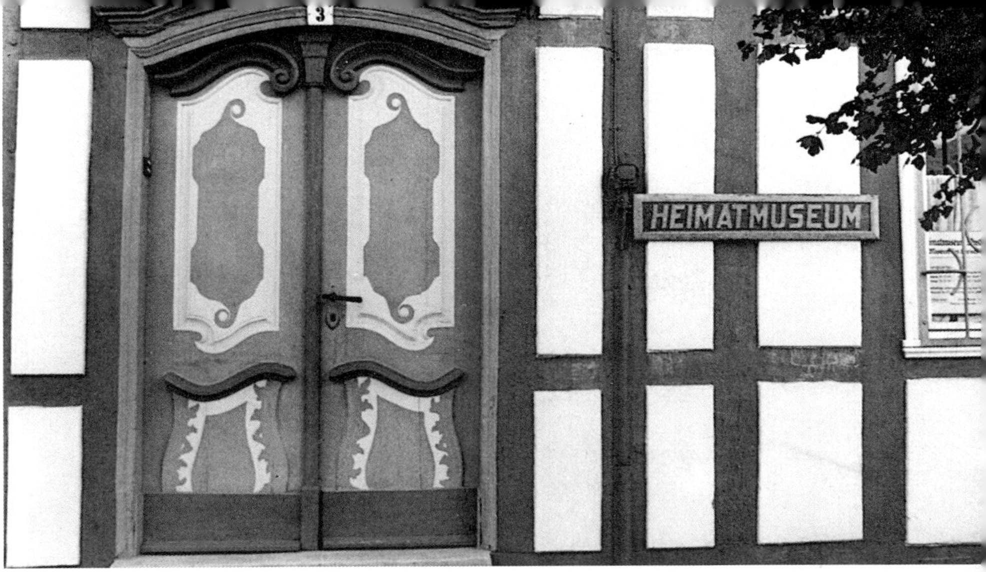
3
HEIMATMUSEUM

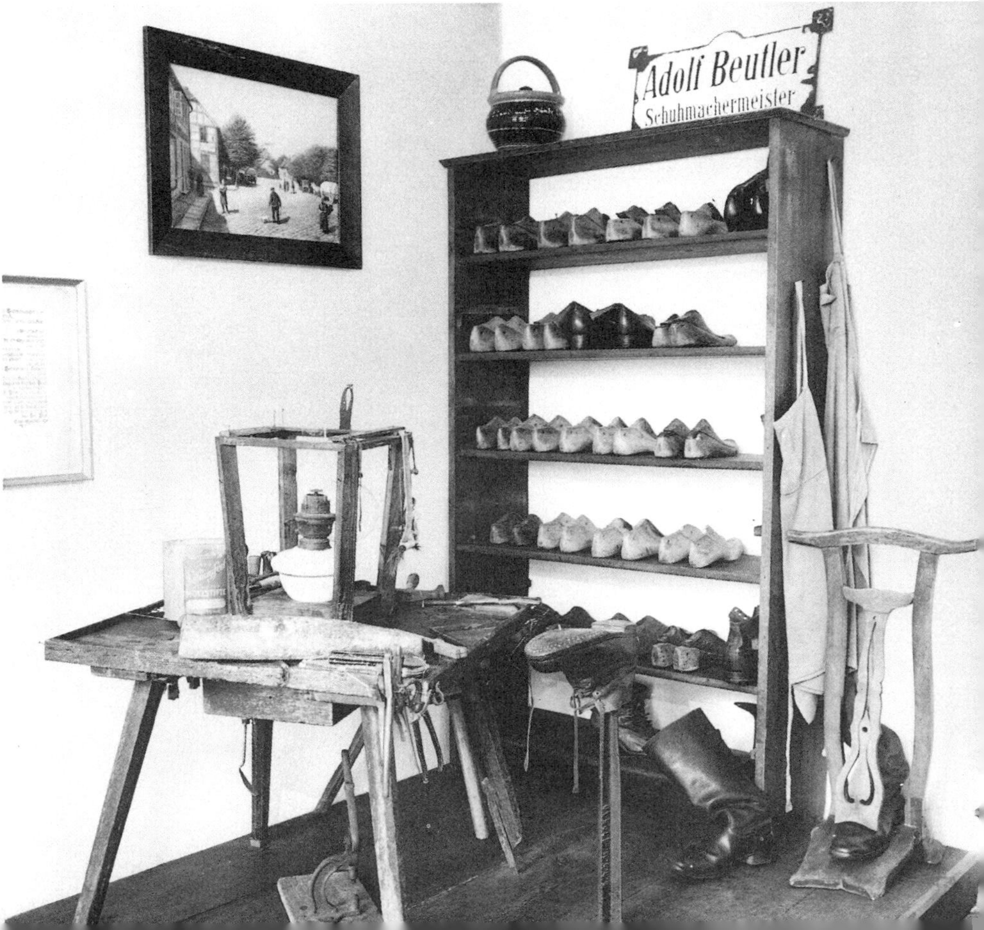
Adolf Beutler
Schuhmachermeister

32 In diesem Hotel (»Zum Prignitzer«) in Kyritz verkündete am 2. September 1945 Wilhelm Pieck das Bodenreformprogramm der KPD
33/34 Plattenburg: Ausflugsgaststätte »Zur alten Mühle«
35 Havel bei Gülpe

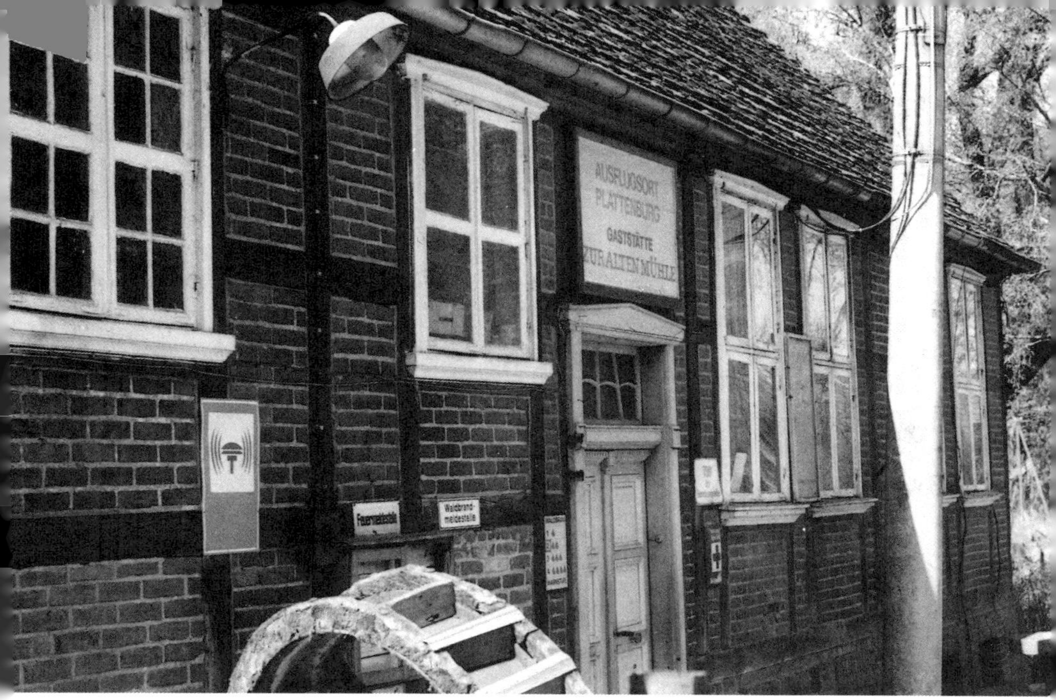
AUSFLUGSORT
PLATTENBURG
GASTSTÄTTE
ZUR ALTEN MÜHLE
Feuermeldestelle
Waldbrand-
meldestelle

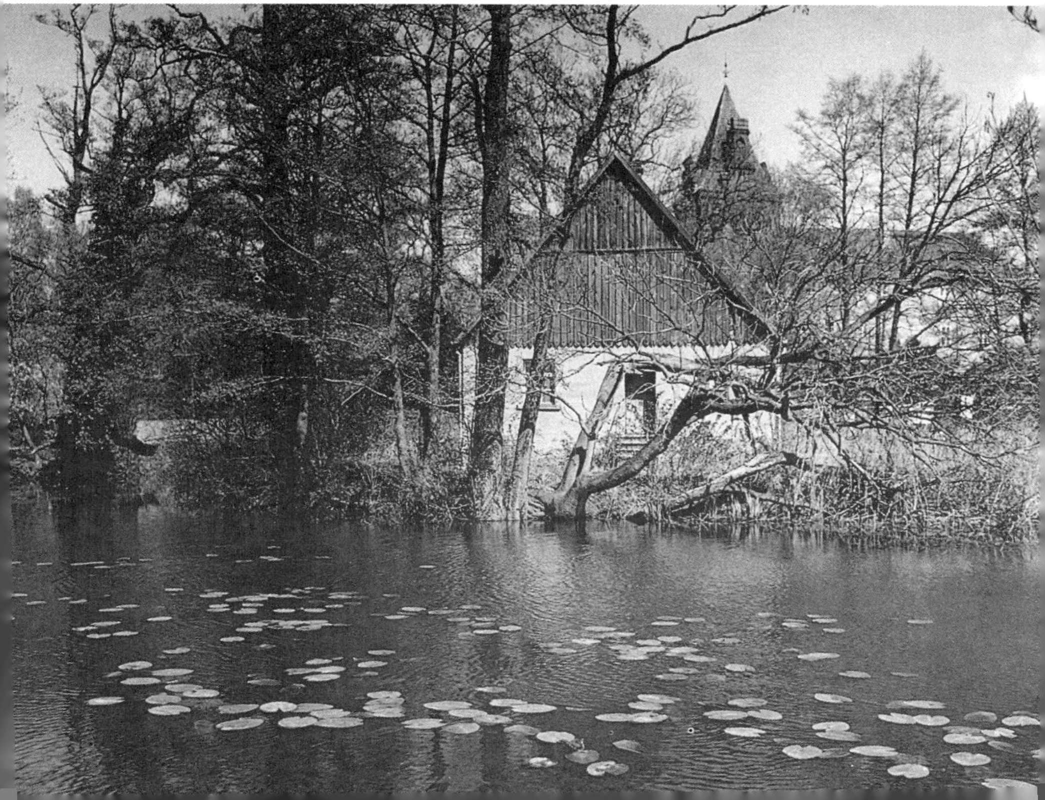

Dörfern. Ein Gesuch für einen zweiten Sandauer Gasthof wurde auf den Dienstweg gebracht. Da hieß es »schmieren«, und es ist ein Schreiben überliefert, daß einer solchen »Schmierstelle« ein Sack Borsdorfer Äpfel weniger behagte als ein großer Holländer Käse.

Das große Geschäft war mit der Fähre nicht mehr zu machen. 1744 notierte man: »Die Elbfähre, worauf drei gute Fahrzeuge und ein Kahn, welche jeder Fährpächter allemal for Bargeld annehmen und im baulichen Wesen erhalten muß. Es wird denselben aber das benötigte Bauholz hierzu aus dem Bürgerholze frei gegeben. Einige altmärkische Adelige und mehrere Dorfschaften, welche Fahr-Freiheit haben, müssen dem regierenden Bürgermeister fünf Gänse und dem Fährmeister ebenso viele Stück, außerdem einige Bauernbrote, Knackwürste und Eier für seine Mühe und Arbeit beim Überfahren jährlich entrichten, die der Fährmeister auf Martini (= 11. Nov.; d. Verf.) abholen muß.«

Von der Sandauer Fähre vernahm man im Lande erst wieder im Oktober 1806 etwas. Nach der preußischen Niederlage bei Jena und Auerstedt zog sich einer der kommandierenden Verlierer, Herzog Karl August von Weimar (Goethes Freund und Gönner), mit seiner Truppe, die gar nicht zum Kämpfen gekommen war, über Wolfenbüttel, wo er sich mit Blüchers zusammengerafften Heeresteilen und Yorcks Jägern traf, in die Altmark zurück. Alles in allem: 30 000 Mann. Man kam bis Stendal, aber Tangermünde war bereits in französischer Hand. Blieb nur der Elbübergang bei Sandau. Nach einem Nachtmarsch erreichte man am frühen Morgen des 26. Oktober 1806 die Fährstelle. Da kaum zwanzig Kähne zum Übersetzen zur Verfügung standen, mußte unbedingt Oberst Yorck mit sechs Jägerkompanien, drei Füselierbataillonen und zwei Geschützen einen Tag die nachrückenden Franzosen aufhalten. Auf der Linie zwischen Kirch-Polkritz und Osterholz stoppte man tatsächlich bei geringen eigenen Verlusten (zwanzig Tote und Verwundete) die verwirrte Übermacht, hielt sie bis in die Nacht hinein in Schach, entfachte in der Dunkelheit schließlich viele, viele Wachtfeuer, um Stärke vorzutäuschen und rückte unterdessen unbemerkt ab, um auch Sandau zu erreichen. Dort wurden alle Boote vernichtet. Die Episode schloß damit, denn schon in Havelberg verließ der Herzog seine Truppen, und vor Lübeck kapitulierten Blücher und Yorck.

In Sandau quartierten sich die Franzosen bis 1809 ein. In jenem Jahr entstanden auf beiden Ufern durch Eisstau an der Wittenberger Brücke große Dammbrüche.

Und da ich auf meinem Spaziergang auch zur Fährstelle komme, muß noch der Mai 1813 erwähnt werden. Der »Lützower« und Dichter Theodor Körner (1791–1813) war hier und schrieb an seine Eltern: »Havelberg, wo wir einen Rasttag hatten, ist sehr romantisch und schön ...« Und nichts über Sandau? Doch. Ein Gedicht mit der Anmerkung »als ich bei Sandau lange Zeit die Ufer der Elbe bewachen mußte«. Seine Überschrift: »Mißmut«. In Sandau war ein Sammelplatz für Freiwillige, die das Freikorps vergrößern wollten. Körner hatte mit einer kleinen Abteilung von »Lützowern«, die er befehligte, in einem Gasthaus an der Ecke Elb- und Osterburger Straße Quartier genommen, von wo sich ein guter Überblick auf die Fährstelle bot. Man hielt Wache vom 18. bis 23. Mai, und der Soldat und Poet schrieb unter anderem:

» ... um mich donnern die Kanonen,
ferne Zimbeln schmettern drein,
Deutschland wirft um seine Kronen;
und hier soll ich ruhig wohnen
und des Stromes Wächter sein?«

Im Jahre 1817 notierte Professor Büsching auf seiner Studienreise: »An andern Morgen verließ ich die Prignitz und ging bei Sandow, dessen Kirche ich gern gesehen, aber nicht die Zeit dazu finden konnte, über den breiten und schön flutenden Strom der Elbe ... Die Überfahrt war leicht und schnell.«

Wenn man eine lithographische Ansicht aus dem Jahre 1845 betrachtet, dann zeigt sich biedermeierliche Ruhe um das Ackerbürgerstädtchen mit seiner Kirche und zwei Windmühlen und natürlich einem guten Dutzend Störchen. Aber es entwickelte sich, wenn auch unter den besonderen Umständen sehr langsam, ein neues, anderes Bewußtsein. Da ist eine bemalte Fahne von 1856 erhalten, auf der zwei schwarze Adler das Schriftbild »Vivat der Maurer« halten. Und im Juni 1895 standen zwei Sandauer vor dem Havelberger Schöffengericht wegen groben Unfugs. Sie hatten am 1. April, als ein Zug von Bis-

Turm der 1945 zerstörten Kirche in Sandau (Zeichnung, um 1925)

marck-Freunden durch das Städtchen marschierte, ein rotes Tuch ge-
schwenkt. Höchststrafe: sechs Wochen Gefängnis, »weil die Angeklag-
ten einer gewissen Partei angehörten« ...

Und ein letztes Mal erreichte der Krieg die Landstadt im April 1945.

An zwölf Tagen wurde Sandau durch amerikanische Artillerie beschossen. Es wurden 166 Häuser und über 300 Wirtschaftsgebäude zerstört. Das waren 86 Prozent der Stadt. Dazu die wertvolle Kirche, deren Turm Ruine blieb.

Am 4. Mai 1945 erreichten endlich Einheiten der 2. Division der 1. Polnischen Armee die Stadt. Zwischen den Fronten, im Chaos des sich zersetzenden Faschismus starben ungezählte Frauen, Kinder und Männer, die zur Sandauer Fähre strebten, um auf dem einen oder dem anderen Ufer Rettung zu finden. Das Denkmal – Nachfolger eines Gedenksteins seit 1975 – besteht aus einer Stele und der Statue eines polnischen Soldaten. Sandauer Kinder bepflanzen immer wieder die Beete und Rabatten. An dieser Stelle endet jährlich die Maidemonstration, hier werden Mitglieder der Pionierorganisation »Ernst Thälmann«, der Freien Deutschen Jugend und der Arbeiterpartei aufgenommen, im Fackelschein eröffnet man die Veranstaltungen für die Jugendweihe. Die Schule – sie trägt den Namen des polnischen Kundschafters Ryszard Kulesza – bewahrt die Erinnerungen an das mahnende Ende jenes Krieges.

Angestrengte Arbeit bewirkte die friedliche Entwicklung der Stadt. Die Landwirtschaft hatte Vorrang. Gute Arbeitsplätze gibt es in der Milchviehhaltung und in der Schweinemast. Acker und Weiden garantieren Futter, und das Trockenwerk sowie die ZBE-Lagerhallen helfen dabei. Natürlich sind auch viele Sandauer in der benachbarten Kreisstadt tätig, locken aber ihrerseits (selbst mit Bierdeckelwerbung in Havelberger Gaststätten) die »Plötzenfreeter« zum Karneval bei den »Storkenpenners«. Und einen Trumpf behalten die Sandauer sowieso in dieser amüsanten Rivalität: sie besitzen einen Bahnhof, auf welchem seit dem 18. September 1909 Züge eintreffen; in der Kreisstadt existiert dagegen nur noch eine »Bahnhofsstraße«. Für eine Verbindung zwischen Sandau und Havelberg durch einen Schienenstrang hat es nämlich nie gereicht. So fehlen vier Kilometer Gleis und eine Eisenbahnbrücke ...

Da paßt zum Abschluß meines Spazierganges durch Gestern und Heute in Sandau noch ein Stippstörken. Schließlich ist es ja begründet, weshalb die Ackerbürger ihre ausgedehnten Wiesen und Weiden nie mit einem Blick überwachen konnten. Die Gemarkung von Sandau reicht bis an die Havelberger Stadtgrenze. An diesem Punkt stand deshalb noch lange nach der Jahrhundertwende ein Idyll aus ländlichem Fachwerkhaus, Lindenbaumschatten und Uraltgartenstühlen unter dem Firmenschild »Sanssouci« in Sandauer Besitz, wo Havelberger die Zechen bezahlten.

Die volkstümliche Erzähltradition hat eine hübsche Erklärung, weshalb die Feldmark so nahe an Havelbergs Mauern reichte: Einst wurde ein fairer Wettkampf um die Grenze behördlicherseits zwischen den Oberbullen beider Städte vereinbart. Die Leitstiere sollten gleichzeitig von den Marktplätzen auf das umstrittene Land getrieben werden. Damit die Rindviecher aber nicht so schnell vorangaloppierten, bekamen sie einen schweren Eichenbalken aufgelegt. Als der Stier der »Storkenpenner« schon kurz vor dem Sandauer Tor in Havelberg war, kam sein Rivale erst durch jenen Zugang, denn die überschlauen Bürger der Bischofsstadt hatten ihrem Tier den Balken quer auf die Hörner gebunden. Es kostete Schweiß und viel Zeit, um das störrische Vieh durch das schmale Tor zu bugsieren ... Düvel ok! Da brat mir eener 'n Stork!

Da stehe ich an der Haltestelle und warte auf den Bus. Das schlichte, pastellfarbene Rathaus aus dem 18. Jahrhundert ist noch ganz Mark Brandenburg, wie sie Theodor Fontane erlebte, die vielen Neubauten mit vielem Grün und Blumenbunt schon ganz DDR. Trotzdem darf man nicht vergessen, daß die einstige Einwohnerzahl von 2500 Einwohnern noch nicht wieder zur Hälfte erreicht ist, ja, was man nachdenklich zur Kenntnis nehmen muß: Sandau war die am schwersten zerstörte Stadt auf dem Boden unseres Landes.

Schade, daß heute nicht die Störche über die Stadt am Fluß, ihre Felder und Wiesen fliegen. Aber es werden nur wenige Monate vergehen, und die Adebare kehren wieder zu den »Storkenpennern« zurück.

Auf dem Domberg

Es kostet Überwindung, um den Blick, der vom Havelberger Dom aus weit über die Stadt in das Land schweift, abzuwenden. Durch den künstlich angelegten Stadtgraben liegt das alte Havelberg auf einer Insel, durch deren Form der ovale Straßenverlauf bestimmt wird. In ihrem Mittelpunkt befinden sich der Markt sowie das Rathaus und die Laurentiuskirche mit ihrem kräftigen Turm und hoher Laterne.

Dunst liegt über dem Fluß, der an dieser Stelle eine Schleife beschreibt, und er zeichnet mit der warmen Herbstsonne alle Konturen sehr weich, gibt dem Farbklang aus dem schattierten Rot und Braun der Dächer, dem Grün der fernen Niederung und dem blauen, wolkenlosen Himmel einen seltsam lebendigen, milden Glanz. In ihm scheint sich der sanfte Schwung der Kamernschen Berge aufzulösen. Von dort bin ich gekommen, immer auf Wegen, die durch das Land zwischen Havel und Elbe nordwärts führten, auf ein Ziel zu, das schon in vorgeschichtlicher Zeit die Menschen anzog – den Domberg.

Über dem Westportal der ehemaligen Stiftsgebäude an der Südseite des Domes (in ihnen befindet sich das sehenswerte Prignitz-Museum) sieht man ein Relief aus Sandstein. Ein großer Stern steht über der Madonna. Die heiligen drei Könige (oder Magier) sind auf ihn zugegangen und beten nun das Christuskind an. Auch ein Bischof ist zugegen und der Heilige Laurentius, der Patron der Stadtkirche. Kleine Stifterfiguren gehören zu der Plastik, die um 1400 geschaffen wurde, und auch jeder Besucher scheint mit eingeschlossen: Er hat ein weithin sichtbares Ziel erreicht.

Der Dom steht auf dem knapp zwanzig Meter hohen Steilufer nördlich der Havel. Zwischen diesem Hang der Prignitzer Hochfläche, in welchem mehrere Erosionsrinnen die Befestigung und ein kontrollierbares Wegesystem vorgaben, und dem Fluß entstanden auf einem schmalen Streifen eine Reihe von bäuerlichen »Domgemeinden«, die ursprünglich nicht zur Stadt zählten. Auf dem Plateau steht der Dom in einer noch erkennbaren Bischofsstadt, die rechteckig wohl nach dem Vorbild römischer Militärsiedlungen angelegt wurde.

Das »castrum« Havelberg wird bereits im Jahre 946 erwähnt, doch ist von einigen Historikern auch die These vertreten worden, daß die Heere Karls des Großen (742–814), als sie 789 gegen die Slawen, gegen den »König der Wilzen Dragovit« stürmten, in Richtung Havelberg zogen. Ibrahim, der jüdische Kaufmann und Gesandte aus Spanien, kam hierher. Otto von Bamberg sah 1128 auf seiner Fahrt nach Pommern an dieser Stelle kultische Feiern für den slawischen Gott Gerovit.

Dieses »heidnische« Heiligtum, im Schutze einer Burg und an wahrhaft herausragender Stelle des Landes – und überdies am Zusammenfluß zweier wichtiger Ströme, bewegte die deutschen Ritter auf ihren Eroberungszügen über die Elbe, nach Osten. Die christlichen Missionare verbündeten sich mit ihnen. Für jene Jahrhunderte war die unmittelbare Zusammengehörigkeit von Staat, der im König und Kaiser personifiziert wurde, und Kirche selbstverständlich und unlösbar. Otto I. (912–973) gründete im Jahre 948 das Bistum Havelberg als ein Zentrum der Mission unter den rechtselbischen Slawen. Anfangs unterstellte man es dem Erzbistum Mainz, nach der Gründung des Magdeburger Erzbistums 968 kam es in dessen Zuständigkeit. Ein konsequenter Aufbau der kirchlichen Organisation kam nicht zustande. Die durch Schwert und Kreuz niedergezwungenen Slawen schlossen sich zusammen und entfesselten einen wütenden Sturm nach dem Sommeranfang im Jahre 983. Am 29. Juni überwältigten sie die deutsche Besatzung auf dem Havelberger Domberg, ermordeten den Bischof Udo und brannten das christliche Gotteshaus nieder. Während der folgenden rund 150 Jahre lebten die Bischöfe von Havelberg außerhalb ihrer Diözese. Erst mit der Niederlassung der Prämonstratenser in Jerichow begann bescheiden die Rückgewinnung des verlorenen Einflußbereiches zwischen Elbe und Havel. Sie wurde endlich beschleunigt durch den »Wendenkreuzzug« gegen Lutizen und Obodriten, den Albrecht der Bär mit mäßigem Erfolg befehligte. Im Jahre 1147 konnte das Bistum Havelberg wiederhergestellt werden.

Dieser wichtige, historische Vorgang ist mit der Person des Bischofs Anselm verbunden. Seine Herkunft ist noch nicht unumstritten nachgewiesen. Als hervorragendster Schüler von Norbert von Xanten, dem Gründer des Prämonstratenserordens, kam er sicherlich mit nach Magdeburg, wo sein Lehrer Erzbischof wurde. Norbert weihte ihn auch 1129 zum Bischof von Havelberg. Freilich konnte Anselm seine Diözese nicht betreten. Lothar III. – wie auch zwei seiner Nachfolger – verwendeten den hochgebildeten Mann als Diplomaten. Bischöfliche Handlungen führte er im Elsaß aus, auch in Basel und Zürich. So reiste er mit seinem Lehrer 1131 nach Reims, über das er eine Beschreibung verfaßte, die sein ausgeprägtes Interesse für Architektur beweist. Er nahm am Zug Kaiser Lothars gegen die Römer teil, und gemeinsam mit seinen Amtskollegen von Brandenburg und Meißen bestattete er Norbert von Xanten in der Kirche Unser Lieben Frauen in Magdeburg, wo der Grabstein erhalten ist, während die Gebeine im Dreißigjährigen Krieg nach Prag überführt worden sind. Mit einer kaiserlichen Gesandtschaft kam Anselm von Havelberg 1136 nach Byzanz, wo er in der Hagia Sophia mit dem Erzbischof Niketas von Nikodemien einen berühmten, aufsehenerregenden Disput über Glaubensfragen führte. Weihnachten 1144 weihte er die Niederlassung seiner Ordensbrüder in Jerichow und konnte drei Jahre darauf endlich in Havelberg einziehen. Der heutige Dom entstand. Auf Lastkähnen kamen die Steine aus den Brüchen bei Plötzky (zwischen Schönebeck und Gommern) und mußten den Steilhang hinauf transportiert werden. Um 1150 gründete Anselm ein Stift, das mit Magdeburger Prämonstratensern besetzt wurde. Damit hatte er einen Stamm von erfahrenen, vollkommen in ihren Aufgaben aufgehenden Männern, die tatkräftig und schnell die kirchliche Organisation aufbauten und für deren wirtschaftliche Grundlage sorgten. Deshalb konnte wohl Anselm auch bald nach dem Tod des Königs 1150 nach Rom und Byzanz zurückkehren und am Hof des Nachfolgers die kuriale Partei stärken. Im Jahre 1155 wurde er schließlich zum Erzbischof von Ravenna gewählt, wo er drei Jahre später starb ...

Ich gehe langsam durch den stillen, gewölbten Kreuzgang. Das Licht zeichnet hell die schmalgegliederten Fensteröffnungen zum Hof auf den Boden und belebt freundlich den Backsteinfarbton. In der Mitte des fast quadratischen Hofes wächst eine Linde. Der Ostflügel des Stiftsgebäudes in seinem Hintergrund soll bereits um 1170 mit dem romanischen Dom vollendet worden sein. Man rechnet ihn deshalb neben der Jerichower Stiftskirche zu den ältesten Backsteinbauten östlich der Elbe.

Der Kreuzgang wurde vor zwei Jahrzehnten restauriert. Durch Artilleriebeschuß und Brückensprengungen war 1945 auch der Dom in Mitleidenschaft gezogen. Das Turmdach mußte 1948 erneuert werden.

Gotische Stilelemente im Bau, Barockes der Ausstattung überwältigen im ersten Moment jeden Besucher. Schmale Backsteinpfeiler gliedern die Wände, steigen schlank in die Höhe, neigen sich in spitzbogigen Gewölben einander zu. Der gotische Umbau begann aber erst nach einer Brandkatastrophe 1279. Die Kirche, die Anselm von Havelberg seit ungefähr 1150 bauen ließ, war eine flachgedeckte Basilika. Die Geschichte dieser merkwürdigsten Prämonstratenserkirche hat den Kunstwissenschaftlern mancherlei Rätsel aufgegeben; und nicht alle sind gelöst. Zum Beispiel sind die Wände zwischen dem Schiff und dem Westbau nicht verbunden. Schlußfolgerungen: Vielleicht hat der Bischof schon nach seiner Wahl zuerst den Westbau schaffen lassen, der 1136 wieder den Wenden in die Hände fiel, dann nach deren endgültiger Niederlage erst um die eigentliche Kirche ergänzt werden konnte.

Anziehender als die ungeklärten Details der Baugeschichte, sicherer als die Angaben in der gefälschten Gründungsurkunde des Bistums ist für mich das Erlebnis des Domes. Da sind die farbigen Glasfenster. In sieben Öffnungen erzählen Szenen und Figuren die Lebensgeschichte Jesus' von Nazareth von der Kindheit bis zur Passion, wobei ein Fenster aus dem Jahre 1895 die anderen aus dem beginnenden 15. Jahrhundert stammenden ergänzt. Ursprünglich waren neun Bildfenster vorhanden. 1817 notierte Johann Gustav Büsching: »Leider hat die Glasmalerei hier ... sehr gelitten; einige Fenster sind dieses herrlichen Schmuckes ganz, andere nur zum Teil beraubt worden. Zuerst ist Schuld daran die Länge der Zeit ... und die furchtbaren Tage, welche dieses Münster überstehen mußte. Dann aber hat besonders zu ihrer Vernichtung beigetragen, daß man sie allstets und noch jetzt überaus sorglos und geringschätzig behandelt hat und leider auch immer noch behandelt. Die herrlichste Glasmalerei ist den Leuten nicht mehr wert als ein weißes Fenster, ja manchem dieses noch lieber als jene. Ward ein Fach oder wurden nur einige Stücke vom Winde herausgeworfen, so nahm man alles heraus; die herrlichsten Köpfe und Abbildungen konnten kein Erbarmen finden, die Kinder spielten damit ... So ging ein Fach, ein Fenster nach dem andern verloren. War der Glaser noch halb vernünftig, so setzte er die alten Stücke wieder ein. Aber wie? Größtenteils wahrhaft Kopf unten ... Zeit ist nun noch für die Reste zu sorgen ...«

Eine Restaurierung war für den gesamten Dom dringend notwendig, aber erst 1840 begann man. Die Grabplatten wurden an die Seitenwände gestellt. Seit 1885 bearbeitete man die Innenausstattung mit

Laugen, Salzsäure und Sandpapier – auch ein Zeichen für mangelhafte Denkmalpflege. Sorgfältig restaurierte und ergänzte man allerdings die Glasfenster. Der Adel wurde um finanzielle Unterstützung gebeten; nicht vergeblich, denn in vielfältiger Weise war dessen Geschichte in Prignitz und Elbe-Havel-Land mit dem Bischofssitz und dem Stift verknüpft. Eine Reihe von Glasfenstern bilden ein heraldisches Musterbuch: Alvensleben, Bismarck, Schierstedt, Jagow, Lüderitz, Gans zu Putlitz, Bredow, von der Schulenburg, Arnim, Wartenberg, Rochow, Blumenthal ...

Am 16. August 1170 konnte der romanische Dom durch den Magdeburger Erzbischof Wichmann, der alle Bischöfe seines Sprengels eingeladen hatte, geweiht werden. Markgraf Albrecht kam mit seinen Söhnen und großem Gefolge. Die Fürsten Boguslaw und Kasimir von Pommern waren angereist.

Nach 1279 baute man den Dom um: über die romanischen Arkaden des Langhauses kamen gotische Blendarkaden. Die halbkreisrunde Apsis wurde durch einen polygonen Chorraum mit sehr hohen Fenstern ersetzt. Das Triumphkreuz stammt aus jenen Jahrzehnten der Neugestaltung.

Der Höhepunkt christlicher Kunst im Havelberger Dom ist der wundervolle Lettner aus Sandstein, der den weiten Chor vom Schiff trennt. Grundriß und Architektur dieses Kunstwerkes sind außerordentlich reich gegliedert. Sie bilden eine erstaunliche Fassung für vierzehn Reliefs und vierzehn Figuren, durch die den Gläubigen die Leidensgeschichte Jesus' von Nazareth dargestellt wurde. Der Meister – es sind auch andere künstlerische Handschriften zu erkennen – ist unbekannt, dafür kennt man seinen Auftraggeber.

Hinter dem Lettner, im Chor stehe ich vor der Grabplatte für den Bischof Johann von Wöpelitz, der 1385 sein Amt antrat. Auf ihr steht eine später gestiftete Tumba mit der unterlebensgroßen Figur des Verstorbenen. Die Überlieferung in der Bevölkerung haben sich über Jahrhunderte mit jenem Mann befaßt, für den eine adelige Familie von Wöpelitz (1384 schrieb man auch Wepelitz) nicht nachzuweisen ist. Selbst die Alabasterplastik hat eine Sage immer wieder »bewiesen«: Zu Füßen des Bischofs liegt ein gewundenes Tier. Einmal ruhte sich der fromme Mann beim Vorwerk Wöplitz (östlich vom Domberg) im

Schatten eines Gebüsches aus. Ein giftiger Lindwurm schlängelte sich unbemerkt heran und stach den geistlichen Herrn in den Kopf. Dieses Loch, die Todeswunde, ist an der Figur zu sehen ...

Ein alter Chronist schrieb dagegen märkisch-nüchtern: Anno 1401 »war es aus mit unserm Bischof Johanne«. Jedoch seine Allee nach Wöplitz, in der jede Braut eine Eiche pflanzen mußte, wuchs, und die berühmten Sandsteinleuchter, die zwar um 1300 gemeißelt worden waren, brachten nachfolgende Generationen mit jenem eigenwilligen Johann II. in Verbindung: Die Figuren wären seine zwei liebsten Hofdamen sowie Koch und Kellermeister. Die letztgenannten erkannte 1817 Professor Büsching, aber vom anderen Leuchter berichtet er: »Rechts ein Mönch und eine Frau, die eine Säule halten, welche das Licht zu tragen bestimmt ist«. Heute gilt endlich die »Frau« als ein Mann, ein Novize ...

In Johann von Wöpelitz' Amtszeit fällt der rasche Aufschwung des Wallfahrtsortes Wilsnack. Durch geschicktes Taktieren und Investieren sicherte der Bischof dem Havelberger Stift Höchsteinnahmen durch das Geschäft mit einer Reliquie. Sie wurden planmäßig für die bischöflichen Gebäude, für die Häuser des Propstes, der Domherren, der kirchlichen Kunst und der Bibliothek verbraucht. Ohne diese finanziellen Voraussetzungen konnte der Lettner nicht entstehen. Aber die Neider wußten auch bald, »es möchte ein fetter Wanst, geputzte Pferde und schöne Huren davon zu erhalten« sein. Die Sage erzählte von einem unterirdischen Gang vom Dom nach Wilsnack, in welchem neben anderen Schätzen auch die zwölf Apostel aus purem Golde stehen! Und sie wußte auch zu berichten, daß der reiche Herr nicht im Dom begraben wurde, sondern in einem goldenen Sarg an unbekannter Stelle im Weinberg. Die Totengräber wurden durch den Leichenschmaus vergiftet. Einst rollten die Havelberger Kinder dort ihre Ostereier. Blieb ein Ei unterwegs plötzlich in der Trudelrinne liegen, hieß es: da liegt der Bischof begraben! Wühlte aber nachts der Sturm die Havel auf, daß sie das Ufer am Domberg unterspülte, wandelte Johann von Wöpelitz umher und besänftigte die wilde Naturgewalt ...

Historische Wahrheit bleibt, daß die Opfergelder der Pilger und verzweifelten Kranken in Wilsnack die Hofhaltung der Havelberger Bischöfe glänzend finanzierten. Grundbesitz wurde angekauft, der reiche Renten eintrug. Die Bischöfe residierten vorzugsweise in Wittstock oder auf der Plattenburg und übertrugen ihren Landbesitz (rund 25 Orte um Havelberg, aber auch in der Altmark, im Havelland und Mecklenburg) den 24 Kanonikern des Stiftes. Sie führten eine Hofhaltung wie Landesherren, befahlen Fehden und Kriege, zu denen sie ihre adeligen Lehnsleute aufboten. Der Heerbann sammelte sich auf dem heute noch vorhandenen »Ritterplatz«. Die Mitglieder des Domkapitels ahmten die Sitten ihres geistlichen Herren nach. Im Jahre 1375 erließ Bischof Dietrich II. unter anderem folgende Gebote: Priester dürfen ihre Jagdfalken nicht mit in die Kirche bringen; sie empfangen Damen der vornehmen Gesellschaft nur in Begleitung; Maskenspiele werden nicht mehr in Gotteshäusern oder auf Kirchhöfen veranstaltet ...

Das 15. Jahrhundert verging ohne jede geistige Erneuerung im Sinne des Evangeliums. Im Gegenteil: 1506 mußte der Konvent der Prämonstratenser auf päpstliche Verfügung hin in ein weltgeistliches Kapitel umgewandelt werden, da seit Jahrzehnten keine klösterlichen Regeln befolgt wurden und die Bildung der Mitglieder einfach zu niedrig war. Dafür gab es die »Pfaffenfastnacht« mit Mummerei und Fleisch, Bier und Wein. Es gab »Jungfrauen« im Gefolge der Geistlichen, die warme, weiche Schuhe trugen, wie entrüstet berichtet wird, modisch gesteppte, wattierte Mäntel überzogen und sogar Hemden, in denen sie schliefen. Dazu amtierte Bischof Johann IV. von Schlabrendorf (bis 1520) mit aller Pracht in Wittstock und erschien mit ritterlichem Gefolge unter anderem zum Turnier 1512 in Ruppin. Er sorgte für eine gute Ausstattung der Dorfkirche in Alt-Krüssow, zu der wegen der grassierenden »Kribbelkrankheit« (Vergiftung durch Mutterkorn, das zu Mehl verarbeitet wurde) Pilgerreisen unternommen wurden, um eine neue Einnahmequelle zu erschließen. Der Plan mißlang. 1543 fehlten die Gold- und Silberarbeiten: »solchs hat der Bischoff von Havelbergk sampt anderem wol auff 200 fl (= Floren, Gulden) wert hinwegkgenuhmmen« ...

Nach dem Übertritt des Kurfürsten zum reformierten Glauben 1539 wurde der fanatisch bei der römisch-katholischen Kirche verharrende Dechant des Havelberger Kapitels von allen Seiten angegriffen. Erst nach seinem Tod 1561 trat die geistliche Gemeinschaft dem lutherischen Glaubensbekenntnis bei. Als 1548 der Bischof gestorben war, hatte der Kurfürst seinen Sohn als evangelischen Nachfolger wählen lassen. Der Prinz verlor sein Leben schon 1552; der siebenjährige Enkel des Landesherren übernahm das Bistum. Mit dem Einzug der Tafelgüter endete die Geschichte der Havelberger Diözese, freilich bestand das Domkapitel mit ausgedehntem Grundbesitz noch ziemlich 250 Jahre weiter. Seine Mitglieder mußten studiert haben. Die Leistung zählte mehr als die adelige Herkunft. Einige Domherren entstammten dem Bauernstand. Im 17. Jahrhundert nahm man selbstverständlich »Bürgerliche« in das Kapitel auf. Friedrich II. änderte dieses Verfahren rigoros: nur ein Junker konnte Domherr werden, denn auf diese Weise konnte hohen Verwaltungs- und Militärangehörigen bequem eine Altersversorgung zuteil werden. Eine Order 1806 verpflichtete überdies zum Nachweis von vier adeligen Ahnen. Letzter Dompropst war der Staatsminister a. D. von Voß, letzter Dechant der Generalfeldmarschall von Möllendorf. Der Auflösungsbeschluß von 1817 wurde zwei Jahre später vollzogen. Das jährliche Einkommen des Stiftes von über 13 000 Taler floß der Staatskasse zu.

Der mächtige, barocke Hochaltar wurde von einem Dechanten im Jahre 1700 gestiftet. Vorher hatte ein unbekannter Künstler die Kanzel geschaffen, deren Korb auf einer Wolkendekoration mit Engelfiguren ruht. Die wertvolle Orgel vom Ruppiner Baumeister Gottlieb Scholtze konnte 1777 eingeweiht werden.

Straßen und Gebäude um den Dom erinnern an die soziale Struktur und das Leben in der selbständigen Bischofsstadt. Der Sitz des geistlichen Oberhauptes ist unbekannt. Es wurde erwähnt, daß die Bischöfe schon im Spätmittelalter hier nicht residierten. Die gesamte Siedlung war mit einer Mauer befestigt. Vier Tore fügten sich in sie. Am westlichen Krugtor befand sich der Gasthof, im Süden führte vom Bäckertor eine Stiege zur Stadt hinunter. Torpfeiler zum Friedhof sehe ich, die ehemaligen Tagelöhnerkaten am Mühlentor (Mühlsteine sind zu einem Denkmal aufgestellt); die Dom-Handwerker wohnten am heutigen »Platz des Friedens«. Der Sitz des Propstes war an der Stelle des heutigen Krankenhauses. Von dort führte bis Ende des 18. Jahrhunderts ein gedeckter Gang über Schwibbogen zum Dom. Im Pfarrhaus wohnte einst der Vizedechant. Kurienhäuser sind in der »Domherrenstraße« erhalten. Vor der Westseite der Kirche wurde ein Kuriengebäude durch die einstige »Domschule« ersetzt, in der nun das Bekleidungswerk untergebracht ist. Und eine Dom-Kaserne gab es auch einmal, und ein Dom-Gericht, und ...

Lassen wir es dabei bewenden! Die sieben »Berggemeinden« – sie unterstanden dem Kapitel – und die Dom-Stadt mit dem Gut Wöplitz wurden erst 1875 in Havelberg der Stadtinsel eingemeindet.

Nach der letzten Jahrhundertwende wurden acht Pläne gezeichnet, nach denen das Westwerk des Domes aufgestockt werden sollte. Sie mußten Kaiser Wilhelm II. vorgelegt werden; auf einen schrieb er »Genehmigt. Wilhelm«, und danach wurde das neuromanische Glockengeschoß zwischen 1907 und 1909 gebaut.

In jenen Jahren erweiterte sich die ehemalige Domstadt nach Westen um ein Villenviertel. Um ein Neubaugebiet ist der alte Siedlungskern inzwischen um ein Vielfaches nach Norden gewachsen.

Ich kehre langsam zu meinem Aussichtsplatz über die Stadt zurück. Ein Granitblock ist dort aufgerichtet. Am 17. Dezember 1912 versammelte sich um ihn alles, was in Havelberg Rang und Würde besaß. Prinz Eitel Friedrich traf ein, und nach dem Festgottesdienst im Dom wurde dieser »Burggrafenstein«, ein Findling, der an der Fleete gefunden worden war, enthüllt. Auf ihm zeigte eine Bronzeplatte das Idealporträt des Nürnberger Burggrafen Friedrich von Hohenzollern, der 500 Jahre zuvor zum ersten Mal den Havelberger Dom betrat.

Ich gehe hinunter zum Stadtgraben, setze mich auf eine Bank und sehe noch einmal hinauf zum Dom im warmen Licht des Herbstnachmittages. Die Dohlen, die an der historisch wichtigen Kirche ihre größte Brutkonzentration in der DDR behaupten, fliegen um den breiten, massigen Turm. Mir fällt ein, daß ich vergessen habe, ihn genau zu betrachten. Am 23. August 1410, gegen 22 Uhr, bebte nämlich die Erde in der Mark. Der Herd lag in der Prignitz. Die Wittstocker Stadtkirche bekam im Turm einen gefährlichen Riß, auch der Havelberger Dombau zeigt Spuren.

Als ich das harmonische Bild fotografiere, kommt ein Steppke und bietet mir sein Fernglas an. Ich sehe hindurch, behaupte aber, durch meinen Apparat könne man besser sehen. Er überzeugt sich, geht dann zur Havel und läßt den Feldstecher in das Wasser hängen. Als er mit dem triefenden Ding zurückkehrt, kann er den Dom gar nicht mehr erblicken. Es würde besser sein, meint er neben mir, wenn man im Fernrohr Licht einschalten könnte. Die Mutter ruft zum Abendbrot. Eine nasse Spur zieht das tropfende Fernglas. Schöne Aussichten.

Havelberger Bierfisch

Man nehme ..., das klingt in meinen Ohren immer wie eine Übersetzung vom verlockenden Abrakadabra. »Man nehme Dunkelbier, läßt es aufkochen mit Salz, Pfeffer, Lorbeerblatt, süßem Paprika, Piment, nicht zu vergessen Zwiebeln. In diese Brühe kommen handgroße Fischstücke hinein, früher mehr Brassen, heute auch Karpfen, Aale, Hechte ...«

Das diktiert mir eine gebürtige Nordhäuserin und damit keine prädestinierte Fischesserin; aber der Mann von Regina Jacobs ist Fischer und sie seit bald 20 Jahren Hauptbuchhalterin der »Produktionsgenossenschaft der Binnenfischer ›Havel‹ in Havelberg«.

Im Dom predigte einst Georg Strube, und als gekrönter Poet besang er 1682 die stummen Bewohner sozusagen vor seiner Haustür:

»Ihr Plötzen, Barsch', Aale, Neunaugen, Forellen,
Krebs', Hechte, Weiß', Aland mit euren Gesellen,
ihr Güstern, ihr Quappen,
kommt, laßt euch ertappen!
Kommt, laßt euch doch fangen und langen im Strom ...«

Mich haben übrigens die Hechte auf den Weg zur PGB (= moderne Kurzform des barocken Originaltitels) gebracht, als sie mich glotzäugig und überraschend zahlreich durch die Schaufensterscheibe des Fischgeschäftes in Havelberg anstarrten (dort, wo es in der Inselstadt am winkligsten und engsten ist, also auf der Fernverkehrsstraße 107).

Die Flußfischerei in dieser Landschaft hat eine jahrhundertealte Tradition mit dem üblichen Auf und Ab. Ein Privileg für die Havelberger Gilde stammt aus dem Jahre 1371, doch läßt der Text auf ältere Rechte schließen. Die Grenzen für Fang und Verlauf lagen 1714 bei Rathenow und der Fähre bei Neuwerben.

Wer nach der Gildeordnung von 1792 Mitglied werden wollte, mußte Hausbesitz in Havelberg nachweisen. Vor der letzten Jahrhundertwende gab es fünf Fischhandlungen. Ein wunderschöner Fischkorb, ein Messingeimer, im Prignitz-Museum erinnert an jene Zeit. Aber der Handel reichte über Stadt und Umgebung bis nach Hamburg und Berlin. Aus der preußischen Residenz machten einst vom Herbst bis zur Weihnachtszeit Kähne mit einem Fassungsvermögen von etwa 30 Zentnern Fisch die Fahrt in drei bis sechs Tagen. Um 1900 fingen die 19 Havelberger Fischereibesitzer, die zum Teil aber auch verpachtet hatten, jährlich um 2 000 Zentner, die mit der Eisenbahn transportiert wurden.

Im Jahre 1976 fischte die PGB 1,3 Tonnen Krebse ... Und damit ist Regina Jacobs wieder bei der Betriebsgeschichte:

Besonders rosig waren die Zeiten nicht, als es im August 1954 vier Havelberger Fischer wagten, eine Produktionsgenossenschaft zu gründen. Grundmittelwert: 5 000 Mark. An gleicher Stelle findet man heutzutage im Hauptbuch: zwei Millionen Mark. Trotzdem: auch dieser Zeitraum wird nicht nur durch Zahlenkolonnen anschaulich. Deshalb merke ich vorerst einmal an, daß man (von rund sechzig Mitgliedern der PGB sind sechzehn als Fischer tätig) die Fische in 183 Gewässern, die annähernd 1 800 Hektar bedecken, fängt – in der Elbe, in der Havel (Forellen in Netzkäfigen, Alteingesessene wie Blei, Hecht und Zander sowie den Neuzugang Spiegelkarpfen), in den Seen bei Schollene, Schelldorf und Kamern (dort entdeckte man immerhin einen Wels von 2,14 Meter Länge!)

Alle Findigkeit, viele wissenschaftliche Erkenntnisse haben die Fischer eingesetzt, um den Fang so zu vergrößern, daß zur Zeit jährlich 152 Tonnen Flußfische an die Verbraucher geliefert werden können. 1990 sollen es 300 Tonnen sein.

Obwohl sich die Fischer noch tagtäglich Petri Heil! wünschen, darf man nicht übersehen, daß sie ihre Aufzucht- und Fangerfolge selbst vorbereiten. Aus gutem Grund kamen reiche Fischfangjahre ihrer Seltenheit wegen einst in die Chroniken. Heute müssen die Havelberger das sprichwörtliche Anglerpech den Amateuren überlassen. Die Fischer kommen nicht ohne Planung, technische Vielseitigkeit und Qualitätsarbeit aus. An den Netzkäfigen zum Beispiel, die gewissenhafte

Facharbeiter voraussetzen: Das ins fließende Wasser geschaufelte Futter muß die schuppigen Burschen präzis erreichen; schwimmt es vorbei, wird außerdem der Fluß verschmutzt. Oder: die Anschaffung von Satzfischen. Einige (teure Aale beispielsweise aus Frankreich) muß die Produktionsgenossenschaft kaufen, sie bemüht sich aber auch um das Erbrüten von Hechten und Zandern als dem Adel unter unseren Flußfischen im Bruthaus und in ausgesuchten Laichteichen. Unter solchen Bedingungen ist Binnenfischer neuerdings auch ein begehrter Lehrberuf für Mädchen geworden ... Auf mehrere Jahre hin liegen bereits Anmeldungen für Lehrstellen vor.

Auch um seine unentwegten »Meliorationsarbeiter« sorgt sich der Betrieb, das sind kaltblütige Burschen, die in den vielen Vorflutern und Gräben die Wasserpflanzen verspeisen: Silber-, Marmor- (bis 14 Kilogramm Gewicht!) und Amurkarpfen aus der Sowjetunion.

An der Fährstelle beim Havelberger Mühlenholz hat Regina Jacobs' Mann kürzlich eine Rarität gefangen. Der 67 Zentimeter messende, vier Kilogramm schwere Fisch, der präpariert wurde, mußte mit Hilfe der Fachliteratur identifiziert werden: ein Lachs! (Übrigens meldete man 1826 aus der Prignitz den Fang von zwei Fischen von 130 bzw. 50 Pfund, die als Wale, dann als Delphine deklariert wurden ...)

Die Mühen um die Fische sind mit Brut, Aufzucht, Fütterung, Fang und Verkauf noch immer nicht vollständig vorgestellt. Die Havelberger betreiben nämlich noch eine »Aspikkette« (keine Wort-Neuschöpfung von mir), wo die Fische (besonders delikate Aale) sauersüß in Gelee gebettet werden, und vier neue Räucherkammern (ebenso wie geräumige Kühlzellen selbst geschaffen), in denen jährlich etwa 200 Tonnen Fisch (auch via Rostock zugelieferte Meeresbewohner) goldbraunen Glanz und guten Geschmack erhalten.

In ziemlicher Entfernung vom Domberg haben sich havelabwärts die Binnenfischer ihren Betrieb am Kalvarienberg aufgebaut. Die alte, typische Fischersiedlung ist aber in der »Fischerstraße« der Stadtinsel erhalten. Der Weinberg hieß dagegen einst »Köperberg«; dort wohnten bevorzugt die Fischverkäufer.

Ich stehe auf der Böschung und sehe über die Havel. Aus dem ruhig fließenden Wasser ragen Stangen mit Schwimmkorkenschnüren: an dieser Stelle wachsen in der grüngrauen Tiefe die Forellen. Auf dem gegenüberliegenden, weiten Ufer grast ein zottiges Pferd. Joachim Christian Blum schrieb um 1765 »auf eine Halbinsel an dem Rande der Havel« unter anderen:

»Hier wohnt die sichre Ruh, hier atmet alles Frieden,
kein bittrer Zwist hat diesen Ort berührt:
...
Hier lauern nicht des Neides und der Rache Tücken
Verleumdung wetzet hier die Wolfeszähne nicht;
...
Hier ist Elysium, hier finden mich die Musen
und lehren mich, so froh zu sein wie sie ...«

Also: ein solches Idyll findet sich an diesem Ort nicht. Eine ausgedehnte Werkstatt mit Schweißgeräten, Stahlflaschen, Blechkästen, Stapeln verschiedener Rohre läßt sich betrachten. Ein Stück Feldbahngleis führt hinab zum Fluß. Die Produktionsgenossenschaft baut nämlich auch alle Gerätschaften, zum Beispiel Netzkäfiganlagen, für zwanzig andere Betriebe der Binnenfischerei in unserem Land. Rationalisierungsmittelbau; dazu gehören Belüftungswalzen, verschiedenartige Reusen und Zugnetze – alles notwendige Voraussetzungen, ehe wir das so einfach wie verlockend klingende »Man nehme ...« befolgen können. Schließlich rief bereits Georg Strube auf, als der Große Kurfürst in Havelberg angesagt war:

»Ihr Fischer, was säumt ihr vor Deichen, vor Schleusen
zu setzen die Körbe, zu legen die Reusen?
    Kommt alle zusammen
    und stellet die Hamen,
ein jeder auswerfe das löchrichte Netz,
ein jeder den Vater des Landes ergötz!«

Und was hat mir denn Regina Jacobs noch als Rezept für »Bierfisch«, das uralte Nationalgericht im Elbe-Havel-Winkel mitgeteilt?
    Handgroß müssen die Fischstücke unbedingt sein, und beim Kochen in der Malzbierbrühe dürfen sie ja nicht zerfallen und zerfasern! Zur Mahlzeit reiche man Kartoffeln oder Reis.
    Mit diesen Anweisungen durch Regina Jacobs ausgestattet, fühle ich

mich als Experte in Sachen Havelberger Bierfisch und betrete wohlgemut das DFD-Beratungszentrum ...

»Man nehme«, sage ich freundlich und selbstsicher: »Man nehme Dunkelbier, lasse es mit Salz, Zwiebeln und verschiedenen Gewürzen wie Lorbeerblatt, Piment, süßem Paprika ...«

Widerspruch regt sich in der kritischen Damenrunde:

»Paprika niemals!« höre ich.

»Neuerdings wird es schon einmal gemacht ...«, sagt eine freundlich vermittelnde Frau.

»In diese Brühe kommen handgroße Stücke Aal, Karpfen ...«

»Um Himmelswillen!« lacht eine Frau gequält auf: »Aal? Niemals!«

»Doch, doch: Aal kann man ...«, höre ich.

»Karpfen? Niemals!«

»Aal braucht man aber ...«, diskutieren zwei Damen abseits, »sonst kommt der Geschmack nicht 'rein.«

»Quappen und Brassen, die machen's!«

»Jaja«, sage ich verwirrt und führe (verunsichert) aus: »Die Fischstücke dürfen keineswegs zerkochen ...«

»Wer hat Ihnen denn gesagt, sie müßten kochen?!«

»Völlig falsch! Ziehen muß das Ganze! Ziehen! Und dazu muß ein Viertelpfund Butter gegeben werden! So ist das! Schon meine Großmutter ...«

Eine Dame beugt sich zu mir herüber: »Früher gab es extra Fischbretter, die lagen auf dem Topfboden, damit das Kochen gemildert wurde, ja, so war das dann richtig.«

»Nein! Diese unappetitlichen Bretter! Merken Sie sich folgende Regel von meiner Tante, die zu Ostern und Silvester den herrlichsten Bierfisch zubereitet: Der Fisch muß ganz allmählich und stundenlang kochen. Aus dem Topf darf man nur sehr leise hören: butt – – butt – – butt – – butt – –.«

Aus dem vielstimmigen Rezept-Konzert für fünfzehn herausgeforderte Havelbergerinnen und einen stillgewordenen Notizensammler bleiben folgende Eindrücke:

»Nicht nur ein Viertelpfund Butter zum Ziehen, noch eins beim Auftragen hinzugeben!«

»Einen geriebenen Pfefferkuchen an die Brühe!«

»Niemals Honigkuchen, sondern geröstetes Brot ...«

»Einen ordentlich alten Kanten!«

»Und immer butt – – butt – – butt – · – ...«

»Der besondere Geschmack wird durch einen Löffel voll Rübensirup erzielt!«

»Wir nehmen immer einen Löffel Zucker, der in Butter zerlassen wird.«

»Und immer butt – – butt – – butt – – ...«

Ich lese unbeobachtet den Schluß von Regina Jacobs' Rezept-Diktat: »Noch etwas: Manche Bewohner des Elbe-Havel-Winkels gießen in die Brühe auch noch eine Flasche Hellbier ...«

Eine liebe alte Gewohnheit, denke ich. Mit Durst und mit einer Sehnsucht nach Ruhe, einer Sehnsucht ...

Zimmermänner und Zar

Einige Streifen Blaßblau stehen noch über dem Horizont, gegen den die nahe Nacht eine ungeheure, grauviolette Wolkendecke unmerklich bewegt. Das Licht der versinkenden Sonne färbt Flecke auf dem Gewölk orangegelb. Schweigende Krähen überqueren die Havel, auf deren scheinbar stillstehender Oberfläche das Bild dieses herbstlichen Augenblickes gespiegelt wird.

Auf der Backsteinfassade eines einsamen Havelberger Hauses am Fluß ist über einem Fenstergewände eine schmale Putzfläche. Wellengekraus à la Jugendstil ist zu sehen, in dem eine Nixe (mit zwei Fischschwänzen) schwimmt. Sie streckt ihre Hände nach einem hochbeladenen Lastkahn aus, über dem sich ein weißes Segel bläht.

Die Nachrichten der Havelberger von ihren Wassermädchen sind nicht gut; ob man ihre schimmernden Leiber im Fluß sieht oder ihr Lachen, ihren Gesang hört, ob das Klatschen ihres Schwanzes bemerkt wird – immer soll es den nahen Tod bedeuten ...

Sicherlich streckt die Nixe auf der Hauswand ihre Arme aus, um die Havelschiffahrt zu schützen. Als ihr Bild nach 1900 modelliert wurde, blühte die Havelschiffahrt noch. Havelberger Eigner besaßen ein knappes Dutzend Dampfer und rund fünfzig große Lastkähne. Später zählte man 35 Dampfschiffe, unter ihnen der »Saturn« mit zwei Schornsteinen. Es gab Arbeit in vier »Schiffsbauereien«. In der Schulordnung stand bereits: »Der Knabe geht in der Regel mit dem 14. Lebensjahr auf einen Kahn oder auch gleich auf den Schleppdampfer, versieht dort 1–2 Jahr Schiffsjungendienst und kann alsdann, wenn er körperlich hierzu befähigt ist, als Halb- oder Dreiviertel-Mann mit höherem Lohn den Dienst versehen … Gehälter für den Schiffsjungen 40–50.– M, für den Halb- und Dreiviertel-Mann ca. 60.– M., Vollmann 75–80.– M. … monatlich für die Sommermonate. Im Winter erhalten sie ca. die Hälfte als festes Gehalt.« 1895 wurde in Havelberg eine Schifferschule eingerichtet, die man für 5 Mark »Jahresgeld« von Mitte Dezember bis Mitte Februar (je nach Wetterlage) zur Weiterbildung täglich von 17 bis 19 Uhr besuchen durfte …

Um die Jahrhundertwende war Havelberg für die Dampfer zwischen Hamburg und Berlin der »Feierabendplatz«. An der Havelstraße, durch deren abendliche Stille ich langsam wieder der Stadt zu gehe, lagen oft bis sechs Schleppzüge. Jährlich registrierte man im Durchschnitt am Liegeplatz Havelberg 240 Flöße, 6 000 Dampf- und 1 800 Frachtschiffe.

Die Schiffahrt bestimmte unangefochten Handel und Wandel. Der »Adreß-Kalender von Havelberg« nennt 1897 drei Flößer, ein Dutzend Fuhrherren, 24 Gastwirtschaften und Hotels und überdies noch einmal 27 Restaurationen und Schankwirtschaften, über 40 Schiffseigner, einen Segelmacher, drei Seiler … Der Schlossermeister warb mit seinen Spezialkenntnissen, der Spediteur mit seiner Agentur für Dampfschiffahrt-Gesellschaften, eine Reparaturwerkstatt bot Ankerwinden, Pumpen und »sämtliche Schiffsutensilien« an. Selbst die Landwirtschaft profitierte von den Proviantkäufen …

In der Mitte der heutigen Havelstraße (und am Ende der Bahnhofsstraße) ist noch ein Platz zu erkennen, auf dem Schiffe gebaut wurden, die auch Weltmeere befuhren.

In einem Begrüßungsgedicht für den Kurfürsten Friedrich Wilhelm (1620–1688) besang der Havelberger Geistliche Georg Strube (seit 1665 auch Rektor der Domschule) im Jahre 1682 den Landesherren, der im Mai zu einem »Ablager« auf den Domberg kam, als märkischen

Jupiter, als märkischen Herkules, als märkischen Salomon. Warum nicht auch als brandenburgischen Neptun?

Immerhin waren im Mai 1657 auf der Ostsee drei Schiffe mit einer neuen Flagge aufgekreuzt. Das weiße Tuch zeigte einen roten Adler mit dem Kurhut über sich, in den Fängen Schwert und Zepter. Der Kurfürst, der seine Jugend an der Ostsee verbrachte, der bis 1638 in Holland studierte, übernahm 1640 ein verwahrlostes, ausgeplündertes Land, dem nach 1648 ein Stückchen Küste zufiel. Ein Grundsatz des Großen Kurfürsten blieb: »Seefahrt und Handelung sind die fürnehmsten Säulen eines Estats, wodurch die Unterthanen beides zu Wasser als auch durch die Manufakturen zu Lande ihre Nahrung und Unterhalt erlangen.«

Die Anstrengungen, Brandenburg zu einer Seemacht zu entwickeln, bekamen in der Zeit, als Friedrich Wilhelm Havelberg besuchte, ein sicheres Fundament: wenige Monate zuvor war auf Betreiben des holländischen Kaufmanns und Reeders Benjamin Raulé ein Edikt über die Gründung einer Übersee-Handelsgesellschaft unterzeichnet worden. Am Neujahrstag 1683 konnte die brandenburgische Fahne im neugeschaffenen Groß-Friedrichsburg in Guinea (Westafrika) gehißt werden, zwei Jahre später erwarb man eine Faktorei auf der Karibikinsel St. Thomas. Noch ein Glücksfall: weil Brandenburgs Militär die Fürstin Christine Charlotte von Ostfriesland gegen ihre aufsässigen Stände verteidigt hatte, durfte man die Flotte und ihre Verwaltung nach 1684 in Emden an der Nordsee stationieren. Und nun fehlten nur noch eigene Schiffe, denn sie mußte man ziemlich kostspielig von dem Holländer mieten ...

Ein Stück Ödland am Havelufer, am Schönberg bei Havelberg, wurde wohl 1687 zur »Kurfürstlichen Schiffswerft« erklärt. Die Stadt war schon immer ein Stapelplatz für Holz. Die nahen Forsten der Prignitz lieferten Nachschub. Zimmerleute, wenn auch mit anderen Erfahrungen, standen zur Verfügung. Die fachliche Leitung des Unternehmens übertrug man dem niederländischen Schiffszimmermeister Jost Elynck, der Landsleute, aber auch Franzosen, anwarb.

Die Wohnhäuser der Werftarbeiter sind noch auf den Grundstücken Havelstraße 34 bis 38 erhalten, mit tief herabgezogenen Walmdächern versehene Ziegelbauten, die man früher mit »Holländerei« bezeichnete. Der ehemalige Bauhofkrug (Havelstraße 44) wurde allerdings um 1900 völlig umgebaut.

Auf dem Werftplatz mußten vielerlei Arbeiten vorgenommen werden. Im Mittelpunkt stand die Holzbearbeitung, doch es mußten auch Seile gedreht werden, man brauchte Pech und Teer zum Abdichten des Schiffsrumpfes. Eisen – es kam vorrangig vom Handelsplatz Wismar – wurde zu Ausrüstungsteilen geschmiedet. Holzbildhauer schufen die Gallionsfiguren für »Nordseelöwe« und »Postillon«, für »Sankt Jakob« und »Castell Friedrichsburg« … In wenigen Jahren entstanden neben Lastkähnen für die Elbe (120 Fuß Länge) ungefähr zwanzig seetüchtige Fahrzeuge. Sie wurden als Rohbauten auf Flößen von Havelberg nach Hamburg gebracht, dort mit Takelage und Ausrüstung versehen, ehe sie nach Emden, zum Sitz der »Afrikanischen Handelskompagnie«, fuhren.

Obwohl sogar der Amsterdamer Kupferstecher Peter Schenk ein dekoratives Blatt von »De Keurvorstelyke Scheepsbouwery te Havelberg« vertrieb, ging es mit dem Unternehmen nach dem Tode Friedrich Wilhelms (1688) steil bergab. Gehaltszahlungen und Aufträge blieben aus. Facharbeiter kehrten in ihre Heimat zurück. Nach einem gedruckten Angebot sollte die Werft am 7. Dezember 1699 versteigert werden. Aus unbekannten Gründen unterblieb die Auktion, und das Domkapitel erwarb 1702 die Restbestände. Obwohl damit der Bau von Seeschiffen erlosch, machte die volkstümliche Überlieferung nun noch Zar Peter den Großen (1672–1725) zum Mitarbeiter (unter anderem Namen) der Havelberger Werft. Eine Seejungfrau, die erst 1945 vom »Bauhofkrug« – gegenüber vom einstigen Bahnhof – verschwand, war angeblich von ihm als Gallionsfigur gearbeitet worden …

Wenn auch diese Legenden hartnäckig, aber unbeweisbar sind, der Zar war tatsächlich vom 20. bis 28. November 1716 in Havelberg, um mit König Friedrich Wilhelm I. Gespräche zu führen, denn seit 1714 gab es zwischen Preußen und Rußland einen geheimen Vertrag gegen Schweden, und im Laufe des Nordischen Krieges konnte die Armee des Königs am Heiligabend 1715 Stralsund zurückerobern.

Da der Soldatenkönig sein Ziel erreicht hatte, wurde er auch wieder sparsamer, als 1717 der Zar wieder auf der Reise von Amsterdam nach Petersburg Preußen durchquerte. Lediglich 6 000 Taler bewilligte er für den Gast, gab aber die (geheime) Anweisung: »Nit einen Pfennig gebe mehr dazu, aber vor der Welt sollen von 30 bis 40 000 Talern sprechen, daß es mir koste.«

Ende des 18. Jahrhunderts baute man in Havelberg wieder Schiffe und Boote für die Fischerei. Die Werft von Rabenau und Stutzer legte später Lastkähne von 55 Meter Länge und 8 Meter Breite auf Kiel. In den zwanziger Jahren unseres Jahrhunderts entstanden Motorschiffe (150 PS). Zwischen 1945 und 1949 wurden in der Havelberger Werft 52 Schleppkähne, acht Dampfer und vier Motorschiffe wieder hergerichtet. 1961 taufte die »Deutsche Binnenreederei« ein Motorschiff auf den Namen »Havelberg«. Heutzutage arbeitet der VEB Schiffsreparaturwerft für die »Weiße Flotte«, überholt Schub- und Frachtkähne sowie Schlepper. Ein neuer großer Hafen entsteht auf dem Gelände des Ziegelwerkes.

Die Tradition ist in alltäglicher Arbeit lebendig. Auf einem Bild kann man noch immer die Ansicht der schönen Stadt mit dem über sie ragenden Dom und dem Werftgelände vereint bewundern, wie es ein Künstler auf einem kolorierten Stich um 1810 auf seine Weise tat: Man entdeckt auch eine Kahnbaustelle im Vordergrund. Vielerlei Holz ist gestapelt. Zwei Männer sägen auf einem Gerüst übereinander Bretter aus dem Stamm. Eine Frau gießt Wasser über Leinenbahnen, die zum Bleichen auf dem Rasen liegen. Da ist der Schleifstein, um Beile und Hohleisen scharf zu halten. Die Fischer mühen sich, und die Botenfrau kommt mit einer mächtigen Kiepe daher. Und ganz rechts, kaum zu bemerken, steht am Bildrand der Maler an seiner Staffelei ...

Die Nacht liegt über der Stadt. Wind frischt auf und fegt über die Havel, verwischt das Spiegelbild der ruhigen Lichter mit unzählbaren, entstehenden und vergehenden Wellen zu glänzenden Scherbenbahnen.

Vom Bahnhof führen keine Gleise mehr ins Land. Eine Gaststätte ist in seinem Gebäude. Sie heißt »Zum alten Hafen« ...

Durch den Quappenwinkel

Es ist Sonnabend früh.

In Müggenbusch – 1720 Schäferei der Stadt Havelberg, später ein Vorwerk mit Wohnhäusern – kommt mir auf der Plattenstraße, auf der ich nach Süden abgebogen bin, der Schulbus entgegen.

Zwischen den Kiefern hängt der naßkalte Dunst.

In Wöplitz, wo die wenigen Grundstücke in einem Straßenstück und in großen Gärten weit voneinander entfernt stehen, springen kleine und große Kläffer die Zäune entlang.

In dieser Höhe östlich der Stadt liegt der Wendenberg, wo man 1952 am Havelufer einen Friedhof mit Skelettgräbern fand. In der Gegend wird vermutlich eine slawische Siedlungsstelle gewesen sein. Mündliche Überlieferung weiß, daß am Wendenberg Verstorbene nicht in Havelberg beigesetzt werden durften, sondern in Vehlgast.

Hagebuttenrot leuchtet an der einsamen, schmalen Straße. Eine Ziege samt Jungem meckert mir nach.

Ein Plattenweg führt nun immer auf der Grenze zwischen Niederung und Hochfläche nach Osten. Mal plumpst etwas in den überwucherten Morast, dann erschreckt mich hastiges Flügelschlagen aus hohem Gesträuch. Ein Hase putzt sich geschäftig die Löffel. Unwilliges Quarren tönt aus der Nähe. Ein unbekannter Flederwisch schießt unvermittelt wie ein Pfeil über den Weg ...

Das Naturschutzgebiet »Düstere Lake« – welch vortrefflich redender Name! – zwischen Prignitzer Hochfläche und Havel wird vom Fluß durch einen natürlichen Wall getrennt. Wasser kann aus dieser breiten Mulde nur nach Osten, also gegen den Flußlauf abfließen; dies ist nur bei Niedrigwasser möglich. Deshalb staut sich das Wasser zur Düsteren Lake, in der Röhricht, viele Seggenarten, die seltenen Schwanenblumen, Wasserfedern und Krebsscheren zwischen einem Dschungel aus Weidengestrüpp und Erlen gedeihen. In Seerosenteppichen leben vereinzelt noch Sumpfschildkröten. Der Schwarzstorch und die Haubentaucher fischen in diesen stark verlandeten Altarmen. Auf einer Weide zwischen Wöplitz und Vehlgast siedelten sich 1965 sogar Komoranpaare an, gaben aber nach ausbleibendem Hochwasser wieder auf.

Am Havelufer bei Jederitz (Federzeichnung von Kurt Henschel)

Drei Naturschutzgebiete liegen an dieser Stelle und auf beiden Ufern sehr dicht beieinander: Düstere Lake, Stremel und Jederitzer Holz. Die weite Niederungslandschaft bietet hervorragende Brutplätze für vom Aussterben bedrohte Vogelarten wie Uferschnepfe, Flußregenpfeifer, Rotschenkel, den Großen Brachvogel, um nur wenige zu nennen. Ihr Leben ist unbedingt an dieses Biotop gebunden. Darüber hinaus rasten oder überwintern hier Vogelarten, die auf ihrem Zug auch von Nordsibirien haltmachen. Aus allen diesen Gründen ist die Havel zwischen Rathenow und ihrer Mündung westlich von Havelberg zum »international bedeutenden Gebiet« für Natur- und Landschaftsschutz erklärt worden.

Seit 1970 wurden wieder Biber im Stremel, um 1975 auch im Jederitzer Holz nachgewiesen, wo sie durch den Trübengraben sogar einen Knüppeldamm bauten, um durch Stau den Wasserstand zu heben. Andererseits entstand bei Jederitz seit 1973 eins der größten Schöpfwerke der DDR. Die Einpolderung zwischen Jederitz und Kuhlhausen ließ den Bestand an Kiebitzen zurückgehen. Auch die Zahl der Kraniche – von denen man auf ihrem Rastplatz bei Kuhlhausen schon 2 000 Exemplare gezählt hat – verringerte sich.

Graureiher leben als Kolonie auf den alten Eichen bei Jederitz schon seit nachweisbar einhundert Jahren. Der Ort als ehemaliges Bischofsgut zählte seit alters zur Prignitz, obwohl er nicht dort liegt. Die Konfirmanden nannte man früher in Havelberg »Kreiher«, weil sie in ihrer Mundart so die Krähe bezeichneten.

Im Stremel brüten Graugänse und manche seltene Entenart. Es ist ein Jagdgebiet des Seeadlers, dessen Brut seit 1932 vermerkt wurde. Der Stremel – rund 350 Hektar groß – ist eine der wenigen naturnah erhaltenen Landschaften im Norden unseres Landes, doch wird auch ein Teil von ihm durch Gräben und Schöpfwerke entwässert, um im Sommer das Grünland zu nutzen ...

Mein Weg senkt sich allmählich zur Niederung, durch welche die Neue Jäglitz fließt, ein Arm des Flusses, der nordwestlich von Neustadt an der Dosse in zwei Läufe geteilt wird.

An ihrem Nordufer liegt eine langgestreckte Düne, die »Großer Burgwall« genannt wird. Durch Probegrabungen konnte eine Siedlung nachgewiesen werden, die mindestens vom 9. bis 12. Jahrhundert bestand, wenn man auch keine urkundlichen Nachrichten besitzt.

Grauer Himmel liegt über der Ebene. Ich wandere über den Deich, an einem Tümpel und an Kühen vorbei, welche die Natur schwarzweiß und abstrakt bemalt hat, und halte auf die Chaussee zu.

Die Landstraße, eine Eschenallee (kurz vor dem Dorf werden es Eichen), ist, wenn man so will, die einzige Verbindung zwischen Vehlgast und der übrigen Welt. Sie wurde erst 1925/26 gebaut.

Nach einer Wanderung von mehreren Stunden erreiche ich den abgelegenen Ort. Kleine Kinder buddeln im Sandhaufen vor dem alten Kriegerdenkmal. Sonnabendvormittag in einem Dorf: jeder hat in Haus, Hof und Garten viel zu tun. Die Straße ist menschenleer ...

Die Sage will wissen, daß einst das Dorf durch ein gemeinsames Mahl eingeweiht werden sollte. Alle Einwohner saßen erwartungsvoll um die Tafel, aber einer fehlte. Er mußte Fische beim Junker auf dem Gut Damerow abliefern. Endlich kam der fehlende Gast – und der Ortsname war erfunden.

Die urkundliche Geschichte kennt Vehlgast (als Welegast) erst seit 1488, aber da gab es bereits einen Lehnschulzen, und der Ort gehörte zur Herrschaft Plattenburg.

Die Turmuhr der neugotischen Backsteinkirche von 1864 steht zur Zeit, ein Gerüst umgibt den Bau, der sich im Westen des Ortes befindet. Ein alter Mann senst das Gras auf einer gräberlosen Ecke des Friedhofes. Am stimmungsvollen Dorfplatz sehe ich gepflegte Häuser. Ihre neuen, hellen Anstriche verbinden sich mit dem Ziegelton der Kirche, einiger Mauern und der Färbung von Bäumen und Sträuchern zu einem zeitlosen Bild vom märkischen Dorf, das von erstaunlicher Wandlungsfähigkeit ist, ob der Flieder blüht, ob Schnee vom grauen Winterhimmel fällt, ob der Sand in der Mittagsglut glitzert, und alles in zauberischem Schlaf versunken scheint.

Dieser liebenswerte, sichere Ort war einst ein weltabgeschiedener Winkel, berüchtigt als Wasserdorf. Wenn Elbe und Havel Hochwasser führten, stieg die Flut umgehend hinauf in das Dorf. Oftmals konnte man es über längere Zeiträume nur mit Kähnen erreichen. Jahrhundertelang waren Bittschreiben ohne Wirkung. Nach dem ersten Weltkrieg errichteten die Vehlgaster in Selbsthilfe ein Schöpfwerk, das als technisches Denkmal noch funktionsfähig ist.

Zwar hatte schon Friedrich II. die Klagen der Havelanlieger zur Kenntnis genommen und angemerkt: »Das Directorium weiss viel was Überschwemmungen seind, sie lassen Gott einen guten Mann seind, und wann sie nur lange Schlafe schlafen, viel essen und wenig Arbeit haben, so ist ihm alles gleich ...«

Vom Dorfplatz führt eine alte Treppe zu einem stillen Wasserlauf. Neben ihr ist der Pegel. Sein höchster Stand lag 1947 bei 3,90 Meter. Der damalige Bürgermeister meißelte die Marke in das Mauerwerk. Wenn in jenen Jahrzehnten Deiche brachen oder überspült wurden, fuhren die Vehlgaster Kinder zu ihrer einklassigen Schule mit Kähnen über den Dorfplatz. Für sie war das vermutlich ein abenteuerlicher Spaß, für ihre Eltern kam die Zeit bangen Rechnens ...

Erst in den Jahren unserer Republik begannen die Bezirke Magdeburg und Potsdam gemeinsam das Meliorationsprojekt »Untere Havel/Dosse« zu verwirklichen. Der Bau des Vorfluters Gnevsdorf senkte das periodische Hochwasser um knapp einen Meter. Um 1980 wurden der

Gemeinde vier Millionen Mark zur Verfügung gestellt. Nun pumpen gemeinsam mit dem Veteranen zwei weitere Schöpfwerke das Wasser von Wiesen und Feldern. Das Deichsystem wurde erneuert und verbessert. Wege waren anzulegen.

Im Dunst verliert sich der Havellauf am Horizont. Die Karte zeigt zwar das Zeichen für eine Personenfähre, aber Bürgermeister Udo Mintus hat mir bereits erklärt, daß ein Zwang für eine öffentliche Fähre nie bestand. Auf dem anderen Ufer gibt es keine weiterführende Straße. Kam früher doch einmal ein Wanderer des Weges, wurde er für ein »Trinkgeld« von Kindern übergesetzt, denn ein richtiger Vehlgaster hatte (und hat) einen Kahn. Mit der Gemeindefähre holte man nur Heu von den Wiesen auf dem gegenüberliegenden Ufer. Doch auch dies ist bereits Historie, denn um 1957, mit dem Werden sozialistischer Produktionsverhältnisse in der Landwirtschaft, tauschte man die Flächen mit den Kollegen aus Kuhlhausen.

Vehlgast war seiner Lage wegen einst ein Fischerdorf im »Quappenwinkel«. Aber wer kennt heutzutage schon die Quappe als hochgeschätzten Speisefisch? So ist aus dem »Quappenwinkel« allmählich ein »Paddenwinkel« geworden, denn für die Frösche ist es auf jeden Fall noch naß genug ... Im Jahre 1550 lebten in Vehlgast 18 Fischerfamilien. Das änderte sich offenbar nicht, denn 1576 zählte man 18 Fischerkaten. Wenige Jahre später bestand die Einwohnerschaft aus einem Lehnschulzen, einem Krüger, einem Dutzend Fischer- und vier Kossatenfamilien.

Vierzehn Vehlgaster Familien, die bis 1945 das Fischereirecht besaßen, hat mir Udo Mintus aufgeschrieben – zugleich eine Musterkarte märkischer Namen: Rau, Kleemann, Ebert, Meier, Mützlitz, Sengespeck, Krüger, Gebert, Euen, Rauh, Winter, Baatz, Kuphal, Topp. Der letzte Fischer war nach der Ortschronik Richard Meier.

Im Kasten für die Bekanntmachungen wird verkündet, wo und wann Wochenendangelkarten ausgegeben werden ...

Das Postauto kommt.

Ich mache eine letzte Runde durch den Ort. In Vehlgast wohnen rund einhundert Einwohner; die meisten arbeiten in der LPG Tierproduktion, einem anerkannten Rinderzuchtbetrieb mit vorbildlichen Leistungen, andere in der LPG Pflanzenproduktion »30.Jahrestag« Havelberg, in welcher die Gemeinde Vehlgast den selbständigen Bereich 2 bildet.

Ich wandere nach Norden, auf die Wälder zu, sehe mich aber noch manchmal nach Vehlgast um. Der Ortsname erinnert an die große Waldwildnis, noch im Mittelalter wegen ihrer Ausdehnung, der sumpfigen Stellen und Wegelosigkeit gefürchtet. Als Bischof Otto von Bamberg von Havelberg weiter gen Pommern reiste, brauchte er fünf Tagesreisen, um durch den großen Wald Vehlegast zu kommen. Er gehörte zu dem vielgenannten Gebiet »silva roddana«. An jenen Urwald, der schon vorher eine natürliche Grenze zwischen einzelnen slawischen Stämmen war, erinnern auch die Ortsnamen Roddan (bei Wilsnack) und Roddahn (bei Neustadt an der Dosse). Durch die Neue Jäglitz konnte ein Teil des Sumpfwaldes entwässert werden. Es entstand die Kolonie Sophiendorf zur Zeit Friedrichs II. im vormaligen »Totenbusch«. Seine höchste Erhebung – an meinem Weg von Vehlgast nach Kümmernitz gelegen – trug eine Siedlung mit dem wenig anheimelnden Namen »Totenkopf«. Sie hat sich inzwischen noch vergrößert (durch die Bodenreform wurden in diesem Landstrich auch rund 750 Hektar neuverteilt) und heißt »Waldfrieden«.

Kümmernitz wurde 1284 ausdrücklich ein slawisches Dorf genannt. Anfang des 15. Jahrhunderts war es eine Wüstung. Ein Burgwall, dessen genaue Lage allerdings unbekannt ist, lag am Bach Kümmernitz, der auch einen See speiste. Dieses Gewässer, an welchem das Havelberger Domkapitel die Fischereirechte besaß, verlandete. 1488 ließ man ein Vorwerk anlegen, 1528 kam eine Wassermühle hinzu. Dieser hoffnungsvolle Keim zu einem Dorf wurde im Dreißigjährigen Krieg vernichtet. Erst im Jahre 1667 richtete man eine Schäferei ein. Nach der Auflösung des Stiftes Havelberg 1819 fiel der Besitz dem preußischen Staat zu, doch wurde er bald von einem Amtmann erworben, der aus ihm ein Gut schuf.

Es ist Mittag. Und Sonnabend. Der Fahrplan nennt keine Verbindung nach Havelberg. Da habe ich noch wenigstens zehn Kilometer Fußmarsch vor mir. Die freundliche Postbotin zeigt mir eine Stelle an der Abzweigung nach Vehlgast. Da muß gleich der Schulbus zurückkommen. Es gibt nur diese Straße in das einsame Dorf an der Havel ... Der leere Bus kommt. Ich winke – und habe Glück!

Eine Stunde Neustadt

Der Magdeburger D-Zug hat in Wittenberge Verspätung. 3 Uhr 53 Minuten. Ich hetze durch das leere Bahnhofsgebäude mit seinem eintönigen Neonlampensummen, über den nächsten Bahnsteig zur Unterführung. Treppe herunter, laufen, Treppe herauf. Ja, der Zug nach Nauen wartet. Ich ziehe mich in den letzten Wagen – geschafft!

Nach zehn Minuten döst immer noch kein Reisender. Im Gegenteil. Die hellwachen Leute werden unruhiger. Das Ehepaar blättert nervös in den Flugtickets. Wenn sie nun nicht pünktlich auf dem Schönefelder Flughafen erscheinen, wo werden sie dann landen? Wann fährt der Zug endlich ab?

Solche Sorgen habe ich nicht. Bis Neustadt geht die Reise, umsteigen nach Kyritz, ein bißchen durch die Gegend ... Eigentlich kenne ich mich an der Kyritzer Seenkette seit Jahrzehnten aus. Aber ich habe beim letzten Besuch den Fotoapparat vergessen. Das warme, ruhige Herbstwetter soll anhalten. Kurz nach Sonnenaufgang werde ich deshalb am Bantikower See stehen und fotografieren.

Der Zug zuckelt bedächtig dahin. Als er das erste Mal hält, stelle ich fest, daß ich vom letzten Wagen aus nicht das Bahnhofschild erblicken und lesen kann. Neben mir liegt meine braune Umhängetasche mit Regenschirm, Fotoapparat, Notizheften ... Ich öffne den Reißverschluß und taste nach dem Kursbuch, um abzuzählen, nach wievielen Haltepunkten Neustadt an der Dosse erreicht sein muß. Ich ziehe das dicke Heft heraus und blättere. Mein Kursbuch enthält verblüffenderweise nur Noten und betitelt sich als Ewald Kochs Klarinettenschule ... Mir wird bewußt, daß mein Sohn heute nachmittag meinen Regenschirm aus seiner braunen Umhängetasche (es gab leider nur diese eine Ausführung) ziehen wird, um seinem Lehrer an der Musikschule einige Etüden aus dem Fahrplan vorzublasen ... Und mein Fotoapparat, mit dem ich die herbstliche Stimmung zwischen Kyritz, Wusterhausen und Neustadt künstlerisch einzufangen gedenke – ist ein mächtiges Stullenpaket.

Die Mitreisenden freuen sich, daß unser Zug nicht unverhofft stehenbleibt. Meinetwegen könnte er wieder zurückfahren. Was soll nun noch werden? Ein vertrödelter Tag, mehr nicht.

Leichter, feuchter Nebel liegt über dem Bahnhof Neustadt an der Dosse.

»Wo steht denn der Triebwagen nach Kyritz?«

»Welcher?«

»Vier Uhr 50.«

»Ach der! Ist längst weg. Worauf sollte er denn warten?«

»Ist auch egal«, sage ich.

»Der nächste Zug fährt ja in 'ner guten Stunde.« Die Tür zum hellen Dienstzimmer klappt zu. Der Schornstein qualmt behäbig. Rauch kriecht über das Schienengeflecht, das unter den Lampen silbrig spiegelt, um sich mit dem in der Nachtschwärze lauernden Nebel zu vereinen.

Ich gehe durch das trübe Licht im leeren Schalterraum und auf die holprige Straße. Die Nebelnässe tropft von der Kastanien wie schwerer Regen. Einigen braunen Blättern wird das zu lastend, sie lassen sich ohne Schwung fallen.

Gelbe Astern blühen überall an der Straße in steinernen Gefäßen.

In der Post sortieren Frauen Zeitungsstapel auseinander. Vor der Sparkasse liegen die Kohlen. Ein Auto hat seine Mucken und will mit einem Mal nicht mehr ...

Durch die weitgestreckte Straßensiedlung fließt die Dosse. Sie galt als Ostgrenze der Prignitz, und da hier ein uralter Dammweg durch die morastige Niederung führte, sicherte eine Burganlage beides schon in slawischer Zeit. Hier war der wichtige Übergang zwischen Havelberg und dem Ruppiner Land. Die Burg wurde im 16. Jahrhundert aufgegeben und verfiel. Eine unbedeutende Siedlung in der Nähe der mittelalterlichen Befestigung brachte es lediglich zum Vorwerk eines Amtes.

Um das Jahr 1650 bahnte sich eine völlig neue Entwicklung an, denn Friedrich II. von Hessen-Homburg (1633–1708) erwarb aus schwedischen Händen den Pfandbesitz von Weferlingen, Hötensleben, Winningen und Neustadt an der Dosse für 31 350 Taler. Als Reiteroberst (unter schwedischer Fahne) heiratete er als Achtundzwanzigjähriger 1661 die achtundfünfzigjährige, doch außergewöhnlich reiche Gräfin Margarete Brahe und versuchte sein zerstreutes Minireich aufzuwerten. Der »Prinz von Homburg« (Heinrich von Kleist ist in seinem

36 Beim Fährmeister in Sandau an der Havel
37/38 Schollener See
39 Die charakteristischen Ringöfen zur Ziegelherstellung prägten die Landschaft bei Parey

40 Hölzerne Kabelkrananlage von 1921 in Parey
41 Im Quappenwinkel
42 Kapelle Heiligengrabe

Drama mehr als frei mit den historischen Fakten umgesprungen) erhob die kleine Siedlung an der Dosse 1664 zur Stadt. Er ließ eine Glashütte mit Spiegelfabrikation am heutigen Ortsteil Spiegelberg anlegen. In Hohenofen wurde Raseneisenerz verhüttet. Die Dosse drehte die Räder einer Papiermühle. Das Gestüt wurde bereits im 17.Jahrhundert ins Leben gerufen, wenn auch die Gebäude des ehemaligen Friedrich-Wilhelm-Gestüts und das Hengstdepot Lindenau im Süden der kleinen Stadt erst am Ende des 18.Jahrhunderts gebaut worden sind. Das VEG Tierzucht besitzt heute auf Grund seiner Leistungen einen Ruf, der weit über die Grenzen unseres Landes reicht.

Und noch etwas entstand auf Anordnung Friedrichs II. von Hessen-Homburg, womit er den Reisenden schon aus der Ferne signalisierte, hier ist eine (= meine) Stadt. Die Kirche wurde zwischen 1673 und 1696 als erster Zentralbau in der Mark Brandenburg errichtet. Über dem Grundriß in Form eines griechischen Kreuzes (mit vier gleich langen Armen) wölbt sich ein geschweiftes Kuppeldach, auf dem ein achteckiger Turm steht. Er besteht wieder aus einer kleinen und einer großen Laterne. Im Inneren, das besonders durch seine kräftig-barocke Farbigkeit beeindruckt, liegen Altar, Kanzel und Orgel übereinander.

Der Nebel wird tatsächlich dichter. Aus ihm tauchen immer wieder Radfahrer auf, die mir einen »Guten Morgen!« wünschen. Wer zu dieser frühen Stunde durch Neustadt wandelt, muß wohl dazugehören, auch wenn er nicht recht zu erkennen ist …

Nebel und Rauch erinnern mich aber plötzlich an eine Sehenswürdigkeit, die man in diesem ländlichen Städtchen nicht vermutet: das Gaswerk. Es wurde 1898 gegründet und benutzt noch immer die weitgehend originale Einrichtung aus dem Jahre 1903. Steinkohle wird in eisernen Retortenöfen entgast. Das Gas wird gereinigt und in einem Gasbehälter (Gasometer) unter einer Glocke, die in einen mit Wasser gefüllten Behälter taucht, aufgefangen. Das Neustädter Gaswerk – ein schlichter Ziegelbau mit dem charakteristischen Gasbehälter neben sich – ist technisches Denkmal. »Es besitzt zwei Öfen mit je sechs Horizontalretorten, die mit Lademulden oder mit Schaufeln von Hand beschickt werden. Teerabscheider, Kühler, Reinigungskästen und andere Anlagenteile sind in zwei Räumen von jeweils Wohnzimmergröße untergebracht.«

Im Kiosk vor dem Bahnhof gibt es keine Karte von diesem einmaligen Gaswerk; angeboten werden nur grasende Pferde, galoppierende Pferde und »Alles Gute zum Geburtstag« ... Dabei wäre selbst das Bahnhofsgebäude, das sorgfältig restauriert worden ist, ein Motiv. Das Empfangsgebäude an der einstigen Berlin-Hamburger-Eisenbahn, die für die wirtschaftliche Erschließung dieser Landschaft sehr ausschlaggebend war, aus dem Jahre 1846 ist schließlich (mit wenigen Veränderungen von 1874) weitgehend original erhalten.

Im Schalterraum haben schon einige Männer und Frauen Zuflucht vor dem naßkalten Morgen gesucht. An der Wand sind drei Wappen, die sicherlich auch auf den Prinzen von Homburg zurückgehen, denke ich: Für das Hengstdepot wird ein Pfeil mit einer Schlange gezeigt, für Spiegelberg ein Reiher, aber für Neustadt eine Burg, vor derem grünen Zwiebelturm (mit gelbem Fähnchen) eine Art Katze (in rotem Höschen und Weste) und ein großohriges Känguruh Männchen machen, was wohl der unbekannte Maler verantworten muß ...

Ich warte durchfroren auf dem Bahnsteig.

»Ungemütlich«, sagt ein Mann zu seinem Nachbarn: »Drei Grad am Fenster, und im Bezirk Cottbus schon Null Grad nach'm Radio ...«

»Von wegen: schönes Herbstwetter nach'm Fernsehen ... Am Wochenende muß ich unbedingt den Garten räumen, sonst erfriert alles.«

Aus dem Nebel taucht der Triebwagen auf.

Durch den Lautsprecher erklärt eine verschnupfte Frauenstimme: »Eingefahrener Triebwagen fährt um sechs Uhr ... hatschi! ...«

Viele auf dem Bahnsteig sagen laut und höflich: »Gesundheit!«

» ... und acht Minuten nach Pritzwalk über Kyritz.«

Kyritz, »Zum Prignitzer«

Aus einem Fenster des Kindergartens lacht schadenfroh ein gelber Drache durch den Nebel. Seine grellen, blauen Augen warten auf nichts anderes als Sturm und Orkan, und dann wird er fliegen, fliegen über ganz Kyritz und noch einmal so weit ...

Ich bin in der Morgendämmerung auf dem Weg zum Unter- oder

Bantikower See. Der fehlende Fotoapparat ärgert mich zur Zeit nicht – dichter Nebel liegt auf dem Land.

Die roten Pfaffenhütchen platzen, die weißen Schneebeeren warten, daß sie jemand zerknackt, und die Nässe tropft unaufhörlich von den Bäumen am Weg.

Ende des 19. Jahrhunderts bildeten Kyritzer Bürger einen »Verschönerungsverein«. 1896 wurde die »Inselpromenade« angelegt. In den nächsten acht Jahren folgten die »Landwehr-« und die »Ferdinand-Promenade«. Die Landschaft an der Kyritzer Seenkette sollte als »Perle der Mark« dem Fremdenverkehr als Sommerfrische mit Wald und Wasser erschlossen werden. In jenen Jahrzehnten machte eine Posse auf sämtlichen Bühnenbrettern Deutschlands die Stadt bekannt, in welcher die (männlichen) Honoratioren auf einem heimischen Ausflug in das lockere Leben in der Residenz Berlin mit einer reisenden Sängertruppe (und umgekehrt) verwechselt wurden, weil jemand Kyritz nicht von Pyritz unterscheiden konnte ...

Eine seriösere Reklame machte 1927 der »Verkehrsverband Ruppin-Havelland-Prignitz« für meine Promenade:

»Die Stadt besitzt in ihren 1316 von den Markgrafen gekauften Seen, dem Untersee und der mit ihm verbundenen Seenkette, Über-, Salz- und Borkersee, besuchte Anziehungs- und Erholungspunkte. Ein schöner, schattiger Fuß- und Fahrweg führt an dem über 50 Morgen großen Sportplatz, der Hindenburg-Kampfbahn und an Hemmerlings Waldschlößchen vorbei zu dem Untersee mit seinen hügeligen, waldigen Ufern, mit seiner vielbesuchten Untersee-Insel, seinem vorbildlichen städtischen Seebade mit 50-m-Schwimmbahn und seinen zahlreichen Bootshallen. Auf diesem weiten Gewässer reiche Betätigung des Sportes: Bade-, Angel-, Ruder- und Segelsport.«

Nichts stimmt mich so melancholisch wie ein menschenleeres Strandbad im herbstlichen Nebel. Nur einige Krähen stelzen an diesem Anziehungspunkt umher. Die Bootsschuppen und Gittertore sind mit verschlungenen Ketten und Vorhängeschlössern gesichert. Am Steg zur Inselgaststätte gibt ein Schild Auskunft: von Mitte Mai bis Mitte Oktober ist man willkommen. Dann wird man übergesetzt zu dem Fischerstützpunkt, neben den 1895 eine Aktiengesellschaft ein Restaurant bauen ließ.

An hohen Kiefern komme ich vorbei. Sie sehen aus, als wären sie mit grauer Tusche in den Nebel gemalt. Brombeeren ranken am Pfad. Ihre hellroten, sauren Früchte werden nie mehr reif werden.

Schüler überholen mich, als ich durch die Waldkolonie zurück zur Kreisstadt komme. Sie fahren Rad. Dabei haben sie die Hände in den Anoraktaschen. Es bleibt ungemütlich kalt. Überall zeichnen winzige Tropfen die ungezählten Spinnennetze zwischen dem schütter gewordenen Gezweig nach.

Wunderschöne Herbstblumen blühen noch in der »Plothostraße«. Johannes und Gevehardus von Plote, deren verwischten Spuren ich vor wenigen Wochen in Genthin nachgegangen bin, übertrugen 1237 ihrer Besitzung Kyritz das Stendaler Stadtrecht. Wenn auch Urkunden, die uns nähere Einzelheiten über dieses Verhältnis berichten könnten, fehlen, so spricht die rote Lilie der Familie von Plote im Wappen der Stadt doch eine eigene Sprache.

An der Ecke, um die ich in Richtung Stadtmitte gehe, stehen Grabsteine zum Verkauf, welche die PGH »Neues Leben« anfertigt. Dafür hieß das einst berühmte Kyritzer Bier schon im späten Mittelalter »Mord und Totschlag« ...

Einige alte Straßennamen bewahren, wovon man einst in der Stadt über Jahrhunderte als Handwerker lebte: da ist die Weberstraße, dort die Aalreusenstraße. Von der mittelalterlichen Geschichte zeugen im Grunde keine Bauwerke mehr. Kyritz an der Jäglitz hat wahrscheinlich den Namen von einem Gau Chorizi, der 948 urkundlich erwähnt wird, bekommen. Eine städtische Verfassung gab es sicherlich schon vor der erwähnten Stadtrechtsverleihung. Im Westen, Süden und Osten boten große Sumpfwiesen den Kyritzern einen natürlichen Schutz. Im Norden warf man Wälle auf, die zwischen Rüdow und Stolpe an manchen Stellen noch sichtbar sind.

Aus einer Genehmigung durch die Edlen von Plote aus dem Jahre 1259 kann man entnehmen, daß in Kyritz sich eine selbstbewußte Kaufmannschaft entwickelte, die freie Schiffahrt auf der Jäglitz verlangte, um schnell die Havel und dann die Elbe zu erreichen. Kyritz wurde Mitglied der Hanse, aber die Stadt kam nicht zur Blüte. Die Kurfürsten aus dem Hause Hohenzollern bekämpften den Drang zur Unabhängigkeit in den märkischen Städten mit allen Mitteln. 1517 hatte Kyritz die geringste Einwohnerzahl aller Stadtgemeinden in der Prignitz. Nach dem Dreißigjährigen Krieg kam ein wirtschaftliches Leben kaum in Gang. Die Ackerbürger bauten bescheidene Fachwerkhäuser ohne jeden Schmuck. Die Marienkirche bewahrt noch in ihrer Ausstattung einiges aus jenen Jahrhunderten, aber ihr heutiges Bild verdankt sie barocken Umbauten am Anfang des 18.Jahrhunderts, und die schöne Westfassade mit ihren beiden schlanken Türmen entstand erst nach 1848.

Auf dem Kirchplatz wurde 1846 ein Denkmal für den Stadtkämmerer Schulze und den Kaufmann Kersten aufgestellt. (Die beiden Kyritzer waren 1807 von der französischen Besatzung erschossen worden.)

In der heutigen Maxim-Gorki-Straße, in einem Haus gegenüber vom Rathaus, war vorübergehend der niederdeutsche Dichter Fritz Reuter (1810–1874) untergebracht, als er (zum Tode verurteilt wegen seiner demokratischen Gesinnung, dann begnadigt zu lebenslänglicher Haft) auf die Festung Dömitz an der Elbe eskortiert wurde.

Zwischen diesen beiden Daten fand ein wichtigeres Ereignis für die Stadtgeschichte statt. Im Jahre 1817 wurde Kyritz die Hauptstadt des neugeschaffenen Kreises Ostprignitz.

Sicherlich hatten die Bürger mit dieser Veränderung die Hoffnung genährt, Handel und Wandel müßten nun einen Aufschwung nehmen. Aber man unterschätzte das reaktionäre Beharren der tonangebenden Junker, die in der Verwaltung die Verlängerung ihres Armes sahen, und des Garnisonskommandos. Das heutige Rathaus (1879) ist in gewisser Weise Ausdruck dieser Gesinnung: ein Kastell mit einem Zinnenturm. Im Jahre 1895 gab Friedrich Engels eine kleine Analyse dieser besonderen Verquickung der reaktionären Kräfte: »Es sind die Ostelbischen, mehr und mehr der Verschuldung, Verarmung, dem Schmarotzertum auf Staats- und Privatkosten verfallenden und ebendeshalb um so gewaltsamer sich an ihre Herrschaft ankrallenden Junker, die den spezifisch preußischen Charakter der Bürokratie wie des Offizierkorps der Armee geschaffen haben und erhalten ...« Und warum? »Die Macht der Junker beruht darauf, daß sie ... über den Grundbesitz verfügen, der hier die gesellschaftliche und politische Macht mit sich führt und nicht nur über den Grundbesitz, sondern vermittels der Rübenzuckerfabriken und Schnapsbrennereien auch über die bedeutenden Industrien dieses Gebiets.« In Kyritz kam noch eine Stärkefabrik hinzu ...

Da die Hauptstrecke der Eisenbahn (Berlin – Hamburg) Kyritz nicht berührte, sondern Neustadt, entstanden Kleinbahn-Aktiengesellschaften, in denen die Grundbesitzer die Majorität besaßen und die Trassen nach ihren ökonomischen Interessen legen hießen. 1887 erhielt Kyritz Bahnanschluß mit der Linie Neustadt – Meyenburg. Die Kleinbahn nach Breddin und Perleberg (1897) stellte 1969 den Betrieb ein.

»Die erste Bürgerpflicht ist Ruhe!« galt als höchste Devise im Kreis Ostprignitz. Wir können uns deshalb kaum noch die Wirkung vorstellen, die ein »Ausflug« (an einem Sonntag) von ungefähr zweihundert Berliner Sozialdemokraten im Jahre 1892 erreichte. Die Arbeiter reisten nach Neustadt, teilten sich in verschiedene Gruppen, die nach Kyritz, Rehfeld, Holzhausen, Schönermark und Zernitz weiterfuhren oder marschierten. Dort zogen sie »unangemeldet« durch die Straßen, sangen ihre Lieder und warben angesichts bevorstehender Wahlen für ihre Partei. Die Gruppen trafen sich am Nachmittag zu einem Umzug durch die Kreisstadt ...

In der Straßenzeile gegenüber dem Rathaus, gleich am Marktplatz, befindet sich die helle, einstöckige Fassade der Gaststätte »Zum Prignitzer«. Vielleicht übersieht der eine oder andere Besucher der Stadt und ihres umfangreichen Erholungsgebietes an ihr die schlichte Gedenktafel; woran sie erinnert, ist eine entscheidende Voraussetzung für das Wachsen des ersten Arbeiter-und-Bauern-Staates auf deutschem Boden.

Am frühen Morgen, kurz vor dem Öffnen der Geschäfte und Werkstätten, ist in der Gaststätte »Zum Prignitzer« für Köchin und Kellnerin viel zu tun. Kaffee und Grog, heiße Knacker sind bei diesem Wetter Favoriten bei den Frauen und Männern, die mit den Bussen, mit der Bahn oder ihrem Privatwagen in die Kreisstadt gekommen sind.

An einer Wand befindet sich eine große Reproduktion eines historischen Plakates. Ich lese: »Fort mit Feudalherren und Junkertrug, das Land kommt unter Bauernpflug!«

Das ostelbische Junkertum versuchte mit allen Mitteln, unter allen

Bedingungen die alten Verhältnisse auf dem Lande zu bewahren: den privaten Großgrundbesitz und die unbedingte Abhängigkeit billiger Arbeitskräfte. Nach anfänglichen Irritationen setzte man deshalb früh auf den Faschismus, der seinerseits mit seinen Parolen soziale Gerechtigkeit versprach, mit seiner Politik die sozialen Schichten gegeneinander zum Vorteil der Besitzenden ausspielte. Während des »Kyritzer Landbund-Prozesses« 1928 war auch Joseph Goebbels schnell zur Stelle, um kräftig Stimmung für die ein Jahr zuvor gegründete NSDAP-Gruppe zu machen.

Im Jahre 1933 wurde Wilhelm Graf von Wedel, Rittergutsbesitzer von Lohm, Landrat. Seine Biographie in Stichworten: aktiver Offizier im ersten Weltkrieg, Jung-Stahlhelm-Führer, SS-Brigadeführer, Polizeipräsident, Mitglied des »Volksgerichtshofes« – Kriegsverbrecher.

Bereits in einem Aufruf vom 11. Juni 1945 hatte die Kommunistische Partei Deutschland die endgültige Beseitigung der Junkerherrschaft gefordert. Eine entscheidende Voraussetzung für den Aufbau einer demokratischen Ordnung mußte eine Bodenreform sein. Im Grunde genommen war dies die Verwirklichung eines jahrhundertealten Traums. Nun mußten alle Kräfte mobilisiert werden!

Die Genossen der KPD machten es sich schwer. Sie begannen mit den Vorarbeiten für eine baldige Bodenreform im damaligen Kreis Ostprignitz, in der Hochburg des ostelbischen Junkertums. Die Organisation der Kommunisten war in jenem Landstrich verständlicherweise schwach entwickelt, aber die wenigen Genossen wußten, daß sie nur mit Tatkraft gegen die verbreitete depressive Stimmung, die nach dem verlorenen Krieg und der jahrelangen faschistischen Beeinflussung herrschte, angehen konnten. Sie mußten Voraussetzungen schaffen für einen sinnvollen Neubeginn.

In der letzten Augustwoche fanden in beinah allen Ostprignitzer Gemeinden Aussprachen mit der Bevölkerung statt.

Im Kreis lebten 5 800 Kleinbauern mit ihren Familien; sie bewirtschafteten aber nur fünf Prozent aller Felder und Wiesen. Dagegen verfügten 122 Großgrundbesitzer (= drei Prozent aller Landwirtschaftsbetriebe) über 55 Prozent des Bodens.

Aus mehr als der Hälfte aller Gemeinden des Kreises Ostprignitz kamen am 2. September 1945 rund 350 Frauen und Männer in die Kyritzer Gaststätte »Zum Prignitzer«, um den Vorsitzenden der KPD Wilhelm Pieck zu hören.

»Als wir dort in Kyritz ankamen«, erinnerte sich Christel Genschmer (als Umsiedlerin damals Landarbeiterin bei einem Großbauern in Blandikow bei Wittstock), »war der Versammlungsraum bereits überfüllt. Wir stellten uns in die Menge vor dem Gebäude. Die Gespräche drehten sich hauptsächlich um die Aufteilung der Güter. Keiner wußte so recht Bescheid, aber dennoch wurde diskutiert ... Als es im Saal etwas Wichtiges gab, wurde es auch draußen ruhiger. Die am dichtesten an der Tür standen, gaben die Informationen weiter. So erfuhren wir, daß die Junkergüter und die Wirtschaften der Naziaktivsten an Landarbeiter und Kleinbauern sowie an Umsiedler aufgeteilt werden.«

Wilhelm Pieck analysierte sehr konkret die Bedingungen, die noch den Alltag der Besitzlosen und Besitzarmen ausmachten: »Sie brauchen sich im Kreis Ostprignitz nur näher umzusehen, um zu verstehen, wie das Problem des Lebensraumes gelöst werden muß. Es gibt im Kreis allein 68 große Güter, von denen jedes weit über 100 Hektar Grundfläche hat, darunter solche, wie das des Junkers von Randow in Zaatzke mit 719 Hektar, das des von Königsmarck in Kötzlin mit 587 Hektar, das des von Werle in Holzhausen mit 550 Hektar, das des Junkers von und zu Putlitz in Laaske mit 512 Hektar, das des Gutsbesitzers Kiepert in Fretzdorf mit 463 Hektar und das des Gutsbesitzers Stein in Rapshagen mit 403 Hektar.«

Und der Vorsitzende der KPD zog die Schlußfolgerung: »Ich denke, das ist alles Grund genug, sich in Ihrem Kreise sehr ernstlich um eine Neuordnung der Besitzverhältnisse zu kümmern und diesen eingesessenen Junkern und Großgrundbesitzern ein wenig auf den Marsch zu verhelfen und deren Grundbesitz und Vermögen in Ihre eigene Verwaltung zu übernehmen.«

Zum Abschluß der historischen Versammlung in dieser Kyritzer Gaststätte wurde einstimmig eine Entschließung angenommen, in der es heißt: »Wir verlangen die Aufteilung des Bodens der Kriegsverbrecher und Kriegsschuldigen und des gesamten Großgrundbesitzes über hundert Hektar an die kleinen Bauern, Landarbeiter und Kriegsvertriebenen. Wir wollen endlich einmal freie Bauern sein, auf freier Scholle, in einem demokratischen Deutschland.«

Mit diesem Willen fuhren die Teilnehmer am Abend des 2. September 1945 – zum Teil unter abenteuerlichen Bedingungen – zurück in ihre Gemeinden. Zwei Tage später legten KPD und SPD eine gemeinsame Stellungnahme vor, in welcher sie sich für die Bodenreform einsetzten, und bereits einen Tag nach der Kyritzer Versammlung beschloß die Provinzialverwaltung Sachsen-Anhalt als erste eine gesetzliche Verordnung über die Bodenreform. Bis zum 10. September 1945 folgten ihr Mecklenburg-Vorpommern, Brandenburg, Sachsen und Thüringen. Bis Ende November hatten demokratisch gewählte Bodenkommissionen trotz vielerlei Widerstand, Verleumdung und Sabotage ihre Aufgabe erledigt: »Junkerland in Bauernhand«.

Vor dem Kreiskulturhaus »Wilhelm Pieck« betrachte ich mir die Gedenkstätte, die der Bildhauer Werner Stötzer geschaffen hat. Mir fällt ein, daß ich im Museum der Kreisstadt sicherlich noch andere Erinnerungen an jenes Ereignis vor vierzig Jahren sammeln könnte.

Vom Gingkobaum auf der Rasenfläche des heutigen »Institutes für Heimerzieher« (1871 in Form einer preußischen Festung als Lehrerseminar entstanden) fallen die Blätter. Ich frage neun Vorüberkommende nach dem Museum. Alle Aussagen stimmen in einem Punkt überein: ja, so etwas soll es geben. Einige Leute haben gewußt, wo es ist, aber gerade vergessen ... Manche wußten es früher ... Mehrere raten mir, andere Kyritzer zu fragen ... Ein Mann hilft mit der Bemerkung, auf dem Nachbargrundstück wäre die Kreisverwaltung zu Hause: die werden das wissen ...

Ich frage den freundlichen Pförtner. Ja, höre ich, da ist schon des öfteren nachgefragt worden; aber wo das Museum nun wirklich ist? Er greift zum Telefon, und schon nach dem dritten Gespräch kann er genau Auskunft geben: Das Kyritzer Heimatmuseum befindet sich in Wusterhausen!

Auf denn, durch Vormittag und Nebel!

Schusterhausen, auch mit W

Der Taxifahrer hält am Marktplatz in Wusterhausen.

»Wenn Sie vor dem Rathaus stehen«, sagt er zuvorkommend und freundlich, »ist das Museum auf der rechten Seite!« Er grüßt und wendet. Das »Heimatmuseum des Kreises Kyritz« befindet sich freilich links von jenem spätklassizistischen Bau, hinter dem die mächtige Hallenkirche Sankt Peter und Paul steht.

Es geht auf Mittag zu. Der Nebel wird nicht weichen. Und die nächste Überraschung für mich: Heute ist das Museum geschlossen. Mit angemeldeten Gruppen wird eine Ausnahme gemacht, entnehme ich einem Hinweisschild und klingele. Sofort öffnet sich eine Tür im Flur. Ein Mann wünscht mir »Guten Tag« und späht skeptisch nach der Gruppe, die mir, wenn auch unangemeldet, folgt.

Ich stelle mich vor als Fotograf, der seinen Apparat nicht mit auf die Reise nahm, als Spaziergänger am Bantikower See, der im dichten Nebel dessen Wasser nicht sah, als Menschen, dem niemand in der Kreisstadt das Museum nachweisen konnte ... »Das ist doch typisch!« sagt der Mann mit einer guten Prise von »Hab-ich-doch-immer-gewußt!« – und mir werden mehr Türen geöffnet als jedem anderen Besucher, denn vor mir steht der Direktor der vielbesuchten und sehenswerten Sammlungen ...

»Schusterhausen« heißt die alte Stadt immer noch im Prignitzer Land. Die Schuhmacherinnung – schon am Ausgang des Mittelalters hochangesehen – brachte es nach dem Zusammenschluß mit der ebenfalls großen Pantoffelmacherzunft im Jahre 1856 auf insgesamt 98 selbständige Mitglieder! Kein Wunder, daß ein Teil des Flusses »Schusterdosse« hieß, wo man Leder gerbte. Aus »Schusterhausen« lieferte man vor allem Stiefel in Garnisonen wie beispielsweise Perleberg, Havelberg, Rathenow bis hin nach Berlin. Auf einem alten Bild erkennt man, daß jeder Meister seinen bescheidenen Laden mit dem etwas großspurigen Schild »Schuh-Fabrik« versehen konnte. Nach der Jahrhundertwende machte die industrielle Schuhfabrikation den Kleinunternehmern sehr schnell den Garaus.

Klaus Hoferichter und seine wenigen Mitarbeiterinnen haben in einem Zimmer des alten Wohnhauses, dessen Räume nach und nach vom Museum genutzt werden können, eine »Schusterecke« aufgebaut. Die Glaskugel voll Wasser, durch die das schwache Licht armseliger Lampen gesammelt wird, ein Regal mit Leisten, Nadeln, Ahlen, Fäden, die durch Pech gezogen werden, der Schemel, verschiedene Hämmer und Messer, alles echt und einst Voraussetzung zur bescheidenen Existenz vieler Familien in Wusterhausen. Und über allen Gerätschaften hängt ein nun längst historisches Gemälde, auf dem ein Schuhmacher sein Werkzeug in seiner detailliert abgebildeten Werkstatt handhabt. Im Museum Wusterhausen erlebt man den (Glücks)Fall, daß ein begabter Maler mit seinen wirkungsvollen, künstlerisch empfundenen Bildern auch über Jahrzehnte eine Chronik seines Wohnortes schuf. Theophil Dombrowski wurde zwar 1880 in Berlin geboren, lebte aber als Justizbeamter zwischen 1906 und 1934 in Wusterhausen. Man pensionierte ihn. Dombrowksi zog nach Schwerin, malte noch mehr als vordem und kehrte voll Sehnsucht nach Wusterhausen zurück, um hier seinen Lebensabend zu verleben.

Auf einem Bild ist der Schweinemarkt dargestellt. Es wird ergänzt durch eine Postkarte vom »Wochenmarkt« 1906. Damals gab es selbst einen »Täglichen Anzeiger« für »Wusterhausen a. D., Neustadt a. D. und Umgebung«. Geschäftiges Treiben nicht nur für Schweine und Ferkel auf dem Markt, der regelmäßig auf der »Schiffahrtsstraße« stattfand. Ja, durch die schiffbare Dosse (mehrere Arme und Gräben im Stadtgebiet sind längst zugeschüttet) war Wusterhausen in vergangenen Jahrhunderten eine Art Hafenstadt. Auf flachen Kähnen brachte man hierher Salz bis zum Ende des 16.Jahrhunderts. Wechselnde Wasserstände und vor allem Versandungen des Flußbettes machten den Transport nie zu einem guten Geschäft. Bis in die ersten Jahre unseres Jahrhunderts fuhren kleine Lastkähne noch nach Hohenofen, dann machten immer mehr Schleusen und Wehre den Frachtverkehr auf der Dosse unmöglich.

Stimmungsvolles Kleinstadtleben am Fluß hat Theophil Dombrowski mit Pinsel und Farben festgehalten. Über die Angler, über die hinter den Gärten angepflockten Ziegen amüsieren wir uns, aber da sind auch die schmalen Stege, auf denen Frauen knien, um Wäsche in der Dosse zu waschen ...

Wusterhausen wird urkundlich 1232 genannt. Die Burgstelle ge-

Prospekt der Stadt Wusterhausen (nach einem Stich von Petzold, 1715)

hörte den Edlen von Plote (wie in Kyritz blieb ihre heraldische Lilie, wenn auch nur zur Hälfte, im Wappen erhalten), die dazugehörige Siedlung hatte sicherlich schon in der Mitte des 13.Jahrhunderts städtische Verfassung, obwohl sie erst später als »civitas« erwähnt wurde.

Die Burganlage auf einer Erhebung, die von der Dosse umflossen wurde, war von den Slawen angelegt. Im Stadtgebiet wurde bei Sanierungsmaßnahmen erst im vorigen Jahr ein slawisches Grab entdeckt, in welchem die sterblichen Überreste einer Frau und eines Kindes ruhten.

Die mittelalterliche Stadt entwickelte sich gut. Sie lag günstig an einem alten Handelsweg zwischen Hamburg und Berlin. Ihr Grundriß entsprach dem »Kolonialschema«. Innerhalb des geschlossenen Mauerringes verliefen drei Hauptstraßen in Nord-Süd-Richtung. Der ursprünglich rechteckige Markt – nördlich die Stadtkirche – wurde erst später trichterförmig erweitert. Drei Tore waren vorhanden.

Auf einem Kupferstich um 1700 ist das mittelalterliche Panorama Wusterhausens noch intakt. Das Gotteshaus besitzt einen schlanken, spitzen Turmhelm. Das backsteinerne Rathaus zeigt einen hohen Staffelgiebel ... Im Jahre 1758 zerstörte eine Brandkatastrophe die Stadt. Beim allmählichen Aufbau veränderte man auch die Straßenzüge.

Ein nächstes Bild von der Hand Dombrowskis: 1913 – Auszug der grünuniformierten Schützengilde. Blasmusik und Preußens Talmiglanz

172

und eine Anekdote: der begeisterte Mann auf der rechten Bildseite ist Barbier Müller, der nicht in der Lage war, einen Laden zu mieten; er trug sein Handwerkszeug in einer Tasche mit sich, warb seine Laufkundschaft auf der Straße, um sie in der nächstliegenden Gastwirtschaft zu rasieren. Vielleicht reichte es dann für ihn ab und an auch einmal zu einer guten Zigarre. Es brauchte ja keine Havanna aus dem fernen Kuba zu sein, auch in Wusterhausen wickelte man fleißig exquisite Sorten wie zum Beispiel »La danza Preciosa« oder »Sturmvogel«. Der Unternehmer Carl Kleist hatte 1881 in Wusterhausen die Zigarrenfabrikation gegründet. Neben den originalen Verpackungen betrachte ich mir ein vergilbtes Foto: Carl Kleist, auf Sand- und Spielbein stehend, die Jacke aufgeschlagen, damit man die schwere Uhrkette würdigt, einen Hund neben sich und eine Reihe schmaler Arbeiter und weißbeschürzter Zigarrenmacherinnen. »La danza Preciosa« mit Zusatz von echtem Virginiatabak. Im Volksmund hießen diese »vorzüglichen« prignitzischen Glimmstengel »Stinkadores« ...

Wenn auch die verschiedenen Zigarrenmachereien manches wirtschaftliche Abwärts überstanden und die letzte erst im Gründungsjahr unserer Republik schloß, so hatten einige Geschäftsleute schon nach dem ersten Weltkrieg eine neue, ziemlich sicher erscheinende Geldquelle entdeckt:

»Wusterhausen – beliebte Sommerfrische. Anfragen: Verkehrsausschuß Magistrat. Angel-, Segel-, Rudersport, moderne Badeanstalt/Familienbad. Herrlicher Wald – Klempowsee, einer der romantischsten der Mark.« Theophil Dombrowski malte 1920 das erste, bestaunte Sportsegelboot auf dem See.

Nach einem alten Bericht waren bereits 1711 zwei Wunderquellen zwischen Wusterhausen und Bantikow entdeckt worden. Aus einer strömte »vitriolisches« Wasser; warf man nämlich Galläpfel hinein, so wurde die Flüssigkeit schwarz. Man sammelte es in Tonnen. (Warum stellte niemand im großen Tinte her?) In Kästen (wohl Wannen) wurde die andere, schweflige Quelle zum Baden verwendet. Das war angeblich ein Heilmittel gegen Rheuma und Schwerhörigkeit. 1712 kamen mehr als 300 Kranke. Die Kirche erhielt ansehnliche Spenden. Dann ließ die Begeisterung nach ...

Wusterhausens Karriere als weithin bekannter Erholungsort begann eigentlich schon bald nach der Jahrhundertwende. Ein Bootsverleih wurde eingerichtet. Der »Badeverein« ließ zwei voneinander weitentfernte Umkleidehäuschen sowie diverse »Schamwände« aufstellen. Wem das Herumplantschen oder das Schwimmen nicht gefiel, konnte seit 1928 mit einem Motorschiff den See befahren, aber nur bis zur Kyritzer Insel. Die Genehmigung der Route bis Stolpe und dann gar bis Bork ließ noch ein knappes Jahrzehnt auf sich warten. Während der schwierigen Kriegs- und Nachkriegsjahre tuckerte der Motor mit Holzgas dahin. Stahlboote gab es erst seit 1950. In der Mitte der siebziger Jahre mußte allerdings das Boot vom Obersee auf den Unter- und Klempowsee umgesetzt werden. Durch den wichtigen Bau des Dossespeichers bei Kyritz wurden die Seen oberhalb von Stolpe bis Bork zu einem Teil des Speichersystems.

Tausende Urlauber kommen seit Jahren aus dem In- und Ausland auf den Intercampingplatz, der sich aus bescheidenen Anfängen seit den sechziger Jahren entwickelte.

Nicht nur Ferienheime, Strandbad, Gaststätten, Plätze und Einrichtungen für die verschiedenen Sportarten gehören zum angenehmen Bild Wusterhausens als Naherholungs- und Urlaubszentrum, sondern auch das Museum zählt dazu. Ja, dessen Geschichte ist mit dieser besonderen Entwicklung der Stadt verknüpft. Es gab nämlich tatsächlich bereits in Kyritz ein Heimatmuseum. Da die Unterbringung der Sammlungen nicht zweckmäßig war, bewirkte 1963 der damalige Bürgermeister (und Fußballschiedsrichter) Fritz Koepke den Umzug nach Wusterhausen. Dort hatte schon in den zwanziger Jahren der Lehrer Karl Jahn mit dem Aufbau einer heimatkundlichen Sammlung begonnen. Der Lehrer Gerhard Fenske betreute dann ehrenamtlich das Wusterhauser Museum, das nach einigen Hin- und Herzügen im beschriebenen Fachwerkhaus eine passende Heimstatt fand.

Der Museumsdirektor Klaus Hoferichter hat mit seinen Mitarbeiterinnen eine Ausstellung zur Bodenreform im einstigen Kreis Ostprignitz zusammengestellt. Sie ist in der Bezirksstadt Potsdam zu sehen gewesen, nun »wandert« sie über die Dörfer, aus denen ja 1945 die Teilnehmer an der Kyritzer Versammlung kamen. Aber Ergänzendes wird hier geschickt gezeigt, auch die Veränderungen, die nach der Bodenreform die sozialistische Umgestaltung der Landwirtschaft anregte

Vor dem Ferkelmarkt in Wusterhausen (Gemälde von Th. Dombrowski, 1934)

und belebte. Plakate und Programme des Arbeitertheaters Kyritz besitzt man in Wusterhausen. Helmut Sakowskis Schauspiel »Entscheidung der Lene Mattke« wurde gespielt; in Anwesenheit des Autors ... Das Schaubild des Dossespeichers bei Stolpe und Kyritz ist Leistung einer Schülerarbeitsgemeinschaft. Und von Oskar Nerlinger (1893–1969) sind Aquarelle und Grafiken zu sehen. Nach seiner Diffamierung als »entarteter Künstler« durch die Faschisten fand der Maler Unterschlupf bei Verwandten in Breddin. Er lebte dort zurückgezogen in den Jahren 1942 bis 1947. Auf einem seiner ausgestellten Grafiken haben die einheimischen Bauern vor ihren Gehöften graue Kulissen der Armut aufgestellt, hinter denen sie sich verbergen konnten. An ihnen ziehen die obdachlosen Umsiedlerfrauen mit ihren hungernden Kindern vorüber ... Aber auch hier änderte sich die Lage als Folge der demokratischen Bodenreform allmählich zum Guten. Das Solidaritätsgefühl wuchs bei den Menschen.

175

Ich verabschiede mich vom Museumsdirektor im Flur des renovierten Hauses am Markt. In ihm ist eine Fotoausstellung über Denkmalpflege, Natur- und Landschaftsschutz im Kreis Kyritz zu sehen. Übrigens: ein Biber und ein Fischotter (von dem man gar nichts ahnte) sind leider als Verkehrstote in das Museum gekommen. Willkommen sind solche Gäste nicht.

»Im Sommer könnte man die Türen aushängen – soviel Besucher kommen!« sagt Klaus Hoferichter. Glaub ich ihm. Immerhin: »Wusterhausen – die Pforte zum Urlaubs- und Naherholungsgebiet Kyritzer Seenkette!« Solche Worte haben ihre Wirkung; und sie sind sogar wahr!

»Wandern Sie noch zum See?« fragt Klaus Hoferichter, der nun zum Mittagessen geht in die nächste Gaststätte (für Abonnenten heute Grießbrei).

Ich schüttelte den Kopf. Der Unter-, Bantikower- und Klempowsee ist auf meiner Karte sowieso nur ein einziger blauer Fleck, und die Nebeldecke wird sich an diesem Tag kaum noch heben ...

Ich betrachte in Ruhe die schöne Fassade des Museums, in dessen Räumlichkeiten zwischen 1780 und 1884 die Poststation untergebracht war, und spaziere durch die Straßen, oft baumbestanden, weitgehend einheitlich im Fachwerkstil des 18. und 19. Jahrhunderts erhalten und gepflegt.

Als ein Wegweiser mit der Aufschrift »Kampehl« in die nebelige Niederung zeigt, bleibe ich erschrocken stehen: noch einmal zu Ritter Kahlbutz? Nur das nicht! Zwar hat bereits Theodor Fontane berichtet, daß im vorigen Jahrhundert kein wandernder Handwerksbursche die Prignitz durchquerte, der nicht »Herrn von Kalebutz in Kampehl« seinen Besuch abstattete, aber seit meiner letzten Visite bin ich überall zwischen Salzwedel und Halle, zwischen Wernigerode und Berlin den farbigen Postkarten begegnet, mit denen man seinen lieben Verwandten und Bekannten die erdfarbene Mumie (selbstverständlich in frisches, blütenweißes Bettzeug gelegt) als Bild und mit herzlichen Grüßen zuschicken kann. Selbst wenn der Kampehler Gutsbesitzer und Fähnrich, der 1675 die Schlacht bei Fehrbellin mitmachte und verwundet wurde, wirklich ein großer Bösewicht gewesen ist, solche Strafe hätte ich ihm nun nicht auch noch zudiktiert ...

43 Bad Wilsnack: Detail des Wunderblutschreins (15. Jahrhundert) in der Kapelle der Nikolaikirche
44–46 Motive vom Elbhafen Wittenberge
47/48 Wittenberge: Steintor (13. Jahrhundert), das einzige erhaltene Stadttor – Hafen

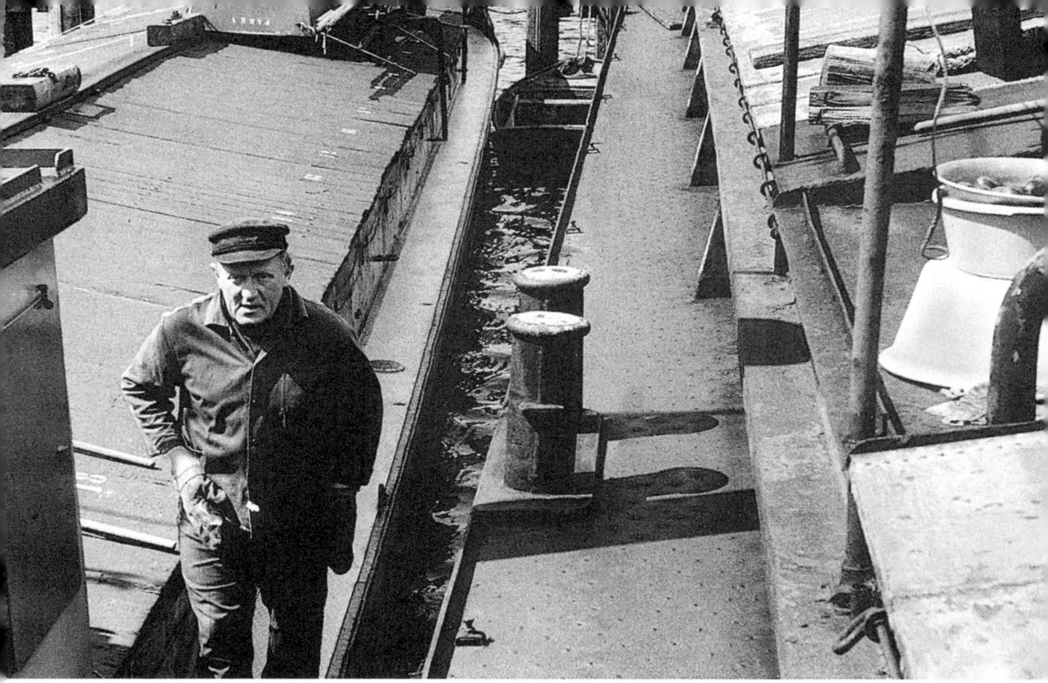

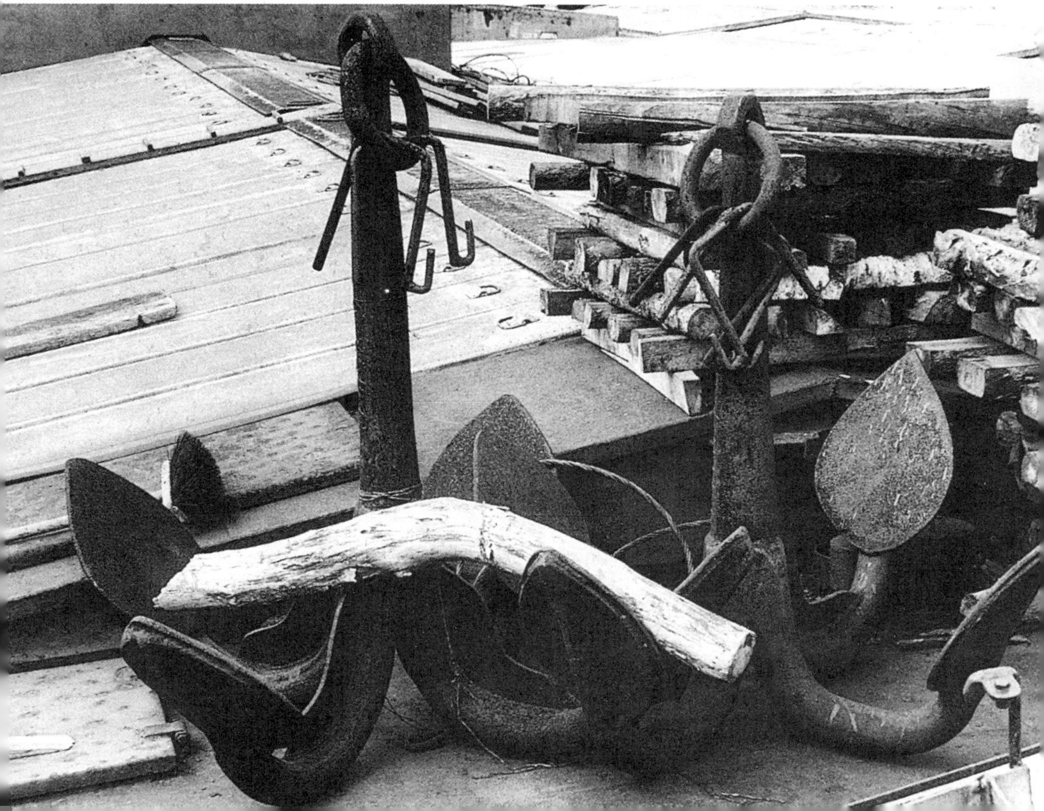

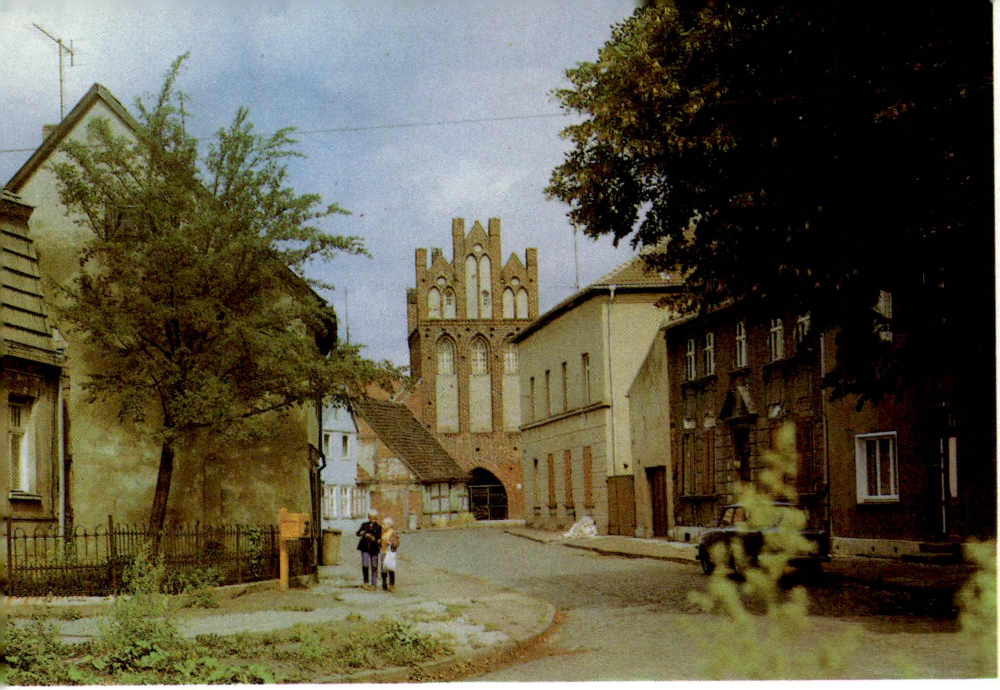

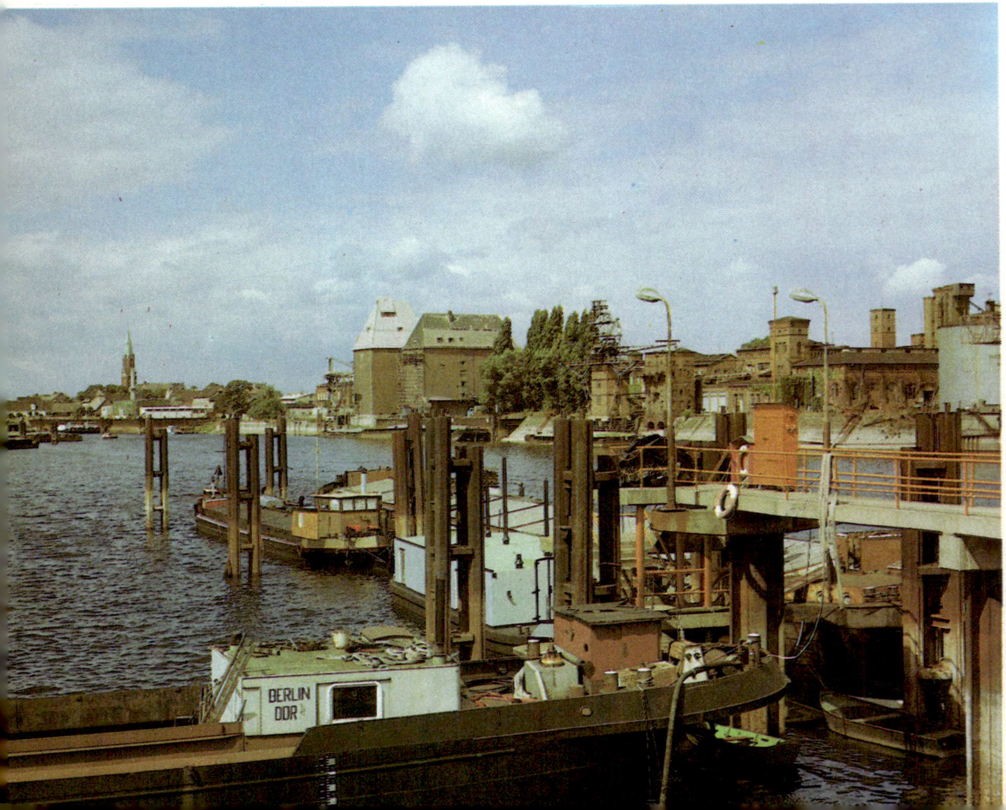
BERLIN
DDR

An der Hauptstraße in Kampehl (ein Ortsteil von Neustadt an der Dosse) steht der schlichte, rechteckige Feldsteinbau der Dorfkirche. Er wird um die Mitte des 13. Jahrhunderts entstanden sein. An seiner Nordseite befindet sich ein bescheidener Anbau, der von der Junkerfamilie von Kahlbutz als Grabkapelle und Gruft benutzt wurde. Dort setzte man auch im Jahre 1702 Christian Friedrich von Kahlbutz (er war 1651 im Ort geboren) bei. Er hatte zwar elf Kinder, aber im Jahre 1783 starb die Familie in männlicher Linie aus. Elf Jahre später ließ ein nachfolgender Besitzer die Gruft räumen, und da zeigte sich, der Fähnrich war nicht verwest. Nun wurde eine Kirchenbucheintragung von 1690 plötzlich zum Kronzeugen: »Anno 1690 ist Pickert aus Bückwitz so auf dem Felde gestorben im Unglück, von dem Herrn Cornet von Kahlbutz begraben.«

Der Bückwitzer Schäfer Pickert, so lautet die tradierte Erzählung, sei mit der Maria Leppin verlobt gewesen. Als der Junker das »Recht der ersten Nacht« eingefordert hätte von der Braut und es ihm versagt wurde, soll er im Juli 1690 den Schäfer, der seine Herde aus Gewohnheitsrecht über seine Kahlbutzsche Weide trieb, erschlagen haben. Kahlbutz soll – als die Verdächtigungen seiner Person nicht zur Ruhe kamen – einen Eid auf seine Unschuld geschworen haben. Dieser Meineid ließ seine Leiche nicht den natürlichen Weg alles Lebendigen gehen.

Über das »Vorrecht« des Junkers auf die Braut eines Abhängigen schrieb der Kulturhistoriker Rudolf Quanter: »Das Recht der ersten Nacht, das wohl aus dem Gedanken herausgewachsen ist, dem Gutsherrn, dem von allem Erwerb und von allen Vorteilen seines Hörigen ein Zins oder der Zehnte zustand, müsse auch von den Ehefreuden seines Hörigen ein Anteil entrichtet werden, stand zweifellos dem Gutsherrn des jungen Ehemannes zu, und unterschied sich auch dadurch von dem Zinsrecht des Magdherrn. Lange nachdem die Zinspflicht aufgehoben wurde, ist aber das Jus primae noctis noch faktisch ausgeübt worden; wohl nicht mehr als ein verbrieftes und gesetzlich gewährleistetes Recht, sondern als ein Gewohnheitsrecht oder, wenn man es richtig benennen will, als ein Mißbrauch der Herrengewalt. Es ist dann aber auch vielmehr als ein empörendes Unrecht empfunden worden. Ich möchte hier auf die ... Geschichte des mecklenburgischen

Gutsherrn Haberland hinweisen, gegen den seine Feldarbeiter gerade deshalb besonders aufgebracht waren, weil er in schamloser Weise ihre Frauen und Töchter mißbrauchte, ohne daß sie es wagten, ihm dieses ›Herrenrecht‹ in offener Form streitig zu machen. Das waren Zustände, die noch im Jahre 1839 herrschten.«

Nein, vor mir soll der Ritter Kahlbutz heute seine Ruhe haben. Keine andere Mumie in unserem Land wird tagtäglich betrachtet und erstaunt belächelt; keine andere kann aber auch mit einer ähnlich spannenden Story aufwarten ...

Auf dem Bahnsteig in Wusterhausen warten viele Jugendliche auf den Zug. In seinen »Prignitzer Kamellen und Hunnenblömer« (1896) hat Hermann Graebke gedichtet: »De Bummeltoch höl an ...« Aber mit dem Plattdeutsch haben die schwatzenden, lachenden Mädchen und Jungen nicht viel im Sinn. Sie nennen es ziemlich respektlos »Buschdeutsch«.

Ich schultere meine Tasche mit der Klarinette und fehlendem Fotoapparat und steige als letzter Reisender ein. Voller Bilder. Trotz Oktobernebel erster Güte, in welchem der Mann mit der roten Mütze nach dem letzten Pfiff verschwindet wie fortgezaubert.

Heiligengrabe

Der Triebwagen fährt uns durch den Sonntagvormittag. Sturm jagt die niedrigen Wolken und die gelbe Blätterpracht vor sich her. Der Mann am Fahrpult und der Schaffner warten auf den Marder, der ihnen sonst wohl regelmäßig an dieser Stelle der Strecke zuwinkt. Sie erzählen sich von Rehen, einem Fuchs, von Mäusebussarden und wildernden Katzen, die täglich beobachtet werden, und unterdessen sorgen einige Weichen dafür, daß wir zum richtigen Bahnsteig in Pritzwalk gelangen.

An diesem unfreundlichen Herbsttag steigen nur wenige Reisende zu. Der Schaffner hat auch eine Erklärung dafür, die Zeit für Pilze sei vorüber. Jaja: zu kalt nachts ... Mehrere junge Männer, aus deren Taschen oder Rucksäcken Wasserwaagen und andere Maurerwerkzeuge ragen, fahren nun mit, werden auf den Bahnhöfen der nächsten Dörfer bereits von Männern, die neben ihren Autos warten, in Empfang genommen: Es gibt noch überall viel zu mauern, und der lauernde Winter schielt schon kräftig über den Horizont ...

Es geht an Alt Krüssow vorüber.

In der Geschichte der letzten Jahrzehnte vom Bistum Havelberg
spielt die Dorfkirche auch eine Rolle. Sie entstand in zwei Bauabschnitten vom Ende des 15.Jahrhunderts bis um 1520. Die Wände des
Kirchenschiffs wurden mit Feldsteinen begonnen, aber in Backsteinen
vollendet. An der Nordseite steht in der älteren Bauweise eine Kapelle. Am eindrucksvollsten ist aber der aufragende Stufengiebel. Aufgemauerte Backsteinflachvorlagen und Kleeblattfriese umgeben die
Felder der Putzblenden. Besondere architektonische Mittel zieren diesen letzten größeren Dorfkirchenbau in der Mark. Warum? Der Havelberger Bischof Johannes IV. (seit 1501 im Amt) war durch eine äußerst
prachtvolle Hofhaltung in ständiger finanzieller Bedrängnis. Und in
Alt Krüssow, nicht allzu weit entfernt von der bischöflichen Residenz
Wittstock, verehrte die ländliche Bevölkerung (es ist unbekannt, seit
welcher Zeit) ein Gnadenbild. Es sollte gegen die entsetzliche »Kribbelkrankheit« helfen, bei der sich erst Hände und Füße völlig versteiften, dann abfaulten. Sogenanntes »Mutterkorn«, das im Mehl mit vermahlen war, verursachte Siechtum und Tod, ohne daß dieser
Zusammenhang damals bekannt war. Das Bild der Heiligen Anna –
nach christlichen Legenden (aber in der Bibel nicht erwähnt) Mutter
der Maria – in Alt Krüssow konnte zu wunderbaren Rettungen vor
dem sicheren, qualvollen Tod verhelfen. Geopfert werden mußte
selbstverständlich auch. Und das Ganze mußte vom Äußeren her einen
nachhaltigen Eindruck auf die gläubigen Wallfahrer machen. Ein Flügelaltar aus dem Jahre 1520 (zur Zeit in Pritzwalk) zeigte deshalb auch
bildnerische Arbeiten, die vom Leben und Tod der Heiligen Anna berichteten. Nach der Reformation ließ der Zulauf der Opferwilligen
sehr schnell nach. Später schaffte ein Priester die Krücken angeblich
Geheilter »schockweise« aus der Kirche ...

In einer Senke nach Alt Krüssow hockt eine tückische Nebelbank,
die der Sturm übersehen haben muß. Das Signal zeigt aber Freie Fahrt!
Ich steige als einziger Reisender auf dem einsamen Bahnhof von Heiligengrabe aus. Kahle Felder, sturmgeschüttelter Wald: mehr ist nicht

zu sehen. Als ich die Schienen überquert habe, liegt ein Steinbuckel am Weg: »Das Radfahren auf diesem Fußsteig ist streng verboten. Die Stiftsverwaltung«. So etwas schreibt man nur an einen Pfad, der bequem und schnell zum Ziel führt. Ich schlurfe kurze Zeit über einen dicken Teppich aus gelbem Buchenlaub, überquere eine Weide, auf der der Wind Schilfrohr, Buschwerk und letzte, grauweiße Dolden zerzaust. Die grasenden Kühe stört nichts.

Der schmale Weg führt an Linden vorbei, ersten Gärten mit letztem Lupinenviolett, dann mündet er auf die Straße. Ich suche das Pendant zu dem Stein mit dem Verbot. Es ist fast vollkommen in der Erde versunken.

Drei Männer pflügen mit einem Pferd ein Stück Land: Einer hält die Zügel, der andere den Pflug, der dritte marschiert vornweg.

Häuser mit leeren Gärten stehen an der Straße. Ebenerdig sind sie zumeist. Viel Neuverputztes. Ein Betonmischer dreht sich. Wo noch vor kurzer Zeit eine niedrige Tür in die Kate führte, ist jetzt ein breites Blumenfenster mit einer Glasmalerei »675 Jahre Heiligengrabe«. Das alte Emailleschild mit dem roten Adler von der »Feuersozietät 1719« ist wieder auf der neuen Außenhaut der alten Gebäude. Der »Jugendklub« lockt mit Mond und Sternen. Die gejagten Wolken lassen für einen Augenblick einen Streifen Sonnenlicht über das flache Land gleiten. Er trifft das hellgelbe und grüne Blattgewirr, aus dem der wunderschöne Staffelgiebel der Heiligengrabkapelle emporragt. Die Ähnlichkeit mit dem Ostgiebel der Alt-Krüssower Kirche fällt jedem Betrachter auf.

An der imposanten Klostermauer aus Feldsteinen, in der sich auch Backsteinteile befinden, gehe ich zuerst entlang zum eigentlichen Dorf Techow. Es zieht sich an der allmählich ansteigenden Straße nach Wittstock ziemlich in die Länge.

Zwischen einem Landgasthof, an dessen Giebelwand vor langer Zeit einmal ein kategorisches »Halt!« gepinselt wurde, und der modernen »Klubgaststätte« liegt eine breite Straße mit gepflegten Häusern. Neben der Dorfkirche, deren Turm gerade mit Kupferblech beschlagen wird, fällt das Laub auf den alten Friedhof. Die Bibliothek macht auf sich aufmerksam. Auf den Stufen zum Kriegerdenkmal stehen leere Bierflaschen. Gegenüber ist die Schule mit der großen Turnhalle. Es ist ein Gebäude, das erst nach 1950 entstand. Sie macht auf mich einen nachdrücklichen, besonderen Eindruck, denn die moderne Bauweise hat auch in überzeugender Art das Fachwerk mitverwendet.

Aus den Gärten auf dem Stiftsgelände leuchten ab und an weiße Hauben der Diakonissen. Sie sind tätig, um Gewachsenes zu bergen, um vorzubereiten, daß aus Keimen neues Leben entsteht.

Das Stift Heiligengrabe liegt auf einem ausgedehnten Gelände. Historischer Mittelpunkt der über Jahrhunderte gewachsenen Anlage ist die Heiligengrabkapelle. Es ist ein einschiffiger Rechteckbau aus Backsteinen, der wohl auf einem Vorgängerfundament steht, in welchem aber auch noch Feldsteinlagen zu sehen sind. Der reichdekorierte Stufengiebel ist im Grunde der einzige architektonische Höhepunkt, denn auch das sterngewölbte Innere mit vier großen Schlußsteinen, die Maria im Strahlenkranz zeigen, ist schlicht. Man darf freilich nicht vergessen, daß die Kapelle nur sozusagen schützende Hülle für das eigentliche Heiligtum war. Als diese Kapelle am 23. Mai 1512 geweiht wurde, befand sich in ihr als sinnfälliges Zeichen für das Grab Christi ein prächtiger, farbig gefaßter Leichenstein, der ein Bild des Jesus von Nazareth lebensgroß zeigte inmitten von Blumenwerk und Engelfiguren.

Der Neubau der Kapelle, so wird vermutet, entstand in Konkurrenz mit den Anstrengungen des Havelberger Bischofs, der Alt Krüssow zu einem bedeutenden Wallfahrtsort der Prignitz machen wollte. Die Anstrengungen von seiten des Klosters Heiligengrabe, den Vorrang zu behaupten, sind nachweisbar. Soziale und religiöse Unruhen der Reformationszeit erschütterten die alte, starrgewordene Ordnung, nährten Zweifel und ließen nach anderen Wegen zum christlichen Glauben suchen. Nach überlieferten Abrechnungen über Opfergelder war der Besuch der Einweihungsfeierlichkeiten gering und deprimierend. Im Jahre 1516 wurde eine Art Werbeschrift in lateinischer Sprache gedruckt. Eine deutsche Fassung, 1521 in Rostock erschienen und mit Holzschnitten reichillustriert, richtete sich an einen breiteren Leserkreis: »Van dem orsprunghe des klosters tom hilligen grave jn der marke belegen ...« Nach jenen Abbildungen ließ man 1532 auch fünfzehn Temperabilder malen, von denen noch sechs unter der Orgelempore der Kirche zu sehen sind.

Für eine erste Niederlassung des Ordens der Zisterzienserinnen in der Prignitz muß um 1230 die Genehmigung erteilt worden sein. Die Nonnen ließen das Kloster Marienfließ bei Stepenitz errichten. Ihm soll 1256 ein Stoffrest mit einem Blutstropfen Christi übergeben worden sein, der auf abenteuerliche Weise in die Hände des damaligen Wittenberger Herren Johann Gans zu Putlitz geraten war. Die Berichte und Urkunden erwiesen sich als phantasievolle Fälschungen. Sie tauchten auch erst auf, als das Kloster der Zistersienserinnen in Heiligengrabe gegen Ende des 13. Jahrhunderts der älteren Gründung den Rang ablief.

Legende und historische Wahrheit sind auch in den Berichten über Heiligengrabe auf eigenwillige Weise verquickt und nicht mehr voneinander zu trennen.

Im Jahre 1287 soll ein Jude aus Freiberg aus der Kirche von Technow eine Hostie gestohlen haben. (In jenen Jahren tobte eine grausame Judenverfolgung mit den wahnwitzigsten Beschuldigungen vor allem durch den süddeutschen Raum, breitete sich aber auch nach Norden aus.) Das Brotstück, das der Mann nach Pritzwalk bringen wollte, begann zu bluten. Deshalb vergrub er die Hostie auf der Richtstätte bei Techow zwischen Galgen und Rad, aber er wurde entdeckt und wegen seiner Tat hingerichtet. Die sofort wundertätigen Stücke kamen nach Pritzwalk, zeigten aber keinerlei Wirkung mehr.

Vom »Wunderblut« erfuhr der Bischof von Havelberg. Wenn er auch den Gerüchten keine Glauben schenkte, so machte er sich doch auf den Weg. Er erkrankte auf der Reise, gelobte Reue für seine Zweifel und erfreute sich umgehend wieder guter Gesundheit. Der geistliche Herr dieser Landschaft ordnete die Rückführung der Hostienstücke nach Techow an, der Markgraf Otto IV. (»der Lange«) stiftete ein Kloster an der Stelle des Verbrechens, das dem Juden den Tod eintrug.

Markgraf Otto, der in einem Traum erfuhr, daß im neuen Kloster nur Nonnen »mit grauen Kappen«, also Zisterzienserinnen, wohnen dürften, bat die Äbtissin von Kloster Neuendorf, bei Gardelegen in der Altmark gelegen, um einen Konvent. Nun erzählt der niederdeutsche Bericht 1521 anrührend naiv, daß auch die fromme Frau von der Neugründung nicht viel hielt, aber die Gelegenheit günstig fand, um

Nonnen loszuwerden, die nicht viel taugten. Sie beschloß bei sich, zwölf »de alder unnuttesten« Jungfrauen nach Techow zu senden. Doch für diesen Vorsatz wurde sie gestraft, und sie machte sich umgehend mit elf ihrer besten Ordensschwestern auf den Weg in die Prignitz.

Die alte Straße, auf welcher der neue Konvent reiste, führte aus der Altmark über Wittenberge nach Perleberg, Pritzwalk, Wittstock weiter in das Land Stargard und zur Ostseeküste. Während die Zisterziensermönche in Einöden siedelten, um das Land zu kultivieren, lagen die Nonnenklöster des Ordens in der Regel an belebten Straßen. Das traf für das Kloster Heiligengrabe zu. Doch lebte man hier ebenfalls zwischen einer morastigen Niederung und unwegsamen Wäldern.

Zu der ersten Besitzung des neugeschaffenen Nonnenklosters zählte Techow. Der Havelberger Bischof ließ auch weitentfernte Ländereien wie Wendemark in der altmärkischen Wische den Zisterzienserinnen überschreiben. Im 14. Jahrhundert kaufte man umfangreiche Flächen hinzu, in der Regel gegen Bargeld, was auf hohe Opfergeldeinkünfte schließen läßt. In der »Quitzowzeit« mit ihren ständigen Fehden und Kriegszügen gab es Verluste, doch nach 1450 stiegen wieder Besitz und Wohlstand. Die Zahl der ursprünglich zwölf Konventmitglieder konnte verdoppelt werden.

Im beginnenden 16. Jahrhundert lebten ungefähr 70 Nonnen in Heiligengrabe. Die Strenge des gemeinsamen Lebens war längst überwunden. Man besaß und verteidigte persönliche Vorrechte. Man war mit der Erziehung junger Mädchen beschäftigt. Die Musik wurde gepflegt. Die frommen Frauen arbeiteten für ihre Apotheke. Aus Rechnungsbüchern ersehen wir, daß regelmäßig in Rostock, von wo Hering und Dorsch in großen Mengen geholt wurden, auch Seehundspeck zur Salbenbereitung eingekauft werden mußte. Im Hospital kümmerte man sich um Kranke. Auch entstanden farbige Leinenstickereien von künstlerischem Rang. Ein »Hungertuch« (man hängte es während der Fastenzeit über den Altar) in der Größe 3,2 mal 1,5 Meter zeigte zum Beispiel viele Szenen aus der Leidensgeschichte des Jesus von Nazareth. Die Arbeit war erst 1911 nach Heiligengrabe zurückgekehrt und ging leider mit anderen Kunstwerken 1945 verloren.

Während die Äbtissin mit der Leitung des Konvents betraut war, repräsentierte der Propst das Kloster nach außen. Er stand dem Wirtschaftsbetrieb vor. Neben seinem Amtssitz, der Propstei, gehörten dazu ein Kornspeicher, das Backhaus mit dem Brotkeller, eine Brauerei mit dem Malzhaus, Darr- und Ziegelofen, ein Gestüt, eine Wassermühle ... Als nach der Reformation in der Mark Brandenburg der Kurfürst die Klöster zu seinen Gunsten auflöste, war der Widerstand auch in Heiligengrabe heftig. Nach alter Überlieferung marschierten Bewaffnete auf, um die Klosterfrauen einzuschüchtern. Doch die standen bereits mit Mistgabeln in den Händen da. Für einen abgegebenen Schuß gab es umgehend eine Ohrfeige.

Die Seele dieser Opposition war die Äbtissin Anna von Quitzow. Man hätte wohl darüber hinweggesehen, daß sie die neue Kirchenordnung nicht annehmen wollte, denn im Kloster Neuendorf, dem Herkunftsort des ersten Konvents von Heiligengrabe, lehnten die Nonnen auch bis 1579 die Reformation ab, aber Anna von Quitzow verweigerte überdies die Landessteuern. Das ließ sich der völlig verschuldete Kurfürst Joachim II. (1505–1571) nicht bieten. Im Jahre 1543 verpfändete er das Kloster kurzerhand für 5 000 Gulden seinem Landeshauptmann. Der Herr von Rohr mußte sich verpflichten, für den Unterhalt der Konventualinnen auf Lebenszeit zu sorgen. Novizinnen durften nicht mehr aufgenommen werden. Die Mehrzahl der Klosterfrauen wanderte nach Havelberg, um dort Schutz beim Bischof zu finden. Äbtissin Anna schrieb Hilferufe an den Kaiser, an den Papst. Da die Antworten über Gebühr auf sich warten ließen, machte sie sich mit den verbliebenen Getreuen auf den Weg nach Wien. An der sächsischen Grenze überraschte sie Krankheit und die Nachricht vom Tod des letzten katholischen Bischofs von Havelberg (1548). Nach diplomatischen Vermittlungen durch den Landesadel kehrten die Aufsässigen zurück. Am Dienstag nach Misericordias Domini (zweiter Sonntag nach Ostern) trafen sie in Heiligengrabe wieder ein. Ohne jede Reue, darf man vermuten, denn Anna von Quitzow ließ über den Psalm 129 predigen, in welchem es unter anderem heißt: » ... sie haben mich oft bedrängt von meiner Jugend auf, aber sie haben mich nicht überwältigt.« Drei Tage darauf wurde der Friede beurkundet. Für den Begriff Widerstand setzte man »Irrung«, statt »aufsässiger Anna« gab es nun »unsere würdige, liebe, andächtige und getreue« ...

184

Der Titel Äbtissin wurde im nunmehrigen Stift durch Domina ersetzt. Die Ordenskleidung der Zisterzienserinnen konnte vorerst beibehalten werden. Nach alter Tradition begrub man die Verstorbenen in der grauen Kutte ohne Sarg mit einer hölzernen Schüssel auf dem Gesicht. Der Propst kommandierte von nun an als Stiftshauptmann den Wirtschaftsbetrieb, der sich weiterhin so ausgezeichnet entwickelte, daß in einer Beschreibung 1622 erklärt werden konnte: »Dieses Klosters jährliche Einkommen sind so stattlich und ansehnlich, daß sie nicht allein zu ihrer Notdurft, sondern auch an fremden Nationen können Gutes davon tun, inmaßen allda ein fremder Adel drei Tage samt Pferden und Dienern zu bleiben hat, und wird mit ansehnlicher Traktation auf der Propstei von dem Hauptmanne ... so viel (als) möglich versehen.«

Nach der Schlacht bei Wittstock im Herbst 1636 wurde das Stift von marodierenden Söldnern geplündert. Der Schatz soll rechtzeitig in Sicherheit gebracht worden sein. Er tauchte nie wieder auf; Urkunden und Kostbarkeiten brachte man in Eile auf den Weg in das sichere Hamburg, sie kamen wohl nie dort an. Da die Mehrzahl der nach Wittstock geflüchteten Stiftsangehörigen Opfer der Pestepedemie 1637 wurden, begann ein Neuanfang in Heiligengrabe erst nach dem Friedensschluß zum Dreißigjährigen Krieg. Der große Grundbesitz ermöglichte eine neue Blüte. Vieles änderte sich. Man wohnte nicht mehr in der Klausur, ein »Damenhof« mit Fachwerkhäusern, die zum Teil noch vorhanden sind, wurde erbaut. Und wie lebten die Damen? »Jede ... hatte zu beanspruchen 25 Taler, ... und einen Taler von der Domina. Dazu kamen 1 Wispel Roggen, 1 Wispel Gerste, 2 Scheffel Buchweizen, 2 Scheffel Hafer, 1 Scheffel Weizen, 1 Scheffel Erbsen, 1 fettes Schwein, 1 Hammel, 1¼ Scheffel Salz, 22 Pfund Stockfisch und 14 Pfund Dorsch. Außerden ... 1 Quart Wein, 1 Lot Nelken, 1 Lot Muskat, 1 Lot Zimt, je ein halbes Viertel Pfeffer und Ingwer, 1 Pfund Rosinen, eine große Semmel. Alle Konventinnen hatten sich zu teilen zwei Hirsche, 3 Ochsen, 10 Kühe, 8 Schweine, 6 Hammel und vier Tonnen Heringe. Eine jede bekam ... vier Pfund Wolle, hatte Anspruch auf Butter und Käse, Eier und Hühner. Eine Fuhre nach einem beliebigen Ziel stand ihr zu.«

Als König Friedrich Wilhelm I. 1714 Station machte, beschwerten sich die Damen über den knapp bemessenen Unterhalt. Sie bekamen künftig mehr, der Hauptmann weniger. Die unnütze Heiligengrabkapelle sollte übrigens auf königliche Order hin abgerissen werden, um die Steine besser zu verwenden. Das unterblieb glücklicherweise. Friedrich II. führte 1740 den alten Titel Äbtissin wieder ein, verlieh drei Jahre später ein besonderes Ordenskreuz und vergab die einträgliche Hauptmannsstelle an seine Getreuen, bis der Konvent sich das Ernennungsrecht zurückholte.

Das »Adelige-Fräulein-Stift zum Heiligen Grabe« war mit knapp 4 000 Hektar Land, von denen 1 150 Hektar mit Wald bewachsen waren, Großgrundbesitzer. Als 1810 durch königliche Verfügung aller Kloster- und Stiftsbesitz eingezogen wurde, blieb Heiligengrabe als Ausnahme verschont. Man fühlte sich deshalb dem Hause Hohenzollern besonders verpflichtet.

König Friedrich Wilhelm IV. kam mehrere Male in das Stift. Er regte die Einrichtung einer Internatsschule für verwaiste Töchter aus adeligen Familien an, verlieh einen neuen Orden und ließ die Heiliggrabkapelle, die man als Getreidespeicher nutzte, renovieren und 1855 wieder weihen in Anwesenheit seiner Familie. Trotzdem gefiel sie Kaiser Wilhelm II. nicht, als er 1901 einen Besuch machte. Sie wurde nun umgehend neugotisch ausgestattet, ausgemalt, mit einem Glasbild geschmückt, auf dem der Hohenzoller der Äbtissin einen von ihm gestifteten Stab überreichte …

Der ganze adelige Pomp blieb weiter erhalten. Aus Udo von Alvenslebens Tagebuch:

»21. Mai 1939. Ich fahre zur Einführung der Äbtissin Armgard Alvensleben nach Heiligengrabe … Über die vor der Stiftskirche ausgebreiteten Teppiche schreitet der Festzug heran. Der Stiftshauptmann und der Präsident des Oberkirchenrates führen die Äbtissin Aja zum Altar, paarweise gefolgt von den Konventsdamen, alle in schwarzen Kleidern, Schärpen und den … Ordenskreuzen unter dem langen weißen Schleier … Eine hochadelige Versammlung füllt mit imposanten Mienen das lange Kirchenschiff … Die ganze Zeremonie ist von mittelalterlicher Feierlichkeit … Beim Auszug Gratulationscour und Zulassung zum Handkuß … Nach dem Essen und dem im Garten servierten Mokka führen die Stiftskinder die Historie von Heiligengrabe auf.

... Rührend, wie der Bischof von Havelberg, dargestellt von Hindenburgs Enkelin, der reizenden, sündigen Äbtissin ins Gewissen redet, noch reizender, wie der Soldatenkönig ..., das Stift inspizierend der zauberhaften Rokoko-Domina ..., 15 Jahre alt, ›ins ehrwürdige Antlitz‹ schaut ...«

Die vier Flügel der Klausur, noch im 14. Jahrhundert geschaffen, umgeben den ehemaligen Friedhof der Zisterzienserinnen. Die Gebäude sind bis nach der Wende zum 20. Jahrhundert umgebaut worden. Der »Kaiserturm« kam 1904 hinzu. Sein Dach erinnert an eine Pickelhaube. Gleiche Veränderungen betrafen die Stiftskirche (um 1300). Der Schnitzaltar kam erst 1962 aus Brandenburg, ein Kruzifix aus Bad Wilsnack.

Nach dem Krieg fanden die Miechowitzer Schwestern in Heiligengrabe Zuflucht. Ihre segensreiche, aber mühevolle Arbeit gilt auch der Pflege von Kindern und Jugendlichen, die – auf sich allein angewiesen – kein normales, selbständiges Leben führen könnten.

Blüten sind vor den weißen Fensterrahmen der Fachwerkhäuser. Freundlichkeit überall. Ein Schild: »Werkstatt für evangelische Paramentik«. Eine Tradition, deren letzte Zeugnisse der vergangene Krieg vernichtete, lebt wieder durch tätige Arbeit.

Pritzwalker Wappenkunde

In einem Park im Norden der Altstadt von Pritzwalk stehen noch Mauerreste und ein Schalenturm der mittelalterlichen Befestigung, die um 1738 geschleift werden mußte.

Die Mädchen und Jungen in den breiten Wagen, in denen die drei Kindergärtnerinnen ihre Gruppen langsam spazierenfahren, winken jedem mit gelben und roten Blättern zu. Sie singen ein Liedchen vom Herbst, das, kaum beendet, schon wieder angestimmt wird. Dann stört aufgeregtes Krakeelen die gesamte Harmonie: »Michael hat Kathrin gebissen!«

Die Kindergärtnerin sagt beruhigend: »Aber Michael! Du bist doch kein Wolf!« Und weiter geht es mit Gesang ...

Ein Wolf ist der Michael wirklich nicht, denke ich beim Nachschauen, aber vielleicht ein Pritzwalker: sie führen nämlich einen schwarzen Wolf im Wappen. Sein Maul ist aufgerissen. Die Zunge ist blutrot. So steht der Angriffslustige vor einem grünen Baum, über dem der rote Brandenburger Adler seine Flügel ausbreitet.

Wenn man auf die landläufige Sage hört, war alles sehr einfach. Zwei Männer fanden unter einem Baum einen schlafenden Wolf. Da sagte der eine (wohl der Anweisungsberechtigte): Fritz, walk! Und darauf walkte der zweite das überraschte Untier zu Tode. Aber weshalb spaziere ich nicht durch Fritzwalk? Die Sage schweigt und empfiehlt sich ... Nein, es gibt doch noch eine andere sagenhafte Erklärung: Zwei Männer fanden unter einem Baum einen schlafenden Wolf. Da sagte der eine ... (und nun kommt der gravierende Unterschied!) zum Wolf: Priz, wolk! Schließlich waren beide Waldläufer Wenden. Und der Wolf verstand wendisch und lief davon ...

Fest steht nur, daß der Ortsname Pritzwalk von ersten, slawischen Siedlern geprägt wurde. Eine überzeugende Deutung ist bisher nicht gelungen. Die slawische Niederlassung soll auf dem rechten Ufer der Dömnitz gewesen sein. Die deutschen Kolonisten bauten ihre Gehöfte links vom Fluß und übernahmen den Namen Pritzwalk, urkundlich als »terra Prezwalk« 1256 zum ersten Mal erwähnt. In jenem Jahr hielten sich die brandenburgischen Markgrafen in Sandau auf, als sie, um Spannungen zwischen Pritzwalker Bürgern in Rechtsangelegenheiten zu lösen, der heranwachsenden Stadt die Rechtsverfassung vom altmärkischen Seehausen übertrugen. Man hat daraus die Schlußfolgerung gezogen, daß womöglich die Mehrzahl der Ansiedler aus Seehausen kam, das seinerseits niederländische Kolonisten sich zur Heimstatt schufen.

Auf jeden Fall aber ist Pritzwalk eine planmäßig auf dem linken Dömnitzufer angelegte Stadt. Jeder Spaziergänger kann den Grundriß abschreiten. Der Plan ist durch den Verlauf einer sehr alten Straße bestimmt. Diese West-Ost-Verbindung erstreckte sich zwischen Wittenberge und dem ehemaligen Stettin. Im Westen der Stadt kamen noch Straßen von Putlitz und Havelberg (auch Kyritz) zur Hauptstrecke, welche die aufstrebende Kaufmannssiedlung durchzog und sie durch das Beveringer (später Wittstocker) Tor wieder verließ.

Der rote Adler im Wappen erinnert an den Umstand, daß die Stadt unmittelbar dem Landesherren unterstand. Die Vorteile wogen die Nachteile nicht immer auf. Und in diesem Zusammenhang liegt auch der Hinweis auf die Familie von Quitzow nicht fern, aber der oft graue Schatten, der sich damit verbindet, ist hier ein Bild mit starken, schönen Farben. In der Kirche des nahen Kuhsdorf ist ein kleines Glasbild (heute als Kopie, denn das Original ist im Dom-Museum Brandenburg) aus dem dritten Viertel des 13. Jahrhunderts (der Ort selbst wird erst 1318 genannt) erhalten geblieben, auf dem die Stifter abgebildet sind, ein Ritter mit den Sternen der Quitzows in rot und gold und seine Gemahlin im hermelinbesetzten Mantel.

Da wir von einem Wappen schon das »Walken« abgelesen haben, nun ein Mantel erwähnt wird – Pritzwalk blühte auf zur Handelsstadt (nicht nur für Getreide) auch auf der Grundlage seiner Tuchmacherei. Im Jahre 1351 waren Kaufleute und Tuchmacher in getrennten Gilden bzw. Bruderschaften organisiert. Pritzwalk wurde Mitglied der Hanse. Die günstige Lage förderte den Tuchhandel mit dem gesamten Ostseeraum. Er selbst löste andererseits früh Spannungen innerhalb der Bürgerschaft aus. Es gab Streit und langwierige Rechtshändel, wenn Tuchmacher ihre Produkte zum Verkauf auseinanderschnitten. Dieses Privileg war die wirtschaftliche Grundlage der Kaufmannsgilde.

Mit dem raschen Niedergang der Hanse Anfang des 16. Jahrhunderts geriet Pritzwalk in eine Krise. Die Konkurrenz war mächtig. Man konnte sich nicht auf andere Gewerbe umstellen. Pritzwalks solider Glanz wurde stumpf. Der Dreißigjährige Krieg, die mit ihm verbündeten Hunger- und Pestepedemien brachten zuwege, daß 1640 kaum 250 Menschen in der Stadt lebten, daß noch 1654 mehr als 75 Prozent aller Hausstellen wüst standen.

Kurfürst Friedrich Wilhelm (1620–1688) ließ dann wieder auf die Ansiedlung von Tuchmachern und Webern dringen. Auf seinen Befehl mußte auch eine Kompanie (von zehn, die in der Prignitz stationiert waren) seiner »Gelben Reiter« zur Garnison nach Pritzwalk. Zwischen beiden Anordnungen bestand ein Zusammenhang. Die Tuchmacher stellten in erster Linie Uniformstoffe für das ständig vergrößerte brandenburgische Heer her. Dafür klapperten nun die Webstühle in der »Tuchmacherstraße« (später »Burgstraße«). Im Jahre 1779 gab es 72 Tuchmacher in Pritzwalk. Hatten sie anfangs nur grobe Stoffe ange-

fertigt, so verfeinerte man nach der Ansiedlung von Spinnern die Roh-
produkte und konnte auch feinere Ware liefern. Merinoschafe wurden
gehalten. Überhaupt bestand die Vorschrift, daß je Hufe (in dieser Gegend rund 20 Hektar) zehn bis 15 Schafe vorhanden sein mußten. 1809
grasten auf der Pritzwalker Flur rund 6 000 Schafe. Und einen Wolf
gab es zum Glück nur im Wappen!

Die Tuchmacherei beeinflußte nun ein zweites Mal die Entwicklung
der Stadt. Man verpaßte den Anschluß zu einer neuen wirtschaftlichen
Etappe nicht. Schon im Jahre 1839 wurde eine erste Tuchfabrik gegründet. Während sie anfangs noch mit einem Göpelwerk arbeitete,
kam bald die Wasserkraft und danach die Dampfmaschine zu Hilfe.
Spinnereien und Färbereien entstanden. Die Bauern hatten nicht nur
durch die Schafzucht bescheidenen Anteil am Geschäft, sie fuhren
ständig Kohle aus Wittenberge heran und die Produkte zur Leipziger
Messe und anderen Handelsplätzen. Manche Wege verkürzten sich
durch den Eisenbahnbetrieb zwischen Hamburg und Berlin (1844). Im
Jahre 1846 gab es die erste »Kunststraße« in Richtung Meyenburg.
Eine Aktiengesellschaft ließ Chausseen nach Havelberg und Perleberg
bauen. Und es kam im Laufe der kapitalistischen Entwicklung zur
Konzernbildung. Nach dem Wolfsgesetz wurden die kleineren Unternehmen von finanzkräftigeren geschluckt, am Ende war die Textilin-
dustrie von Pritzwalk und Wittstock in den Händen der Familie
Quandt. Man stellte »mit Stolz« 1939 (»100 Jahre Dräger-Tuche aus
Pritzwalk«) fest, jährlich 450 Kilometer Stoff für die faschistische
Wehrmacht zu liefern. »Militärtuch, Akkumulatoren, Trockenbatte-
rien, Schußwaffen, Munition, Leichtmetall – wer das alles herstellt,
heißt mit Recht Wehrwirtschaftsführer«, lautete das offizielle Lob für
den letzten Betriebsbesitzer ... Gegen 21 Uhr am 15. April 1945, als ein
Aufklärungsflugzeug über der Stadt und dem Bahnhof kreiste, fielen
Schüsse, und V-2-Raketen, auf fünfzig Rungenwagen unter Planen ge-
lagert, explodierten. Wagen wurden bis 500 Meter weit geschleudert,
der Bahnhof hinweggerissen, die Anzahl der Toten konnte nie festgestellt werden. Ein Denkmal vor dem neuerbauten Bahnhof mahnt.

Ich gehe vom Park durch eine Gasse in das alte Pritzwalk. Aus der
zweiten Hälfte des vorigen Jahrhunderts gibt es noch eine Beschreibung des Ortes als einer typisch märkischen Landstadt. Ich lese sie

noch einmal: Da ist von hohen Trittsteinen vor jedem Haus die Rede, von Bänken, von Flachs, der getrocknet werden mußte, vom Färber, vom Schmied, der auf der Straße die Gäule mit Hufeisen versah, vom Kuhhirten, der seine Lieben herbeitutete ... Ein Glück, das ist alles vorüber. Nach dem Stadtbrand am 1. November 1821 waren sowieso nur vierzig Häuser übriggeblieben. Die zerstörte Kirche bekam ihren Turmaufbau erst sechzig Jahre später nach Plänen von Friedrich Adler, dem ersten Erforscher des märkischen Backsteinbaues. Auch das Rathaus stammt aus der zweiten Hälfte des 19. Jahrhunderts.

Lebten 1821 lediglich 2 500 Einwohner in Pritzwalk, zählte man um 1860 über 6 000 und zu Anfang unseres Jahrhunderts bereits 9 000. Heute leben in der Kreisstadt, die durch Neubauten erheblich erweitert wurde, über 12 000 Menschen. Dies hängt unmittelbar mit Veränderungen in der ökonomischen Struktur der Stadt zusammen. Pritzwalks Geschichte ist ein recht auffälliges Beispiel für die konzentrierten Anstrengungen in unserer Gesellschaft, das überlieferte Gefälle zwischen den Industriebezirken im Süden unseres Landes und dem vorwiegend landwirtschaftlich genutzten Norden allmählich auszugleichen.

Wenn es auch kein »Meyenburger Tor« mehr zu sehen gibt, die Straße heißt noch so. Und es gibt auch immer noch die Fabrikgebäude, den Schornstein aus gelben, roten und schwarzen Klinkersteinen, in denen einst die Maschinenwebstühle unablässig rasselten.

Die Vereinigung Volkseigener Betriebe »Ausrüstungen für die Schwerindustrie und Getriebebau« in Magdeburg suchte 1959 nach einem neuen Standort. Pritzwalk erschien günstig, denn es war absehbar, daß nach der sozialistischen Umgestaltung der Landwirtschaft dort ein Arbeitskräfteüberschuß bestehen würde. Mädchen und Jungen suchten interessante Lehrstellen. Damals nutzte man die ehemalige Tuchfabrik als Speicher für Getreide und Futtermittel. Die einstige Wollwäscherei wurde geräumt. Mit ungefähr dreißig Umschülern und Anlernlingen eröffnete man im November 1961 die Ausbildungsstätte für Kupplungsfertigung. Bereits ein halbes Jahr danach begann die erste Serienproduktion von Kupplungen für dringend benötigte Düngerstreuer. Das war nur ein erster, bescheidener Schritt, wenn man Einsicht in die Pläne nahm. Für sie reichte das unzweckmäßige Gebäude

191

niemals aus. Ein Gelände am Weinberg, nördlich der Freyensteiner Straße, wurde für einen Neubau vermessen. Das Provisorium, in dem bald Räume für Ausbildung und Produktion, für den Berufsschulunterricht und ein Internat untergebracht waren, konnte nichts für die Dauer sein, das wußte jeder, aber nun stürzten 1963 auch noch die Zwischendecken im fünfgeschossigen Bau ein ...

Ende 1964 wurde entschieden, daß der wachsende Betrieb zukünftig in unserer Republik allein Zahnräder herstellen sollte. Der Aufbau des umfangreichen Betriebes begann 1965. Mit ihm waren auch Investitionen für zweihundert Wohnungen, für Kinderkrippe und Kindergarten verknüpft, denn im Jahre 1969 kamen von rund 600 Werksangehörigen noch knapp die Hälfte aus Orten, die bis 50 km von Pritzwalk entfernt lagen.

Am 1. Januar 1969 wurde der Betrieb in »VEB Zahnradwerk Pritzwalk« umbenannt. In ihm arbeiten nun etwa 1 500 Werktätige für mehr als eintausend Maschinenbaubetriebe unseres Landes. Sie haben den Namen ihrer Stadt aber auch weit über unsere Grenzen hinweg durch ihre Qualitätsprodukte bekanntgemacht.

Auch die nach wie vor mustergültige Landwirtschaft hat durch die Lebensmittelindustrie, die in Pritzwalk angesiedelt wurde, eine neue Güte erreicht. Fleischverarbeitung und Brauerei sind zu nennen. Backhefe wird für den gesamten Norden unserer Republik hergestellt ...

Farbiges Laub umrankt einen Teil des Hauses. Auf der einen Seite der Eingangstür liegen Findlinge und steinzeitliche Mahlsteine, auf der anderen steht eine Batterie moderner Mülltonnen: Hereinspaziert in das Kreismuseum!

Eigentlich möchte ich ja nur wissen, ob man Kettenringhemd, Helm und Schwert vom großen Räuberhauptmann Heine Clemen (um 1400) noch aufbewahrt. Der gefährliche Bursche hatte im Hainholz – in der heutigen »Clemenkuhle« – sein geheimes Quartier. Ein gefangenes Mädchen ließ er nach Pritzwalk frei unter dem Eid, keinem Menschen den Schlupfwinkel zu verraten. Zu Heine Clemens Unglück erzählte die Freigelassene alles dem erstbesten Kachelofen, in dem – wie der Zufall so spielt – zwei Männer saßen und lauschten. Der Räuber wurde hingerichtet, und Gabriele Schumann, die Direktorin des Museums, kann mir auch die mittelalterlichen Ausrüstungsgegenstände vorweisen, ob sie allerdings … Na, dafür bekomme ich ein gedrucktes Schauspiel über den Bösewicht geschenkt und Nachbildungen des Notgeldes mit der Räubermoritat. Und nebenbei wird mir endlich bewußt, warum ich in der Historie ständig auf Mitglieder der Familie von Rohr stoße: Ein kurioses Barockgemälde führt mir den Grund anschaulich vor. Im Jahre 1014, wenn ich recht entziffert habe, ritt zu Kaiser Heinrichs Reichstag nach Regensburg auch Herr von Rohr mit seiner Gemahlin; und ihnen folgten ebenfalls zu Roß ihre zweiunddreißig Söhne!

Ich betrachte andere Rohre: Reste der mittelalterlichen Wasserleitung sind aufbewahrt, die in über drei Meter Tiefe entdeckt wurden. Es existierten zwei Zuleitungen, eine aus der Dömnitz, die andere aus einer Quelle. Es gab Schlammkästen zur Klärung. Ein Rohr läuft wie ein Wolfsrachen aus, und da bin ich wieder bei meiner Wappenbetrachtung.

Eigentlich müßte nun noch ein Zahnrad auf den Schild kommen, überlege ich. Eine herrliche, geschnitzte Tafel hat jemand während des Stadtbrandes 1821 aus dem Rathaus schleppen und retten können. In spätgotischer Tracht halten eine Dame und ein Mann das beschriebene Wappen. Dem Wolf hat der Holzbildhauer zu Zähnen verholfen, genauer können sie kaum am Zahnrad sitzen …

Die Museumstür wird geöffnet. Eine vierte Klasse aus Perleberg ist da. Die Kinder erhalten an dieser Stelle das rote Halstuch, sprechen ihr Gelöbnis und sehen sich dann in Geschichte und Gegenwart ihrer Landschaft um, deren Erben und Bewahrer sie sein werden, ohne es schon zu wissen.

»Wehe, ihr benehmt euch nicht ordentlich!« flüstert die Lehrerin noch einmal. Na, denke ich, beißen werden sie sich ja nicht mehr …

Putlitz in Retzin

Bahnhof Rohlsdorf-Gottschow: ein kiesiger Bahnsteig, ein Häuschen. Zu jedem Dorf ein längerer Fußweg durch die Ebene. Ich will zu keinem …

Novemberwind schüttelt die noch grünen Eichen. Durch eine breite

Senke führt die Straße nach Norden. Knapp zehn Kilometer, dann kommt das nächste größere Dorf Seddin, ein Ortsteil vom angrenzenden Wolfshagen. Seddin ist für Archäologen ein Begriff. Im September 1899 wurde dort das sogenannte »Königsgrab« entdeckt, ein bedeutendes, bronzezeitliches Zeugnis aus der Zeit um 1000 vor unserer Zeitrechnung. Es gilt als größtes Hügelgrab Nordeuropas. Aus Sand und Steinen schuf man einen Hügel, dessen Durchmesser 130 Meter mißt und eine Höhe von zwölf Metern erreicht. In seinem Inneren konnte eine neuneckige Steinkammer entdeckt werden. Rotbemalt war ihre Putzfläche. Urnen, die im Perleberger Heimatmuseum zu betrachten sind, Waffen, Schmuck, Gerätschaften und 1000 kleine Dinge zur Körperpflege …

Unablässig zieht eine tiefe, graue Wolkendecke über abgeerntete Felder, über neue Saaten und die Wiesen. Struppiger Ginster steht im Straßengraben, mal ein Holunder, von dessen schwarzvioletten Beeren Vögel auffliegen. Ich biege nach rechts ab. Kein Wegweiser. Ein Gehöft vor der fernen Waldfront. Wehmütig tönt ein Lokomotivenpfiff über die Niederung. Der Weg senkt sich, überquert einen Graben, dessen Wasser schilfbestandene Teiche füllen. Im Röhricht stimmt der Wind einen seltsamen Ton an.

Die Kastanien haben Früchte und Blätter verloren. Was glänzend und frisch aus den Stachelhüllen kollerte, liegt zerquetscht oder verschrumpelt auf dem sandigen Weg. Ein klarer Bach schlängelt sich aus einem verwucherten Wald. Hähne krähen hinter einem Eichenwäldchen mit einem vielbenutzten Schleichpfad. Stallanlagen. Lager für Baumaterialien. Eine Wegbiegung nach links. Gehwegplatten sind an einer verfallenen Kate gestapelt. Ein Lada steht neben einer Wasserkaupe. Gewächshäuser. LPG Tierproduktion Retzin. Ich gehe an einem ansehnlichen Haus vorüber, denke, das wird es nicht sein, aber neben einer Tür ist ein Ziegelstein mit einem Wappen eingemauert. Eine gekrönte, flügelschlagende Gans steht auf einem Hügelchen. Zwei Kronen, zwei gerüstete Arme rahmen ein zweites Exemplar im Helmschmuck ein. Und in der bescheidenen Giebelplatte auf der Gartenfront des einstöckigen, neugedeckten Hauses, von dem ein Balkon entfernt wurde, wiederholt sich der heraldische Hinweis.

Das ehemalige Gutshaus, es sticht durch seine Bescheidenheit von vielen Prignitzer Herrenhäusern und Schlössern ab, gehörte auch einmal Gustav Gans Edler zu Putlitz. Man muß anmerken, daß er allerdings – wie andere Angehörige seiner Familie – den Namen normalerweise auf Gustav zu Putlitz verkürzte.

Wenn man sich bei Land und Leuten umsieht, ist auch einmal die Frage da, wer ist hier aufgewachsen und hat aus diesem Erleben heraus später darüber geschrieben, den nachfolgenden Generationen ein literarisches Bild hinterlassen? Dichter sind im Elbe-Havel-Land und in der Prignitz kaum herangewachsen. Experten nennen höchstens den Lyriker Gottfried Benn (1886–1956), der im westprignitzschen Mansfeld zur Welt kam. Von ihm ein (zugegeben gewagter) Sprung zu Gustav zu Putlitz. Im Vorgängerbau (sicherlich architektonisch noch dürftiger) des Retziner Gutshauses wurde der Schriftsteller am 20. März 1821 geboren.

Wie lebte man in jenen Jahrzehnten in diesem Dorf?

Wie in jedem anderen auch. Seit Jahrhunderten. Putlitz schrieb: »Die Häuser waren sämtlich noch mit Stroh und Rohr gedeckt; kein Schornstein überragte das Dach; der Rauch quoll durch die Haustür hervor und unter dem Dach heraus, das gebogen und schief mit stetem Einsturz zu drohen schien. Das Innere zeigte Mangel an jedem Schmuck, jeder Annehmlichkeit; ein roher Tisch, Schemel, höchstens ein Armstuhl an dem Ofen aus Backsteinen; in der Kammer eine Bettstelle und die Truhe; in der Küche ein gewaltiger Herd, ohne Schornstein; an dem eisernen Haken der kupferne Kessel; alles geschwärzt vom immer wirbelnden Rauch.« Das war der ganze häusliche Rahmen, in welchem das Leben der Bäuerinnen und Bauern stattfand.

Die Retziner Gutsherren gehörten zum armen Landadel. Da garantierte der Grundbesitz wohl ein erheblich auskömmlicheres Leben, aber, da die Ländereien durch Zukauf nicht zu vergrößern waren, blieb für die heranwachsenden Söhne die Karriere in der Verwaltung oder beim Militär. Voraussetzung: preußische Zucht in der Kinderstube. Wer in der Jugend willenloses Gehorchen lernte, durfte später mit gleicher Seelenlosigkeit befehlen. Privatunterricht durch den Pfarrer. Strikte Trennung von der Dorfjugend. Berührung nur mit Familien von gleichem Rang. Putlitz erinnerte sich: »Wir fuhren (zur Verwandtschaft, d. Verf.) in dem schweren Reisewagen auf oft grundlosen und

ausgefahrenen Straßen, Schritt für Schritt. Das matte Sonnenlicht ...
zwang uns, den Wagen von allen Seiten mit den Ledergardinen zu
schließen. Da diese nur je eine kleine, kaum handgroße Glasscheibe
hatten, herrschte völlige Dunkelheit im Wagen, in dem die lange
Pfeife des Vaters die Luft durch die wirbelnden Tabakswolken ver-
dickte.«

Der Zwölfjährige kam in die Internatsschule im Kloster Unser Lieben Frauen in Magdeburg, lebte in der Klausur, die einst die Prämonstratenser erbaut hatten. Der Lebensweg war damit vorgezeichnet: Studium der Jurisprudenz in Berlin und Heidelberg. Seit 1843 Referendar
in der preußischen Hauptstadt. Dann schien der junge Putlitz aus dem
Gleise zu geraten. 1846 spielte man in Oldenburg sein Lustspiel »Die
blaue Schleife«. Das konnte noch hingehen; Oldenburg war weit. Aber
im Jahre 1848 zog sich Gustav zu Putlitz zurück von der Juristerei, verfaßte nur noch Schwankhaftes für die Bühne, wobei er – auch später –
alle Probleme und sozialen Konflikte vermied, seine Geschichten mit
harmlosen Verwicklungen immer in den »besseren Kreisen« ansiedelte.

Im März 1848 entluden sich die auf das Äußerste gewachsenen sozialen Spannungen in der bürgerlichen Revolution in Berlin. Die Be-
wegung breitete sich schnell in Preußen und den übrigen deutschen
Staaten aus. Am Sonntag, dem 19. März verlangte das Volk die Auslie-
ferung des »Bluthundes« Wilhelm. Seine Flucht nach Großbritannien
wurde stillschweigend vorbereitet. Der Weg durch die Prignitz schien
nicht so gefährdet wie andere Routen durch das aufgewühlte Land.
Wilhelm von Preußen flüchtete auf die Pfaueninsel bei Potsdam, fuhr
inkognito abends nach Nauen. Am Morgen des 23. März erreichte er
mit seiner Begleitung Perleberg, frühstückte beim Gastwirt Liede am
Parchimer Tor, während die Pferde gewechselt wurden. Ein Baumeister entdeckte inzwischen eine Reisetasche mit der Kennzeichnung
»Prinz von Preußen«. Wie ein Lauffeuer verbreitete sich das Gerücht.
Ein Barbier hielt eine Rede gegen den Prinzen, der in die versammelten Berliner hatte mit Kartätschen schießen lassen. Seine Hoheit ent-
kam verkleidet und zu Fuß, marschierte bis zum Rittergut Quitzow
und erreichte mit einem Wagen das mecklenburgische Ludwigslust.
Mit der Eisenbahn ging es nach Hamburg ...

In Retzin, zwischen Perleberg und Pritzwalk, lebte und schriftstellerte unberührt Gustav zu Putlitz.

»Es war im September 1848. In dem gastlichen Hause zu Retzin hatte sich ein Kreis von Jugend zusammengefunden. Man dichtete ein wenig ..., schrieb sich Sinnsprüche, längere und kürzere Gedichte gegenseitig in sehr einfache Albums und las die Modedichter der Zeit. Da fand sich auch in meiner Mappe ein oder das andere Gedicht ... Die Aufzeichnungen fanden Beifall, waren aber zu umfangreich für eine Abschrift. Ein Berliner Verlagsbuchhändler ... übernahm den Druck und Vertrieb, und so flog das kleine Heft zur Erinnerung an das sommerliche Zusammensein nach allen Richtungen zu den Freunden des Elternhauses ... Wie erstaunt war ich, als ich, bevor der Herbst zu Ende ging, die Nachricht erhielt, die erste Auflage sei vergriffen. Nun folgten die Auflagen schnell.«

Ich habe in der 46. Auflage von »Was sich der Wald erzählt. Ein Märchenstrauß« gelesen. (Da gab es – um 1885 – aber auch bereits die illustrierte Ausgabe in 30. Auflage in »Miniatur-Format, elegant gebunden mit Goldschnitt« ...) Mal erzählen die Bäume, mal erzählen die Steine, mal die Elfen: alles Gerede. Noch nicht einmal Prignitzer Kolorit, geschweige denn ein Gefühl für die Eigenart der heimatlichen Landschaft. Schon ein früherer Biograph schrieb: »Er sieht die Menschen scheinbar nicht, die hier wirken und schaffen.« »Scheinbar« läßt sich getrost streichen. Gustav zu Putlitz, ein Beispiel für die ständische Trennung, die auch die Leistung eines schöpferisch tätigen Menschen vollkommen beherrschte. Die vielen, vielen Lustspiele und Dramen – Gerede. Romane, Novellen – ein immenser Fleiß in den »Ausgewählten Werken«, sieben Bände zwischen 1872 bis 1888 und Ergänzungen dazu ...

In Retzin übernahm Gustav zu Putlitz das väterliche Gut bis 1863. In den fünfziger Jahren belebte er in diesem Dorf eine anrührende Idylle. Wahrscheinlich aus dem 1848er Kreis schuf er sich ein eigenes Theater. Darsteller waren Mitglieder und Freunde der Familie, »höhere Standespersonen« aus der Umgebung, Zuschauer die sich geehrt fühlenden Bürger- und Handwerkerfamilien, vielleicht auch die Bauern im Sonntagsstaat. Ein gedrucktes Plakat des »Theater in Retzin« kündet im August 1852 an: »Rübezahl«, komische Oper mit der Musik von Friedrich von Flotow. (Damit sind die Angaben in der Fachliteratur, die Oper des mecklenburgischen Edelmannes wäre 1853 in Berlin uraufgeführt, falsch.) Übrigens lieferte der Kunstmaler Wilhelm Camphausen nicht nur die Bühnenausstattung, er spielte auch mit ... Und das gutsherrliche Theater in Retzin spielte mit erstaunlicher Regelmäßigkeit. Friedrich von Flotow war zwischen 1855 bis 1862 am Schweriner Hoftheater als Intendant tätig. Damit standen auch Stücke seines Retziner Freundes auf dem Programmzettel. 1863 kam ein neuer Intendant nach Schwerin – Gustav zu Putlitz! Wenn das keine Karriere ist als Intendant von Retzin nach Schwerin!

1867 übernahm Gustav zu Putlitz eine Hauptrolle, zu der wohl auch theatralisches Können vorausgesetzt wurde: Hofmarschall beim Kronprinzen Friedrich. Aber nicht lange Zeit. Er schrieb wieder Werke. 1872 spielte man in Retzin mit neuen Dekorationen und Maschinen zwei seiner Einakter. Sämtliche Arbeiten bezeichnet der Historiker Johannes Schultze als Versuche, »einen Ausgleich der gesellschaftlichen Spannungen im Reiche der Musen« zu finden. Vergeblich.

Zwischen 1873 bis 1888 war Putlitz Hoftheaterintendant in Karlsruhe. Da wuchsen die Wurzeln, der Stamm und die Zweige der Friedenseiche 1870/71 heran, die noch auf dem Dorfplatz steht. Das Herrenhaus, wie es heute noch erhalten und genutzt wird von der Gemeinde, wurde erbaut. Als fast Siebzigjähriger kehrte Putlitz zurück, starb 1890 und wurde auf dem Friedhof der Familie im nahen Groß Pankow beigesetzt.

Kein Hauch vom Dorfleben in der Prignitz in den vielen, vielen Texten, die der Gutsherr schrieb ...

Ich blättere noch einmal in einem Band. »Das Frölenhaus«; klingt ja ein wenig niederdeutsch. Und? »Der Herr Commerzienrat läßt bitten einzutreten und einen Augenblick hier zu warten. Dringende Geschäfte halten ihn noch zurück! sagte ein reichgalonierter Diener nicht ohne einen Ton geringschätzender Herablassung, der die Gewohnheit des Verkehrs selbst mit vornehmen Petenten erraten ließ, forderte einen jungen Mann auf, in ein luxuriös möbliertes Vorzimmer zu schreiten ...«

»Possen! rief Fränzchen und zeigte lachend zwei Reihen Zähne wie Perlenschnüre ...«

In Günther Cwojdraks »Kitschpostille« ist der Retziner Autor nicht vertreten. Der Andrang ist natürlich groß.

Aus dem Abteilfenster sehe ich noch ein letztes Mal hinüber zu den Wäldern, die Retzin verdecken. Nur ein heller Neubaublock ragt über das düstere Schwarz der Abenddämmerung.

Perleberger Promenade

Wer aus Richtung Pritzwalk kommend mit dem Zug nach Perleberg fährt, sieht Gärtnereien und Gewächshäuser (sie gehören zum VEG Saatzucht Zierpflanzen Erfurt), viel Grün, in dem eingebettet die Gebäude einer modernen Wohnstadt stehen. Die alte Stadt hat sich um ein Vielfaches an Fläche erweitert. Über die Hälfte ihrer Wohnungen ist erst nach 1945 gebaut worden.

Der Zug überquert das Flüßchen Stepenitz, folgt einer eleganten Kurve und hält auf dem Bahnhof. Das leicht angeräucherte Gebäude hat seine Geschichte. Immerhin wurde im Oktober 1881 die Linie nach Wittenberge und im Mai 1885 die nach Wittstock eröffnet. Beide wichtigen Verbindungen gehörten der »Prignitzer Eisenbahn-Gesellschaft«, deren Direktion in Perleberg ansässig war. Die Privatbahn wurde 1941 der Deutschen Reichsbahn angegliedert.

Mir sind einige Ausgaben der »Prignitzer Nachrichten« (auch in Perleberg erschienen) aus den Tagen der Jahreswende von 1900 auf 1901 in die Hände gefallen.

Was erlebte man an diesem Ort zu Beginn unseres Jahrhunderts? Zum Beispiel an diesem Bahnhof ...

»Wie wir bereits gestern berichteten, traf die Leiche des Generalfeldmarschalls Grafen Blumenthal mit dem fahrplanmäßigen Zuge 5.56 Uhr auf hiesigem Bahnhof ein. Dem Zuge war ein Salonwagen für die Begleitenden und ein Güterwagen mit der Leiche angehängt.«

Das Perleberger Bahnhofsportal ist heutzutage zugemauert. Kein Ankommender tritt auf den einst großzügig angelegten Platz, den im Karree Jugendstilhäuser umgeben. Es gibt um die Fenster Blattornamente und Mäander, eiserne Spiralen auf den Torflügeln und Lanzengitter vor den schmalen Vorgärten, in denen hier und da als Farbfleck

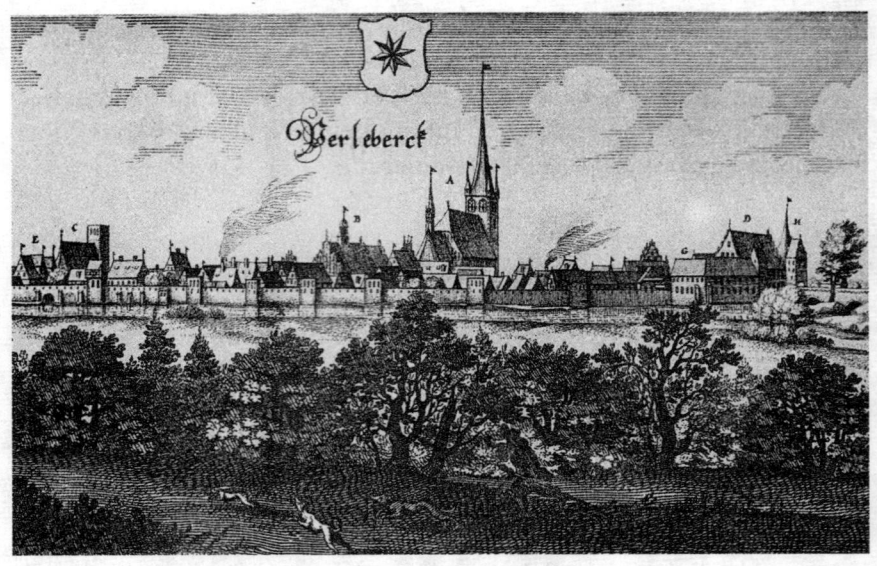

Perleberg im 17. Jahrhundert (aus der Topographie von M. Merian)

eine letzte Rose steht. Fachwerkdreiecke sind in manchem Dachgeschoß, steinerne Balustraden, getragen von Löwenköpfen mit ondulierten Mähnen ...

»Garde-Verein. Diejenigen Kameraden, welche sich an der Fahrt nach Krampfer zur Beisetzung der Leiche des Feldmarschalls Grafen von Blumenthal beteiligen wollen, ersuchen wir, morgen Sonnabend, d. 29. Dezember, vormittags pünktlich um $10\frac{1}{2}$ Uhr im Vereinslocal anzutreten, da die Abfahrt schon um $10\frac{3}{4}$ erfolgt.«

Aus dem Rapport aus Krampfer: »Der Kompagnie folgte die Batterie, sodann die zahlreichen Kranzträger, voran der Kranz des Kaisers, hierauf folgte der Sarg, getragen von den Unteroffizieren ...«

Ich gehe hinüber zur Stepenitz. Neben ihr beginnt der Stadtpark. Ein Stein erinnert an Goethes Erdenleben. Ein Hahn kräht von irgendwo. Ein Schild an der Straße lockt zum Tierpark ...

Die Schranke in der Wilsnacker Straße zwingt Viehtransporte zum Halt. Auf meiner Seite sind es Rinder, auf der gegenüberliegenden Schweine, die sehr ungeduldig wirken. Wenn sie lesen könnten ...

200

Sie stehen genau vor der »Gaststätte zum Schlachthof«. Der neue Versandschlachthof macht es möglich, daß 1 250 Borstenviecher pro Schicht ...

Die Schule ist um die Jahrhundertwende gebaut worden. Auf der Fassade steht »Der Volksbildung gewidmet« und »Ohne Fleiß kein Preis«, und eine Tafel erinnert an den 12. April 1961 ... Richtig: Juri A. Gagarin (1934–1968).

Der Klinkerbau zählt zu dem Ensemble von Gebäuden, mit denen Perleberg um die Jahrhundertwende sichtbar seinen gestiegenen Rang bewies: 1894 das Postamt, 1898 die 1. Gemeindeschule, 1904 das Krankenhaus, Kanalisation, 1906 Höhere Töchterschule und Straßenpflasterung. 1911 nächste Schule, 1912 eine Brücke ...

In der Wilsnacker Straße lese ich auf einer Wand gemalte Buchstaben: »Restauration«. Was meldeten die »Prignitzer Nachrichten« zu diesem Thema?

»Landwehr-Verein. Am Sonnabend, d. 29. d. Mts. von 8–10 Uhr Weihnachtsfeier, nachdem Ball. Einführungen sind nicht gestattet.«
Und:

»Der Arbeiter-Verein feiert am Montag, d. 31. d. Mts. (Sylvester) seinen Weihnachtsball im Hotel Stadt Berlin. Anfang abends 6 Uhr. Einführungen sind gestattet.«

Ich spaziere noch einmal zum Bahnhof zurück und nun über die Wittenberger Straße zum Stadtkern.

Solche schwarzen Schriftzeilen entdecke ich auch hier: »Barbier«, »Fahrrad Stand« ... Das Restaurant »Stadt Magdeburg« wurde doch in den vergilbten Zeitungen genannt ... Ja, bitte:

»Männer-Turn-Verein Eiche. Am 1. Weihnachtstage findet im Vereinslocale ›Stadt Magdeburg‹ eine Theateraufführung statt. Zur Aufführung gelangt: Die Rose von Bacharach.«

Die professionellen Künstler gastieren dagegen im »neurenovierten Theatersaal« des Hotels »Stadt Berlin« im »ersten Berliner Ensemble«. Auf dem Programm stand »Unsere Marine oder Die Rückkehr aus China, Schwank in drei Acten«. »Sensationell!! Größter Lacherfolg!« Der sogenannte Boxeraufstand der Bauern und Verelendeten in Nordchina (1899–1900) war gerade auch unter Mitwirkung des deutschen Imperialismus grausam niedergeschlagen worden.

Am Meisterbereich Perleberg der Großbäckerei komme ich vorüber. Durch eine Tür werden gerade Mehlsäcke geschleppt, aus der anderen Brot, auf das ein Auto wartet.

Und wieder eine Brücke über die Stepenitz. Wer die alte Stadt kennenlernen will, muß auf eine Insel, die der Fluß seit alters mit zwei Armen umfängt, gehen. Einst gab diese besondere Lage sicheren Schutz, später engte sie ein und verhinderte eine natürliche Ausdehnung der Siedlung. Eine Stadtmauer (im 13. und 14. Jahrhundert geschaffen) mit drei Toren zwängte zusätzlich ein. Eine Straße »Meyenburger Tor« gibt es noch. Ein Mauerrest führt auf sie zu. Mittelalterliche Qualitätsarbeit: nach außen gutgemauerte Wände, zwischen ihnen der Mörtelbrei mit allem Ziegelbruch und Feldsteinen.

Die Historiker der Stadt haben herausgefunden, daß auf der Stepenitz-Insel zwei Kristallisationskerne sich mit Gebäuden, Gassen und Straßen umgaben, die zur heutigen Altstadt zusammenwuchsen.

Ein Punkt war die Burg, auf deren Fundamenten das Wallgebäude errichtet wurde. Ich gehe an ihm vorbei (wieder eine Maueraufschrift »Zur Markthalle«) und an der stillen Stepenitz ein Stück außen am alten Perleberg entlang. Gärten sind auf dem schmalen Uferstück, Schuppen, Verbautes. Zwei Jungen paddeln langsam im blaubespannten Boot vorüber. Die Lindenallee ist kahl. Der Nachmittagswind holt die Regenwolken langsam zusammen. Kleine, eiserne Stege führen über das Wasser, in welchem unablässig Pflanzen wie grünes Nixenhaar gekämmt werden. Auch die Stepenitz war einmal schiffbar. 1337 sicherten sich die Bürger zum Beispiel das Treidelrecht, um in flachen Kähnen vor allem Getreide zur Elbe zu schaffen. Einem Schwan folgen sieben grünköpfige Enten-Junggesellen.

Zum »Wall« führt aus der Stadt die »Uferstraße«, neben ihr ist die Berufsschule in einem interessanten Backsteingebäude, das der bekannte Architekt Friedrich August Stüler (1800–1865) entwarf, zu dessen Hauptwerken das Neue Museum in Berlin zählt. Auf der Fassade in Perleberg bewacht ein Engel das Wappen der Stadt …

Wieder eine Schrift auf einer Wand: »Möbel Sarg Magazin«, und dann sehe ich in der »Krummen Straße« einen Maler mit hellen Pastellfarben in den Eimern. Er steht auf einem Gerüst, der Recorder hängt an einer Leiter, und bei flotter Musik löschen frische Farbbahnen die schwarzen Buchstaben aus. Überall müht man sich um ein neues, farbiges Aussehen der anheimelnden Stadt auf der Insel. Die Inschriften aus dem Alltag um die letzte Jahrhundertwende werden in kurzer Zeit unbemerkt verschwinden. Da suche ich um so intensiver nach ihnen ...

Auf dem viereckigen »Schuhmarkt« ist das Wappen mit dem Zackenstern, der eine Perle einfaßt, aus Pflastersteinen gelegt. Durch eine spätere Röhren- oder Kabelverlegung ist es leider aus der Form geraden. Die Schuhmacherei war auch in Perleberg zu Hause. Die Meister reisten auf andere Märkte. Nach Putlitz zum Beispiel, wie Hermann Graebke reimte:

»Een Johr, in'n Herwst, wär ok mal Kleister
ut Perlberg da, een Schostermeister,
de har een hellisch grote Bud,
un de verköft he binoh ut.
Un bi een jedwer Stäwelpoor,
dat he verköft, löp he – fuk, fuk –
bi Langens rin un drünkt een'n Schluck ...«

Auf den »Schuhmarkt« münden überhaupt Straßen, die vom Handel, von den Gewerben in vergangenen Jahrhunderten erzählen. Die »Wollweberstraße« ... Im Jahre 1653 schlossen die Weber ein Gildemitglied aus, weil es angeblich bei der Errichtung des Galgens geholfen hatte. Feudale Ständeordnung. Wer ist über mir? Wer ist unter mir? 1671 erließ der Große Kurfürst ein Reskript, wer die Weber insultiert, zahlt hundert Taler Strafe; nein, nicht den Webern, sondern in die Staatskasse. In der Straße lese ich noch auf Fassaden »Schultheiß-Patzenhofer Niederlage Kontor« (um 1800 produzierten sieben Brauereien in dieser Stadt), »Stadtmühle«, »Kolonialwaren« ... Da lohnt sich wieder ein Blick in die »Prignitzer Nachrichten«. Was offerierte man zum Beginn des 20. Jahrhunderts?

Reinhold Peters bietet an »Deutscher Kaiserpunsch, Schwedischer Punsch, Schlummerpunsch, Burgunder Punsch, Glühweinpunsch, Ananas Punsch, Arac Punsch, Rum Punsch etc.« Auf Neujahrskarten und lebende Karpfen, auf frische Pfannkuchen und Berliner Apfelkuchen wird hingewiesen. Julius Ahlers empfiehlt: »Gr. graukörn. Astrachaner Caviar, Holländer-Austern, geräuch. Weserlachs, Straßburger Gänseleberpastete sowie alle Delicatessen der Saison.«

Die schmale »Kochstraße« führt auch zum »Schuhmarkt«.

»Zerlege am Freitag 1 Hirsch und offeriere hiervon das Fleisch. Joh. Fried. Abt.«

Die »Bäckerstraße«.

Zu Weihnachten 1900 macht Goldschmied Wendt aufmerksam auf »Schmucksachen und Geschenkartikel, goldene und silberne Damen- und Herren-Uhren, Rathenower Brillen und optische Waren.«

Eine Inschrift in der »Krämerstraße«: »Drogenhandlung«.

Die Jugendstilfassade des ehemaligen »Union-Theaters« betrachte ich.

1900 spielte das »Berliner Residenz-Theater« in Perleberg »Des armen Kindes Weihnachtsfest, oder: Christkindleins goldene Puppe«. Ach, da wird die Punschseligkeit und der Kaviar-Protz lädiert ... Herr von Kotze inseriert: »50 Mark Belohnung, der mir den Dieb, welcher mir von der Einfriedigung Tannen abgesägt hat ...«, in Viesecke ist »zu sofort ... Arbeiterwohnung zu besetzen«, Vormund Dunker aus Reetz hat auch ein Problem: »Zwei Knaben im Alter von 4 und 9 Jahren sollen in Familie untergebracht werden« ...

Im Perleberger Museum ist die Fahne des »Arbeiter-Unterstützungs-Verein« aufbewahrt. Er wurde 1866 gegründet. Das Tuch ist datiert »Perleberg, den 1. Mai 1870«. Die Inschrift: »Bete und arbeite« ...

1864 hatte Georg Herwegh (1817–1875) in seinem »Bundeslied für den Allgemeinen Deutschen Arbeiterverein« bereits die Verse geschrieben:

»Bet und arbeit! ruft die Welt.
Bete kurz, denn Zeit ist Geld!
An die Türe pocht die Not,
bete kurz, denn Zeit ist Brot!«

In der Nähe des vielbesuchten Heimatmuseums am Mönchsort liegt das Zentrum des zweiten Kristallisationspunktes der ursprünglichen Siedlung. Es ist die sehenswerte Kirche, die Jakobus dem Älteren geweiht wurde. Hier war Gottfried Arnold (geboren 1666) als Superintendent und Schriftsteller bis zu seinem Tode 1714 tätig, ein Wegbereiter für die Gedanken der bürgerlichen Aufklärung. Sein hoher Rang in der Geistesgeschichte ist unbestritten. Er war schon längere Zeit kränkelnd, als er Pfingsten 1714 erleben mußte, daß während des Abendmahles preußische Rekrutenwerber in die Jakobikirche marschierten, um junge Männer abzuführen. Das Erlebnis erschütterte ihn nach Berichten seiner Zeitgenossen dermaßen, daß er nach drei Tagen »in schwerer Betrachtung« starb.

Der Stolz der Perleberger auf ihre Selbständigkeit war damals längst vergessen. Wenn auch eine urkundliche Erwähnung erst 1239 nachgewiesen werden konnte (da erhielten die Schuhmacher ihr Zunftrecht), war wegen der günstigen Lage die Stadt ein begehrter Besitz. Schon 1275 konnten die gutsituierten Bürger die lästige Adelsherrschaft abschütteln. Sie unterstanden nun den Landesherren unmittelbar; in jener Zeit ein beachtlicher Vorteil. Bis Ausgang des Mittelalters war Perleberg die führende Stadt in der Prignitz. Seine Bürger besaßen in Wismar Zollfreiheit, täglich gab es Verbindungen nach Hamburg, Lübeck, Rostock. Hier bekannte man sich zuerst zur Reformation. Bereits im 14. Jahrhundert hatte der Rat die Gerichtsbarkeit über die Bürger in Händen. Ein Landgericht wurde 1546 eingerichtet. Dann kamen der Dreißigjährige Krieg, Seuchen und Hunger. Nach den Schreckenstagen im November 1638 (die Kirchen erinnerten an sie mit Gottesdiensten am Donnerstag nach Martini regelmäßig bis 1933!) sank die Einwohnerzahl von rund 3 500 auf dreihundert, nur ein knappes Drittel aller Häuser war noch bewohnbar. Im Militärstaat à la Soldatenkönig (siehe Arnolds Tod!) entwickelte sich das Landstädtchen kümmerlich. Erst nach 1815 ging es allmählich schneller voran. Die Westprignitz wurde in den Perleberger, Lenzer, Plattenburger und Havelberger Kreis aufgeteilt. 1817 bestimmte man Perleberg auch zur Hauptstadt für das Gebiet. Ein Landratsamt mußte eingerichtet werden.

Otto von Bismarck fuhr 1844 von Hamburg nach Schönhausen über Perleberg und Sandau. In der Kreis- und Garnisonstadt strenge Kontrolle. Bismarck, der keinen Paß besaß, verließ sich auf seine Freundschaft mit dem Landrat, doch der war für Wochen verreist. Die Beamten verlangten nichts als ein amtliches Schriftstück mit möglichst schönem Stempel. Bismarck hatte einen Deckschein für eines seiner Pferde. Er konnte passieren ...

Roland, Rathaus und Stadtkirche St. Jakob auf dem Perleberger Markt (um 1850)

Neben dem Postamt entdecke ich in den Straßen noch »Installateur«, »Glaserei«, »Schuhe« und »Schmied«. Die Stadt war (und ist) das Zentrum handwerklichen Schaffens in der westlichen Prignitz. Und dann gibt es zwei übermalte, noch sichtbare Zeilen: »Wendig's Gasthaus mit Ausspanne«, aber der Fortschritt kam auch hierher, der Malermeister mußte übertünchen und neubeschriften mit »Autohalle«. Daneben wird geworben für »Parchimer Bier«, gegenüber wohnte ein »Perückenmacher« ...

Unter Denkmalschutz steht das Fachwerkhaus in der Schuhstraße, in dessen Balken die Bauherren einst kerben ließen: »Wer Gott den aller Högsten traut der Hat auf keinen sand gebaut: Hanss Gericke Abigail Lügkenborgs«. Das Geschäft Ecke Marktgasse/Poststraße hat meines Erachtens diese Ehre auch verdient, denn es ist bestimmt der schönste Fleischwarenladen der DDR. Zwei große Wandbilder aus Ka-

206

cheln zeigen quadratmeterweise Wiesen, Windmühlen, Schäfer, viele Kühe, Schafe auch und Schweine. Ein umlaufender Fries aus Kuhköpfen und weißen Blümchen. Wurststangenhalter aus getriebenem, bemaltem Rosenlaub und Blüten ... Prächtige Dekorationsstücke des Jugendstils. Und zum Ruf der Stadt um 1900 gehörte auch die 1887 gegründete »Perleberger Viehversicherungsaktiengesellschaft«, die 1902 ein repräsentatives Direktionsgebäude errichten ließ, später aber nach Berlin übersiedelte ...

In der Ladentür hängt ein Plakat. Eine Einladung zum Tierparkfest. »Wir erwarten Ihren Besuch!« Keine Unterschrift. Nur das Bildchen mit einem Schwein und einer Kuh.

Imposant die Kulisse, auf die der schwarzgewordene Roland von Perleberg schaut: das Rathaus, ein Backsteinbau nach märkischen Mustern, dessen westlicher Teil aus mittelalterlichen Glanzzeiten stammt und die Kirche Sankt Jakob. Ein Ensemble von Fachwerkhäusern umgibt den Kirchplatz. Kräftige Farben schmücken die restaurierten Gebäude um den Großen Markt. Und auf ihm wacht der sandsteinerne Roland, über fünf Meter hoch, in Ritterrüstung. Seine Datierung (1546) fällt mit der Einsetzung des Landgerichtes zusammen. Sein Vorgänger wurde aber schon 1497 erwähnt. Als der mächtige Mann vier Jahre stand, baute man das Haus Großer Markt 4. Heute ist es das älteste Bürgerhaus der Stadt.

Ich stehe vor ihm, um zu erkennen, wen die dreizehn Schnitzfiguren darstellen sollen. Es ist leider schon zu dunkel an diesem Novembernachmittag.

Schweren Landregen wird es bald geben.

Der Roland ist ein vielbenutzter Fahrradständer. Die Kinder, die in der hereinbrechenden Dunkelheit noch auf dem Großen Markt Haschen spielen, haben Schwierigkeiten. Bei ihnen gilt, wer dreimal schnell an den Roland klopft, ist frei.

Eine Sechzehnjährige überwacht ihre drei kleinen Geschwister beim Mohrenkopf-Essen. Da gibt es ständig etwas zu tun oder zu mahnen. Mißmutig kaut sie und schaut den vorüber schlendernden Jungen nach, die sie wohl gar nicht wahrnehmen ...

Im Restaurant des »Hotel am Rathaus«, in das ich einkehre, »brennen« Kronleuter mit elektrischen Kerzen, deren Plasthülle so geformt wurde, daß sie (genormte) Wachssträhnen zeigen. Welche Mühe hat man sich früher mit nichttropfenden Kerzen gemacht!

Ich sitze am Fenster. Ein Stück mittelalterliche Backsteinmauer im Blick, Blattgewirr eines kräftigen Eichbaumes und das alte Perleberg im milden Laternenlicht: keine Idylle, die man nur zu betrachten braucht; eine verpflichtende Aufgabe, für die es Leben und Arbeit lohnt.

Die Stadt der Wichse

P. P. Das ist: Perleberg preußisch.

Der Landarbeiter Franz Rehbein berichtete in seiner Autobiographie 1911 über den Beginn seiner Militärzeit: In der Kantine »erhielt jeder Rekrut gegen gleich bare Bezahlung die nötigen Putzutensilien ... Ach, was braucht doch ein Kavallerist alles für Putzzeug! Knopfgabel, Wichse ... verschiedene Bürsten ...«

Einem Infanteristen erging es nicht besser.

Und für alle gab es einen preußischen Befehl: Kommißstiefel werden nur mit echter Perleberger Wichse bearbeitet!

In einer Vitrine des Heimatmuseums steht ein Lithographenstein. Auf den Plakaten, die man mit ihm einst druckte, war ein Schusterjunge zu sehen: »Hier giebts echte und beste Perleberger Glanzwichse.«

Vorher gab es aber die Soldaten in der Prignitz. In der Perleberger Gegend die »gelben Reiter« schon ab 1666. Friedrich II. führte dafür den Begriff Kürassiere ein. Ein Regiment dieser »schweren Reiterei« war mit zehn Kompanien in der Prignitz stationiert. Zu den Frühjahrs- und Herbstübungen zog man sie in Kyritz und Wusterhausen zusammen.

Im 18. Jahrhundert ging es um andere Anordnungen. Im übertragenem Sinn um Wichse preußisch. Jeder Unteroffizier war mit einem Stock ausgerüstet (vorgeschrieben 0,5 Zoll Durchmesser), mit dem er jederzeit sechs Hiebe austeilen durfte für »kleine Fehler«; der Hauptmann war zu zwanzig bis dreißig berechtigt.

Desertion war in den Prignitzer Garnison deshalb nichts Ungewöhnliches. Die mecklenburgische Grenze war nah. Auch in Perleberg gab es ein System von Überwachungen. Wachen in der Stadt, Posten an der Stadtmauer, eine Lärmkanone auf dem Wall, Glockenläuten in den Dörfern. Anordnung: Jeder durfte einen Soldaten außerhalb von Siedlungen nach seinen Papieren fragen, ja, er war dazu verpflichtet. Denunzianten wurden belohnt.

Nach dem Krieg 1870/71 durchbrach die militaristische Begeisterung bei der Bourgeoisie und dem Kleinbürgertum alle Vorbehalte. Die Garnisonen wuchsen. Kasernen wurden gebaut. Es konnte verdient werden. Nicht zuletzt mit Stiefelwichse aus Perleberg.

Im Museum liegt ein handschriftliches Rezeptbuch von C. L. Beutel aus dem Jahre 1824. Wurde die Stiefelschmiere bis zu jener Zeit von den Materialwarenhändlern selbst zusammengerührt, kam nun die Zeit der Großproduktion. 1835 gründeten Schulze, Ladewig, Beutel & Sohn ihre Fabrik für Perleberger Glanzwichse. Die schwarze Creme beförderte den preußischen Putzfimmel. Der Stiefel mußte nicht nur glänzen, er half den ganzen Mann zu ändern. In einer Broschüre für Rekruten hieß es:»Der Soldat trägt des Königs Rock; er wird dadurch gleichsam ein anderer Mensch. Sein Gang wird stolz und elastisch, seine Haltung edel und selbstbewußt.« Wie edel das gemeint war, erläuterte wohl Kaiser Wilhelm II., der über seine Soldaten in China berichtete:»Wo der Stiefel des deutschen Soldaten hintritt, da wächst kein Gras mehr!«

Immer mehr Stiefel. Immer mehr Glanzwichse aus Perleberg. Die Fabrik von Wilhelm Nürnberg produzierte sie auch. Gegründet 1872. Ein Inserat:»Unerreicht Schuhcreme Perlstern Chemische Werke Gebrüder Schultz Aktien-Gesellschaft, Perleberg, gegründet 1797.«

1905 wurden neue Kasernen gebaut. Und chromlithographierte Postkarten mußten gedruckt werden: ein grüßender Soldat in preußischblau, Text»Mein Regiment ...« (bitte einsetzen!) und »Gruß aus Perleberg«. Aber es gab auch Postkarten (schwarzweiß) für das Zivil. Rückansicht eines im Grase liegenden Mannes (auch Frauen waren zu haben). Auf seinem Hintern die Inschrift:»Echte Perleberger Glanzwichse«, auf den Schuhsohlen:»Stets denke ich deiner, wo immer ich bin, ich liege im Grase, du liegst mir im Sinn.«

Ja, in Perleberg war etwas los.

Als der berüchtigte Polizeipräsident des wilhelminischen Berlin von Jagow (vorher lange Landrat in Perleberg!) von Walter Urszinsky bedichtet wurde:

»Einsam saß der Präsident von Jagow
in Berlin am Platz des Alexanders;
wenig schmeckte ihm sein Mittags-Sago
und er sprach: Wann endlich wird das alles anders?«

Da dauerte es nicht mehr lange, und es änderte sich viel ... »Stillgestanden! Ihr Banditen.« Das stand jetzt auf bunten Postkarten. Dort sah man jämmerliche Figuren (und was für Schuhwerk hatten die!) aus England, Belgien, Frankreich, Serbien, Rußland, Japan, Montenegro vor dem preußischen Soldaten mit Pickelhaube und glänzenden, spiegelnden Stiefeln.

Bereits 1917 erschien eine Arbeit des Dramatikers Carl Sternheim (1878–1942), in welcher der Stadt eine andere Entwicklung veranschaulicht wurde. In dessen Komödie »Perleberg« versuchen Gastwirt Fritz Frisecke und mehr noch seine Frau Auguste aus ihrer besseren Kneipe eine einträgliche Sommerfrische zu machen. »Perleberg ist ein toter Platz ... Die Gegend hier ist scheußlich, Natur so trostlos ...« Nun soll Perleberg Kurort werden! »Wie ich das neue Schild hinhängte: Hotel und Kurhaus zum Felsental ... Und als ich bei dem Maler stand. Ein französisches Wort nach dem anderen zum Vorschein kam: Pension, diner, souper und Saison«.

Perleberg auf neue Art glanzgewichst: »Luftkurort und Sommerfrische alles inklusive ab drei Mark fünfzig.«

Der erste Kurgast ist ein stiller, gehemmter Volksschullehrer. Er macht bei dem Hausdiener keinen Eindruck. Dem ist die Perleberger Glanzwichse gewissermaßen ins Unterbewußtsein gedrungen: »Stiefel hat der Tack, sage ich Ihnen, einen Flecken auf dem andern, und in seinen Hosen hab ich mich beim Rasieren gespiegelt.«

Am Schluß der Komödie (!) stirbt der unauffällige Volksschullehrer Tack. 1918 spielte die Rolle übrigens ein gewisser Curt Goetz. »Unmöglich aber, daß diese drei Akte jemals ein erfreuliches Theaterstück werden.« Es gab allerdings auch mildere Kritiker nach der Berliner Aufführung 1918: »Denn der neue Schlager des Lessing-Theaters ist ein willkommenes Zugstück zugleich auch für Perleberg geworden. Zumal jetzt, wo seiner Glanzwichse mit des schwindenden Schuhwerks Bestand notgedrungen gleichermaßen verblassen muß ... Des Lustspiels Inhalt hat die braven Perleberger kalt gelassen, sein Titel aber gilt ihnen als neue Parole für Sommerfrischler.«

Das Geschäft florierte leider nicht.

Glanzwichse war auch nicht mehr gefragt.

Den Kaiser entdeckte man nur auf einem Plakat einer Genfer Firma. In ganzer, uniformierter Größe. Die Hälfte bestand aus glänzenden Stiefeln, an denen ein Schuhputzer (auf einer Leiter stehend) wirkte. Nicht mit »Perleberger ...« Nein, mit der »Schuhcreme Babel« der mächtigen Schweizer Konkurrenz.

Was dann?

Im Jahre 1919 las man: »In Deutschland hat heute Perleberg durch seinen Mostrich einen Namen, und in Mecklenburg und in der Provinz Sachsen schätzt man die Perleberger Stiefelwichse, nennt aber im Scherz eine tüchtige Tracht Prügel ebenfalls Perleberger Wichse.«

Wenige Jahre später hieß es schon:

»Einstmals die Stadt der Wichse genannt, gewinnt Perleberg in neuerer Zeit mehr und mehr an Bedeutung auch durch seinen Spargel ...«

Auf der Plattenburg

Der Kreuzweg ist nach abergläubischen Vorstellungen unserer Vorfahren ein Ort voll magischer Gefahren. Aber Mitternacht, der wichtigste Termin im Kalender jedes Gespenstes, ist weit. Der Novembertag ist sonnig. Kiefern werfen kräftige Schatten über den hellen Sandweg. Der Herbstwind hält Mittagsruhe. Trotzdem ist dieser Schnittpunkt von Wegen unheimlich für mich wie selten: kein Wegweiser. Seit zwei Stunden Kiefern, Sand und kein Hinweis. Zuggeräusche habe ich oft aus der Ferne gehört. Von Breddin bis kurz vor Wittenberge verläuft die Streckenführung der alten Berlin-Hamburger-Bahn, für die es auch andere Pläne gab, durch einen Dünengürtel.

Heidekraut blüht über Hügelgräbern. Hohe Kiefern stehen an einem

Weg. Die hellgrünen Farnwedel vertrocknen. Durch eine Schonung kann ich weitergehen, aber ich entscheide mich für die Eichenallee nach Norden. Der Weg scheint immer länger zu werden, doch dann ist beim Aufblicken geradeaus plötzlich im Rahmen des kräftigen Eichengrüns ein trutziger Turm. Die alten Rittersleut' ... Guten Tag, Plattenburg!

Der Wächter auf dem Turm könnte über die bewaldete Ebene sehen bis nach Havelberg, wohin dieser alte Weg nach Süden führt, erblickte Roddan und Nitzow, den Dom am Rande der Prignitzer Hochfläche und die Schiffe auf der Elbe. Er kann mit scharfem Auge auch den Zickzacklauf der Karthane verfolgen, durch welche die Luchzone der mittleren Prignitz entwässert wird. Das Flüßchen speist die großartigen Fischteichanlagen vor der Plattenburg, füllte ihre Gräben (und tut es teilweise noch), fließt durch Heidelandschaft und bei Bad Wilsnack in das Urstromtal der Elbe hinab.

Es gibt eine Ansicht der einsamen Burg aus dem 17. Jahrhundert mit einem runden Bergfried. Um 1850 schuf Baurat Friedrich August Stüler aus Berlin erst den vierkantigen Turm, aber der blieb ein Stockwerk kleiner als der nun zu besichtigende. Am Sonnabend, dem 13. (!) Januar 1883 pochten nämlich eine Stunde vor Mitternacht zwei Jungen aus Glöwen an das Tor. Es lag Schnee, und ein eisiger Ostwind fauchte. Die Jungen machten (für zwei, drei Groschen) trotzdem den Weg von annähernd zehn Kilometer, um aus Glöwen ein Telegramm zu überbringen: ein Jagdgast sagte ab. Als sie schon auf dem Heimweg waren, blickten sie sich noch einmal um. Flammen schlugen aus dem Turm. Dort ging ein Schornstein durch das Balkenwerk. Man heizte wie toll, um die Fremdenzimmer für die adelige Jagdgesellschaft warm zu bekommen. Die Jungen waren außergewöhnlich geistesgegenwärtig, denn sie liefen nicht zurück, um die Schloßherrschaft zu informieren, nein, sie rannten nach Groß Leppin, um die Freiwillige Feuerwehr zu alarmieren. Rettungsmannschaften kamen von überall. Es war so kalt, daß das Löschwasser in den Schläuchen gefror. Man rettete mit Glück die Plattenburg. Der Backsteinturm im neugotischen Stil wurde noch 1883, nun aber höher, neugebaut.

Ich komme an einem Stein für einen vergessenen Gefallenen (1814) vorbei. Die Dorfstraße, kurz und breit, führt zum Fluß und den Gräben und zur Mühle. Ein Mühlstein liegt vorm Haus. Ein Schild: »Ausflugsort Plattenburg Gaststätte zur alten Mühle«. Geschlossen. Wer macht im November hier Ausflüge? Die Mühle wurde bereits 1553 erwähnt. In der Barockzeit hat man sie umgebaut. Seit 1860 trieben die Räder das Mahlwerk für Getreide und für Ölfrüchte. Und genau gegenüber, umgeben von wundervollem, altem Baumbestand die mittelalterliche Wasserburg, wenn auch architektonisch längst verändert. Der Grundriß einer Prignitzer Anlage ist aber erkennbar: Wälle, doppelte Gräben. Im Süden ist ein Teil des umfließenden Armes der Karthane zugeschüttet worden. Vermutlich konnte man mit seinem Wasser und dem Grabensystem einst die Niederung überfluten.

Eine spitzbogige Toreinfahrt führt zum unteren Burghof. Vor ihr gab es einst eine Zugbrücke über die Karthane. Im einsturzgefährdeten Torhaus hält eine verwitterte Statue des Heiligen Laurentius (ihm war im Havelberger Dom auch eine Kapelle geweiht) Wache. Über dem Tor hob man früher die Archivalien auf. Das Türgewände mit Renaissanceformen stammt aus jenen Zeiten. Übrigens lebte als Richter (das Patrimonialgericht bestand bis 1849) und »Secretarius« um 1600 hier Arnoldus Jahn, ein direkter Vorfahre des »Turnvaters« Friedrich Ludwig Jahn (1778–1852). Um 1880 beschlossen Mitglieder der Familie von Saldern, alle Schriftstücke in ihrem Besitz hier zu sammeln. Nach 1881 bemühte sich der Hauslehrer den Inhalt der noch nicht einmal ausgepackten Kisten zu katalogisieren, der nach 1918 in das Staatsarchiv kam.

Die Baugeschichte der mittelalterlichen Burg ist größtenteils unbekannt. Im 15. Jahrhundert entstand aus der Vorburg der untere Hof mit gotischen Wohn- und Wirtschaftsgebäuden. Hier war das Gefolge untergebracht. In den Backsteinmauern sind nach außen kaum Fenster. Das Fundament der schweren Stützpfeiler stand wohl früher im Wasser. Natürlich gibt es auch eine Sage: nach ihr mauerte man eine Frau ein, um die Befestigung unüberwindlich zu machen ...

Letzter Löwenzahn wächst im schütter gewordenen Gras des öden Hofes und Holundergesträuch. Das Back- und Brauhaus (nördliche Seite) ist teilweise zu einer neugotischen Kapelle umgebaut. Efeu spinnt allmählich Mauern und Bäume ein.

Früher existierte ein Gang von der Burg zur Kapelle, der in Höhe des ersten Stockwerkes in den Giebel führte. Den Kapellenraum fügte erst 1885 Baumeister Karl Stämmler aus Wilsnack ein, der auch den Turm wiederhergestellt hatte. Seit 1571 predigten auf der Plattenburg abwechselnd die Pastoren von Legde, Klein Lüben, Groß Welle, Groß Leppin, Söllenthin und Wilsnack. Gottesdienst war bis ins 19. Jahrhundert an jedem Sonntag, nach 1900 nur noch einmal im Monat. Im Kapellenflügel zeigte man bis in unsere Zeit das Verließ, in welchem der Prediger Ellerfeldt, der das Wilsnacker Wunderblut vernichtet hatte, gefangengesetzt war.

Im 18. Jahrhundert wandelte sich das Bild der Plattenburg umfassend. Durch Plastiken und spätbarocke Gartenanlage verlor sich die Strenge der ursprünglichen Anlage. Zwölf Putten, welche die Monate eines Jahres verkörperten, schmückten die Balustrade der Terrasse, unter der angeblich Bischofsgräber liegen sollen. Dachaufbauten und Anbauten in Fachwerk wurden geschaffen. Aus der befestigten Anlage entstand um 1775 ein Gutsschloß mit Wassermühle und Jägerhaus. Sein Herr war Friedrich von Saldern (1719–1785, als Gouverneur der Festung Magdeburg gestorben). Noch ein Militärschriftsteller aus der Prignitz. Seine »Taktik der Infanterie« erschien zwar 1784 in Dresden, aber er gehörte zu den einflußreichen Offizieren, die das Exerzieren in der preußischen Armee in maschinenmäßige Künstelei überführten. Die »Taktischen Grundsätze und Anweisungen zu militärischen Evolutionen« hatte wohl niemand auf französischer Seite 1806 gelesen: Preußen verlor …

Am oberen Burghof stehen heutzutage Wohngebäude mit dem Turm und der rechtwinklig anstoßende »Bischofsflügel«, ein spätgotischer Palas aus verputztem Backstein.

Schon wieder der Begriff Bischof …

Urkundlich läßt sich die Plattenburg zum ersten Mal im Jahre 1319 nachweisen. Da wird sie vom Markgrafen Woldemar von Brandenburg an den Havelberger Bischof Rainer verkauft. Seit jenem Zeitpunkt ist dieser Ort Residenz der Bischöfe von Havelberg bis 1552. Die Wehrhaftigkeit der Burg wurde geschätzt. Der Überlieferung nach gab es Mauern bis fünf Meter Breite, aus denen man Gänge herausschlug.

Kurfürst Joachim II. gab seinem Rat und Obersten Kämmerer Matthias von Saldern 1552 als Ausgleich für eine Schuldsumme von

Die Plattenburg (nach einem Aquarell von C. G. Gemeinert, um 1860)

31 000 Gulden die Plattenburg und Wilsnack als Lehen. Die Junkerfamilie ließ den einstigen Palas zu Anfang des 17.Jahrhunderts modernisieren. Umbau und Ausstattung sind noch sehr gut (und restauriert) erhalten. Man kann den Speisesaal mit seinen Kreuzgewölben betreten. Auf einer sandsteinernen Treppe tragen sechs hockende Löwen auf Kugeln den Handläufer. Die Halle schließt eine schwere Balkendecke. Türgewände und Wandverkleidungen aus dem Jahre 1609 vermitteln einen Abglanz vergangener Zeiten. Reiche Bildhauerarbeiten schmücken Kamine. Über einem Kamin, dessen Feuerplatz wilde Männer mit Baumstämmen bewachen, ist das Wappen derer von Saldern – eine Rose – über zwei anderen, die den beiden Frauen des Grundherren gehören. Zwischen ihnen guckt ein Hündchen aus einer Wölbung: so brav und treu sei der Ehemann gewesen ...

Aus der bischöflichen Residenz war ein Junkersitz geworden, den die »große« Geschichte kaum inmitten der Heiden und Wälder fand. 1631 bestätigte Gustav Adolf von Schweden den von Salderns ihren Besitz und die damit verbundenen Privilegien, 1675 wollten schwedische Invasionstruppen den festen Ort besetzen. Aber das waren Episoden. Wichtiger war der Umstand, daß die Plattenburg 1815 Mittelpunkt eines eigenen Kreises wurde. 1828 wurde sie unter den landtagsfähigen Rittergütern aufgezählt. Der neogotische Umbau folgte, der dann völlig vom Efeu überrankt wurde. Zur Burg und Gutssiedlung gehörten 1913, als der Ritterschaftsdirektor Siegfried von Saldern starb, rund 1700 Hektar Land.

Im Jahre 1946 kam Plattenburg an Groß Leppin, später zu Kletzke. Mit einer Kastanienallee beginnt der Weg dorthin, nach Norden. In den ersten Eisenbahnplanungen wurde Kletzke zu einem wichtigen Punkt. Hier sollte zuerst die Trasse zwischen Hamburg und Berlin verlaufen. Und noch mehr: Von Kletzke aus würde eine Streckenführung über Havelberg nach Genthin die Verbindung der Linie Berlin – Magdeburg ermöglichen. Es kam anders …

Im mittelalterlichen Kletzke war der Hauptsitz einer weitverzweigten Familie, die beinah die Hohenzollern übertrumpft hätte. Von der Wasserburg der Quitzows sind nur spärliche Reste sichtbar. Aber zu den drei Renaissanceportalen an der Westfront der Dorfkirche gehört auch ihr Wappen, die zwei Sterne im schräggestellten Schild. Epitaphe aus weißem Marmor, eine Taufe mit vier wappentragenden Löwen (Alabaster, weißer und schwarzer Marmor) erinnern an die Quitzows, die in der Geschichte der Mark und der Prignitz immer als raubende Schlagetots erscheinen, aber doch die längste Zeit simple Krautjunker waren, ehe die letzte Linie 1821 ausstarb. Unter dem Altar ist ihre Gruft. 1902 restaurierte man die Kirche, entnahm einem der Särge einen Ring und einen kleinen Degen.

Auch auf der Plattenburg hat sich viel verändert. Vom geometrisch abgezirkelten Lustgarten mit Hecken, Buchengängen und Taxus, der in etwa noch vor einem halben Jahrhundert erkennbar war, ist nichts geblieben. Die Terrasse wartet auf sonnenhungrige Urlauber. Ein Schwimmbecken mit blauen Fliesen ist entstanden. Das Tor zum »Touristenheim und Kinderferienlager der Reichsbahn-Direktion Halle/ Saale« ist geschlossen und verkettet.

Ich wandere über die Spazierwege des südöstlich gelegenen Buchen-
wäldchens, komme an den Fischteichen vorbei, die einst Lehmgruben
waren ...

Die Bewohner Groß Leppins, eines charakteristischen Dorfes der
Prignitz, nannte man auch Storkenpenner (wie die Sandauer), aber aus
anderem Grund. Ihr Feldhüter (Pannemann genannt, auch Penner) sah
nämlich einst einen Storch in der Saat. Da er aber nicht diese bestellte
Fläche betreten durfte, ließ er sich von zwei anderen Leppiner hintra-
gen, um den Storch zu pfänden ...

Vom Mühlenberg im Norden soll man an klaren Tagen nach Wilsnack sehen können, zum Perleberger Wasserturm, und selbst die Kirchen von Seehausen und Osterburg in der Altmark sind auszumachen.
Vielleicht ist keine gute Sicht heute. Ein angenehmer Wind wiegt die
Weidenzweige. Das bedächtige Wogen der trocknen Rispen und Dolden ist wie ein ruhiger Atem, mit dem ich in einen wunderbar tiefen
Schlaf verfallen könnte. Aber es dauert noch eine Weile, ehe ich Glöwen erreiche; und Glöwen ist lang, wenn man von der Plattenburg
kommt und zum Bahnhof möchte!

Vor der Gaststätte »Zur guten Quelle« ist eine Motorradparade.

In meiner romantisch-alten Wanderanleitung ist zu lesen: »Was dem
Fußreisen noch einen ganz eigenen Reiz verleiht, das sind die Mühse-
ligkeiten und Strapazen desselben ... Haben wir dabei nun noch Hunger und Durst, Hitze und Nässe ausgehalten, so fühlen wir nachher
erst recht, was für eine schöne Sache es ist, sich hinter einen gedeckten
Tisch setzen ... zu können ...«

Jungen in Sporthemden und Jeans, die Helme griffbereit, und Mädchen, angezogen wie zur Gymnastik, sind auch da. In der »guten
Quelle« ist Tanzstunde.

Wilsnacker Bilderbogen

Wenn man über die Havelberger Steintorbrücke zum Domberg geht,
steht unmittelbar an der Straße, unweit der achteckigen Hospitalka-
pelle, ein steinernes Radkreuz. Der Vorübergehende wird nur lesen:
»Anno 1396 to der Wilsnack orate ibi pro nobis (= betet dort für

uns!).« Wichtig sind aber auch die drei Kreisscheiben im Schnittpunkt der Kreuzarme.

Als der Havelberger Steinmetzmeister Fritz Kreege (von ihm stammt das neoromanische Domportal) dieses merkwürdige Wegzeichen schuf, richtete er sich nach einem Vorbild in der alten Hansestadt Lübeck. Nach anderer Überlieferung verfügte dort 1436 ein Bürger in seinem Testament unter anderem: »Item so wil ik, dat men scal (= soll) setten en cruce (= Kreuz) van 10 marken uppe de wegescheydinghe, also men gheyt to der Wilsnacke ...« Es wurde ein Radkreuz aus Kalkstein gemeißelt, das erhalten blieb und die verwitterte Inschrift trägt: »biddet Got vor den geheuer (= Geber) des wizers na der wilsnake.«

Der Havelberger Wegweiser nach Wilsnack ist erst im Jahre 1932 aufgestellt worden. Er soll an die enge, historische Bindung der beiden Städte erinnern, die heute in verschiedenen Bezirken liegen. Aber schließlich fährt der Omnibus in Richtung Wilsnack auch vom Havelberger Radkreuz ab ...

Bad Wilsnack, dessen Name an die (slawischen) Wilzen mahnt, war ursprünglich ein Angerdorf mit einer breiten, geraden Straße, von der rechtwinklig Gassen abzweigten. Eine Befestigung gab es nicht. Zwischen Töpfer- und Zimmerstraße spielte sich das öffentliche Leben der Siedlung ab. Dort stand eine schlichte Feldsteinkirche.

Wer sich heutzutage dem freundlichen Kurort nähert, sieht schon aus der Ferne im Zentrum des Ortes eine mächtige Backsteinkirche. Ein beeindruckendes Ziel, wenn es von den ungezählten Pilgerzügen endlich am Horizont entdeckt wurde. Eine Wirkung machte dieses gewaltige Gotteshaus auf die Menschen, die nur ihre niedrigen Katen, ihre engen Gassen kannten, die wir nicht nachempfinden können.

Warum bekam das Dorf diese Kirche?

Um 1875 wurden in der Universitätsbibliothek Greifswald in einem Buchdeckel neun Fragmente eines Flugblattes, das wohl Anfang des 16. Jahrhunderts in Magdeburg die Druckerei verließ, gefunden. Man konnte sie zusammenfügen. Der Bilderbogen berichtet mit fünfzehn Holzschnitten und wenig Text »De hystorie unde erfindinghe des hilligen Sacraments tho der wilsnagk.«

Das 1. Bild: Bewaffnete Ritter weisen auf das Dorf, aus dem himmelhohe Flammen lodern.

Nach alter Überlieferung zerstörte Heinrich von Bülow mit seinen Spießgesellen 1383 elf Dörfer im Bistum Havelberg. Am 16. August (am Weihetag des Havelberger Domes) brannte man in Wilsnack Gehöfte und Kirche nieder.

Das 2. Bild: Der Pfarrer des Dorfes kehrt mit Bauern in das Dorf zurück. Aus Schutt und Ruinen ziehen Rauchschwaden.

Viele Wilsnacker hatten mit ihrem Priester Johannes Cabbuez in Havelberg am Kirchweihfest teilgenommen. Der Grabstein des Geistlichen, der erst 1412 starb, ist in der Kirche noch zu sehen.

3. Bild: Ein Hohlweg führt auf ein Dorf zu. Der Pfarrer leitet seine obdachlose Gemeinde in das benachbarte Groß Lüben.

Johannes Cabbuez kam nach wenigen Tagen nach Wilsnack, um die Hostien, die er auf dem Altar liegengelassen hatte, zu bergen. Er fand sie nicht.

4. Bild: Die Bauern schlafen im Freien. Der Priester ist aufgeschreckt. Ein Engel hält ihm einen Brief hin.

Wenn man der Legende folgt, so erhielt der Pfarrer Johannes in der Nacht zu Sonntag, dem 24. August, die himmlische Aufforderung, am nächsten Morgen die Messe doch in der zerstörten Kirche zu lesen.

Bild 5: Die Bauern, mit Hacken in den Händen, räumen die Trümmer beiseite. Die zerschmolzene Glocke wird freigelegt. Auch der Altar ist wieder geschmückt, und auf ihm findet am Bartholomäustag 1383 der Geistliche die vermißten drei Hostien. Sie sind etwas versenkt, und – auf jeder ist deutlich ein roter Fleck, der sofort als Blutstropfen gedeutet wird; die Hostie gilt ja als Körper des lebendigen Gottes. Die Rotfärbung des Abendmahlbrotes wird durch einen bestimmten Spaltpilz hervorgerufen.

Das 6. Bild: Mit brennenden Kerzen kommen die Bauern mit ihrem Pfarrer, der die merkwürdigen Hostien trägt, nach Groß Lüben zurück.

Wie das in solchen Fällen erwähnte Lauffeuer breitete sich das Vorkommnis im Prignitzer Land aus.

Bild 8: Der Bote nimmt seinen Hut ab, übergibt Johannes Cabbuez eine Vorladung zum Bischof, und dieser – nach Bild 9 –, es ist Johannes von Wöpelitz (im Amt 1385 bis zu seinem Tode 1401), wird von dem Wilsnacker Priester unterrichtet. Der Bischof reitet mit Gefolgsleuten (10. Bild) in das zerstörte Dorf in seiner Diözese, fällt vor dem Wunder auf die Knie (Bild 11) und reitet – im nächsten Holzschnitt – zur Plattenburg, deren Zugbrücke geöffnet ist, um in seiner Residenz das Wunder offiziell bekanntzugeben ...

Das 14. Jahrhundert erlebte einen Höhepunkt der Sakramentsfrömmigkeit. Die teilweise wahnwitzige Wundergläubigkeit führte nicht nur zu den entsetzlichen Judenverfolgungen. 1390 mußte zum Beispiel eine Gemeinschaft von »Kreuzfahrern«, die mit Bettelei und Raub Havelberg und Umgebung heimsuchte, mit Gewalt aufgerieben werden. Ihre Anwesenheit hatte nun schon mit dem Wilsnacker Geschehen zu tun, denn bereits 1384 verhieß Papst Urban VI. Ablaß von vierzig Tagen für Wallfahrer, die an bestimmten Festtagen zur im Bau befindlichen Sankt-Nikolaus-Kirche in Wilsnack kamen.

13. Bild: Dietrich von Wenckstern macht höhnische Bemerkungen über die rotfleckigen Hostien – und erblindet umgehend.

14. Bild: Der Priester zeigt aus einer rundbogigen Fensteröffnung den knieenden Gläubigen ein kunstvolles Behältnis mit den Hostien ...

In der Ablaßverschreibung durch die päpstliche Administration war von wunderbaren Heilungen und ähnlichen Geschehnissen nicht die Rede. Sie wurden nun aber in einer gemeinsamen Erklärung des Magdeburger Erzbischofs und der Bischöfe von Lebus, Brandenburg und Havelberg vorrangig beachtet.

Hostienwunder sollten sich in der Prignitz bereits in Stepenitz und Heiligengrabe ereignet haben. Die Rivalität beider Klöster führte bis zu Urkundenfälschungen, nun kam Wilsnack hinzu. Und mit welcher Macht! Im schwarzgedruckten Raumhintergrund, im Rücken des Priesters hätte Bischof Johannes von Wöpelitz zu sehen sein müssen. Er veranlaßte den sofortigen Neubau der Kirche in völlig anderen Dimensionen. Da die geistlichen Handlungen nicht unterbrochen werden durften, um die Aufmerksamkeit der Gläubigen in weitem Umkreis zu beschäftigen, ließ man Reste der Dorfkirche stehen. Im heutigen Westbau des Gotteshauses befindet sich deshalb noch der Turm der Dorfkirche.

Die Wallfahrtskirche folgte im Gegensatz zu anderen Backsteinbauten in der Prignitz niedersächsischem Vorbild. Der sehr große Chor und das Querschiff entstanden zwischen 1384 bis 1396. Die Gewölbe der dreischiffigen Hallenkirche ruhen auf vier mächtigen, gemauerten Pfeilern. Der gesamte Bau wurde im großen und ganzen um 1430 beendet.

Johannes von Wöpelitz (man hat vermutet, er sei aus Wilsnack gebürtig) organisierte straff die äußere Wirkung des Wunders. Nicht nur durch diesen Bau, in welchem sein lebensgroßes Sandsteinbild die Wallfahrer nach dem Eintritt von Westen her begrüßte und segnete. Die Statue, einem Mittelschiffspfeiler angefügt, steht gleichsam inmitten der Pilger. Rot und grün ist ihr Gewand bemalt, rot die Mitra, und golden waren die Verzierungen. Übrigens war noch im 16. Jahrhundert in Havelberg eine Bischofsmütze mit Perlen, Chrysolithen, Amethysten, Rubinen, Smaragden, Saphiren, Granaten und ungarischen Goldmünzen vorhanden ...

Bezeichnend für Wöpelitz' Überlegungen ist, daß er kein Kloster gründete, sondern nach und nach Wilsnack und auch das Pfarramt als sein Tafelgut erwarb. Und er sorgte dafür, daß das günstig gelegene Wilsnack zu einem wichtigen Ort wurde. Im Dezember 1395 trafen sich (vermutlich auch zur Weihe des fertiggestellten Chores) hier König Albrecht von Schweden, die Herzöge von Mecklenburg und Meißen als Verweser der Alten und Neuen Mark, um einen Landfrieden zu schließen.

Und dazu der letzte, fünfzehnte Holzschnitt auf dem Flugblatt: Papst, Kardinäle, Bischöfe stehen vor der neuen Kirche, vor welcher der Havelberger Bischof wartet ...

Johannes von Wöpelitz nutzte alles aus, was das Augenmerk auf seine Wilsnacker Schöpfung richten konnte. 1396 weihte er hier den Bischof von Ratzeburg. Aber in jenem Jahr (das Radkreuz in Havelberg nennt das Datum) bestimmte er auch, von nun an würden die Einnahmen durch das »Wunderblut« folgendermaßen aufgeteilt: ein Drittel zur Verfügung des Bischofes für Bauten usw., das nächste Drittel in gleicher Weise dem Kapitel, das letzte für die Kirche in Wilsnack (und damit ja wieder beim Bischof selbst!)

Mißstimmung gab es beim Havelberger Klerus von Anfang an über diese Regelung. Der Nachfolger, Bischof Otto, bekam den Streit ständig zu spüren. Er war ein früher Parteigänger des Hohenzollern Friedrich (er zelebrierte auch die Verlobung von zwei Töchtern des Markgrafen in Tangermünde), weshalb er sich 1412 mit dem Prignitzer Adel überwarf. Otto behauptete sich. Vielleicht auch aufgrund des ungeheuren Zulaufes zum »Wunderblut«. Die zweite Bauetappe begann um 1412. Das Schiff – nach 1423 Vorbild für den Stendaler Dom in vielen Einzelheiten – wurde vollendet und erhielt bis 1460 einzigartige Glasmalereien. Nach einer Restaurierung des noch Vorhandenen, das kaum Zusammenhänge erkennbar machte, um 1887, ist nur im mittleren Chorfenster die ursprüngliche Wirkung erlebbar: Die Madonna im Strahlenkranz, ein Kreuzigungsbild mit dem Kurfürsten im Ornat als Stifter und eine Reihe von Wappen als Zeichen der Macht. Einige Glasbilder erzählen bruchstückhaft über die Legende von Sankt Nikolaus, dem Schutzpatron der Kirche.

Und eine Darstellung des »Wunderblutes«?

Es ist unwahrscheinlich, daß es keine Darstellung gab. Ich vermute, diese Glasfenster wurden bewußt zerstört.

In der Mitte des 15. Jahrhunderts wurde der Wilsnacker Bau flüchtig vollendet. Oft waren die Pläne gewechselt worden, was eine genaue Analyse des Bauwerkes beweist. Der Abschluß fällt sehr wahrscheinlich mit der Fürstenversammlung 1443 zusammen, zu denen der Brandenburger Kurfürst, der dabei seinen »Schwanenorden« gründete, unter vielen anderen auch den König von Dänemark begrüßen konnte.

Mit dem Abschluß der Bauarbeiten in Wilsnack und Havelberg flossen die Opfergelder direkt dem Bischof zu und stärkten seine Macht. Der Widerstand gegen die »Wunderblut«-Wallfahrt hatte unmittelbar nach dem Tode Johannes von Wöpelitz' öffentlich eingesetzt. 1403 untersagte der Erzbischof von Prag diese Pilgerreisen. Seit 1445 ging der Erzbischof von Magdeburg gegen das »Wunderblut« vor. Der Streit (und wohl der Neid) schwelte länger. Der hochgelehrte und geschätzte Magdeburger Domherr Heinrich Tocke, der früh Zweifel an der Legende geäußert hatte, unterstützte Reformationsbestrebungen. Durch die uferlose Reliquienverehrung und das Ablaß- und Opferunwesen wurden ethische Werte des Christentums verraten. Aber andererseits kam der Kurfürst regelmäßig im Jahr nach Wilsnack, und der Havelberger Bischof reiste nach Rom, wo man gern an seinen Einnahmen partizipierte. 1443 untersuchte Tocke mit dem Brandenburger Propst und den Ortsgeistlichen den Inhalt der Monstranz: Er fand etwas wie Spinngewebe, keinen Brotstoff, nichts Rotes; und er erklärte, wenn roter Farbstoff vorhanden gewesen wäre, dann würde es nicht Christi Blut sein.

Jemand, der das Gegenteil behauptete, war bald vorhanden: Matthias Döring, Haupt der deutschen Franziskaner, der 1469 in Kyritz starb und beigesetzt wurde.

In Ziesar setzte man eine Disputation an. Dreißig Thesen sprachen sich gegen das »Wunderblut« aus. Der Havelberger Bischof erschien nicht. 1451 wurde eine neue Konferenz angesetzt. Auf ihr sprach sich der Philosoph und Theologe Nikolaus von Kues (1401–1464), ein bahnbrechender Denker für die beginnende Neuzeit, gegen die Wilsnacker Bluthostien aus, aber zwei Jahre später setzte sich der Papst dafür ein. Alles war entschieden. Kurfürst und Geistlichkeit strichen ihre Anteile am Geschäft ein.

Es war wirklich ein nüchtern-geschäftsmäßiger Vorgang, verbrämt mit Prozessionen (selbst die Strebepfeiler enthalten türähnliche Durchgänge, damit man den Chor außen – und geordnet – umschreiten kann), Musik, den Farbenglanz in der großen Hallenkirche. Auf einem Glasfenster sieht man den Erzengel mit der Seelenwaage. In Wilsnack mußte sich der Pilger auf eine Waage stellen, um seine Sünden wiegen zu lassen. Sie wurde von einem Kellerraum aus gesteuert, zeigte also keineswegs das Körpergewicht an! Mit Broten, mit Biertonnen, deren Preis man bezahlen mußte, um seiner Sünden ledig zu werden. Dann mußten bleierne Pilgerzeichen mit roten Klecksen darauf gekauft werden, die bis nach Skandinavien, bis nach Ungarn zurückgebracht und oft selbst an Glocken gelötet wurden.

Als der Zustrom Anfang des 16. Jahrhunderts nachließ, verlieh der Bischof 1513 dem Ort Stadtrecht und Markttage. Im 20. Vorschlag, den Martin Luther zur allgemeinen Besserung dem »christlichen Adel deutscher Nation« 1520 unterbreitete, heißt es: »Man zerstöre die wilden Kapellen und Feldkirchen, wo die neuen Wallfahrten hingehen, Wilsnack ... Es ist Teufelsspuk ... und dient nur, die Habsucht zu nähren, falschen Glauben aufzubringen ..., und das arme Volk an der Nase herumzuführen.«

Nach dem Tode des letzten Bischofs von Havelberg 1548 stellte man in Wilsnack den Prediger Joachim Ellefeldt aus Pritzwalk ein. Der nahm Luthers Rat wortwörtlich, verbrannte am 28. Mai die Hostienüberreste, wurde darauf verhaftet, auf der Plattenburg eingesperrt und später aus dem Land gewiesen …

Der »Wunderblutschrein« und manche anderen Ausstattungsstücke werden in einem kleinen Kirchenmuseum aufbewahrt.

Der Ort, der zum Ende des Mittelalters im mitteleuropäischen Raum ein Begriff war, verlor nach der Reformation jede Bedeutung, jeden Glanz. Aus dem »Städtlein« (1574) wurde ein »Flecken« (1608). Im Jahre 1690 brannte das »Dorf« bis auf die Kirche nieder. Ackerbürger und Handwerker siedelten sich im 17. Jahrhundert an. Tuchmacher wie überall, 38 Vertreter der Prignitzer Schuhmacherschaft, aber auch neun Brauereien, sieben Branntweinbrenner.

Brandkatastrophen gab es wieder 1826 und 1827. Aber gut einhundert Jahre später leuchtete Wilsnacks Name wieder weit in das Land. Man las in unzählbaren Inseraten landauf, landab von »vornehmen Fremdenheimen, vorzüglichen Mittagstischen, von Pensionen, die nur zwei Minuten vom Badehaus entfernt seien, von behaglichen Aufenthaltsräumen, eigener Wasserleitung …«

Im Jahre 1929 wurde aus Wilsnack das klangvolle Bad Wilsnack.

Die Stagnation in der Entwicklung der freundlichen Stadt um das mächtige Gotteshaus herum wurde überwunden. Man hatte im harten Konkurrenzkampf um Kurgäste und auch Sommerfrischler einige Trümpfe in der Hand: Die Verkehrslage konnte kaum günstiger sein – ohne Umsteigen zwei Stunden von Berlin, drei von Hamburg entfernt. Nah war die Chaussee zwischen beiden Metropolen. Wilsnack liegt in einem Waldgebiet, das sich von Havelberg bis Wittenberge erstreckt und die rauhen Ost- und Nordwinde hemmt.

Im Mittelpunkt standen aber (neben früher angepriesenen Milchkuren dank Prignitzer Rindvieh) Moorbäder. Aus einem Lager förderte man Wiesenmoor mit ziemlich 30 Prozent Eisenoxidgehalt, aus einem anderen Waldmoor. Im Herbst legte man einen Vorrat an, der gesiebt, zerkleinert und endlich mit Wasserdampf aufbereitet werden mußte. Im ungefähr vierzig Grad Celsius heißen Moor badeten die Erkrankten. Einst warb man für Heilungen von Hautkrankheiten bis Neuralgien, von Impotenz bis Lähmungen. Heutzutage arbeitet in Bad Wilsnack mit den beschriebenen Therapien, aber auch anderen Behandlungsmöglichkeiten ein modernes Rheumasanatorium ...

Es geht auf Mittag zu, und ich ziehe die Liste hervor, in welcher einige (keineswegs alle!) Namen von Wilsnacker Gasthöfen und Herbergen aufgeführt sind, in denen vor rund fünfhundert Jahren der hungrige und durstige Pilger einkehren konnte; also da wartete auf den zahlenden Gast das Personal von »Doppelter Adler, Goldener Adler, Löwe, Bär, Neuer Mann, Weißes Roß, Roter Hahn, Schwarzer Hahn, Goldener Kelch, Windmühle, Hirsch, Roter Speerwagen, Weißer Schwan, Weiße Gans, Ochsenkopf, Flegel (bestimmt mit rustikalem Erlebnisbereich), Roter Ziegel, Stuhl, Tasche ...«

Nein, nach derart vielen Gaststätten brauche ich nicht herumzulaufen. Einige haben geschlossen, andere Ruhetag, auch Urlaub kommt vor ...

Abschied irgendwo zwischen Bahnhof und Hafen

Der Zug fährt sehr langsam durch den Morgennebel. Krähen sitzen unbeweglich im schwarzen Astwerk. Schattenbilder. Winternähe.

Die große Brücke beginnt. Feuchte Eisenstreben. Ein Hauch Moos auf rissigen Bohlen. Nebelgeflock treibt über Tümpel und das Gras vom vergehenden Jahr. Manchmal sehe ich eine Weide unter mir, eine Erle an einem Wasserloch. Raupenschlepperspuren. Zerbrochene Betonplatten. In einer Kuhle trocknet schwarzer Schlick.

Neben der alten Brücke steht eine neue Verbindung auf hohen Pfeilern über die flache Niederung zum Ufer des Flusses und hinüber zur Stadt. Unter uns strömt die breite Elbe.

Ein Backsteinhäuschen: »BK Elbbrücke Nord«. Tauben hocken auf dem Dach und putzen das Gefieder. Hohe Schornsteine links und rechts der Gleise, Weichen, Werkhallen, Schiffe im großen Hafenbecken, das Bahnhofsgelände ...

»De Toch, de fläut un sust dahen;
adjüs, adjüs! denkt Bäcker Spenn:
Ick bün to Hus noh korte Tied,
noh Wittenbarg is 't jo nich wiet!«

225

»Wittenbarg« heißt amtlich Wittenberge. Ich bin am Ziel und steige aus dem Zug. Der Lautsprecher fordert zum Gegenteil auf. Der Zug soll weiter nach R-r-r-rostock fahren.

Ich habe Zeit. Viele Male bin ich in dieser Stadt gewesen. Ein letzter, schöner Novembertag ist angesagt worden. Da bin ich kurzentschlossen losgefahren, um in Ruhe Abschied zu nehmen ...

Mit diesem Bahnhof – spätklassizistisch, Schinkel-Schule – hat nicht nur Wittenberges Aufbruch in eine wesentliche, nun bereits historische Epoche begonnen. Die Verhältnisse in der Landschaft änderten sich. Wittenberge erhielt 1845 seinen Anschluß an die Eisenbahnstrecke zwischen Berlin und Hamburg. Er zog gleichsam wie ein Magnet andere Trassen an. Am 5. August 1849 konnte die Verbindung Magdeburg – Wittenberge eröffnet werden; freilich kam man auf ihr bis zum Herbst 1851 nur bis Seehausen, weil die Elbbrücke noch nicht fertig war. Eisenbahnlinien nach Lüneburg (1874), Perleberg (1879) und schließlich noch in den zwanziger Jahren unseres Jahrhunderts über Arendsee nach Salzwedel – Wittenberge war ein Knotenpunkt im Eisenbahnnetz geworden.

Wer um 1850 auf dem Wittenberger Bahnhof ausstieg, mußte sich erst einmal umschauen, wo das Städtchen überhaupt lag. Zwischen der Station der Berlin-Hamburger-Bahn und der Ackerbürgerstadt und der Straße nach Perleberg gab es nichts als Gras, Dünen und Windmühlen und einen sandigen Weg nach »Wittenbarg«. Als ein Anschlußgleis zum Packhof, zum Hafen gebaut werden mußte, trug man die Sandhügel an der Berg- und Müllerstraße ab, um die vielen Wasserlöcher zu schließen und das Gelände zu planieren. Auf einem solchen Grundstück entstand nach 1870 eine Eisenbahnfabrik, aus der eine Waggonfabrik hervorging, die aber bereits 1887 aufgelöst wurde. Aus einer Werkstatt entwickelte sich das heutige Reichsbahn-Ausbesserungswerk, das unter anderem die Doppelstockzüge instand hält. Ausgedehnte Werksgelände richtete man auch auf den einstigen Wiesen im Mündungsgelände der Stepenitz und Karthane ein, die früher von jedem Hochwasser überflutet wurden.

Und zwei Zahlen: um 1800 wohnten in den 134 Häusern Wittenberges rund 850 Menschen; um 1900 zählte die Stadt knapp 16 000 Bürger. (Zum Vergleich die alte und neue Kreisstadt Perleberg: 2 878 bzw.

8 456 Einwohner.) Aber dieser gewaltige Sprung wird noch übertroffen! Seit 1945 erweiterte sich die sozialistische Stadt noch einmal um knapp 50 Prozent der ursprünglichen Wohnungsanzahl und ist nun Heimat und Heimstatt für über 30 000 Menschen.

Wer vom Bahnhof aus zum alten Stadtkern am Elbufer spaziert, kommt durch breite Alleestraßen, die auf dem Ödland in der zweiten Hälfte des vergangenen Jahrhunderts angelegt wurden. Es gab nach 1900 vielerlei Meinungen in der Stadt über die Modernisierung. Der Architekt Friedrich Bruns konnte schließlich seinen Plan für eine großzügig gestaltete Neustadt verwirklichen. Im Jahre 1912 legte man den Grundstein für das schöne Rathaus (nach dem Entwurf von Heinrich Mußfeld) und konnte es 1914, vier Wochen vor dem Ausbruch des Krieges, einweihen.

Der Nebel lichtet sich. Manchmal schimmert schon ein Streifen Sonnenlicht durch die wallenden Schleier. Fünfzig Meter ragt der Rathausturm auf. Er ist die architektonische Dominante der Neustadt. Wenn man um das Gebäude geht, sieht man noch alte Inschriften wie »Ratskeller« (und Putten mit Trauben und Trinkgefäß nebst flötendem Faun und sich sträubendem Kater) ...

Der Aufstieg der Stadt mit der Entwicklung des Kapitalismus resultierte nicht allein aus der Streckenführung der Berlin-Hamburger Eisenbahn. Sie sollte ja ursprünglich nicht über Wittenberge verlaufen. Aber ein Großaktionär war der später Geheime Kommerzienrat Herz, der in Wittenberge 1823 eine Ölmühle einrichtete. In ihr wurden Leinsamen, Raps und Rüben verarbeitet, die in der Prignitz und im norddeutschen Raum wuchsen. Die Herzsche Ölmühle arbeitete von Anfang an mit einem Produktionsvolumen, dem kleinere Konkurrenten nicht standhalten konnten. Es war in seiner Zeit das größte deutsche Unternehmen auf diesem Gebiet in der Ölgewinnung. Über hundert Pferde drehten die Göpel. Doch das genügte nicht. Nach 1835 mußte ein drei Kilometer langer Kanal zur Stepenitz gegraben werden, um Wasserräder als Antrieb einzusetzen. Dampfmaschinen folgten. Und der Eisenbahn-Großaktionär machte selbstredend seinen Einfluß geltend, um den Anschluß Wittenberges zu erreichen.

Der Hafen war in wenigen Jahrzehnten ein wichtiger Umschlagplatz für rumänisches Getreide, für Mais und Gerste aus den USA, Steinkohle aus England und böhmische Braunkohle geworden. Gründerjahre – Gründereuphorie. Brauereien und eine Likörfabrik entstanden, Bonbons wurden produziert, Honig, Margarine, Zigarren und Käse. Viehmärkte alle vierzehn Tage. Auftrieb vor dem ersten Weltkrieg pro Tag bis zu 3000 Tieren. Hotels, Gaststätten, ein Kurhaus, eine große Radrennbahn, und in der Stadtkapelle blies ein gewisser Paul Lincke als Lehrling das Fagott. Gründungsfieber – Pleitenjammer. Schneller Reichtum, kaum vorstellbare Armut. Die Packhofstraße: ein einziges Elendsquartier.

Am 20. Oktober 1902 schloß der Magistrat einen Vertrag mit der Singer Manufacturing Company (Hauptsitz New York). Er verkaufte dem Konzern für 32000 Goldmark 4,67 Hektar Baugelände. Isaak M. Singer hatte 1851 ein Patent auf seine Nähmaschinenkonstruktion genommen, verlor aber einen Prozeß, da die neue Konstruktion bereits vorher verwendet worden war. Singer setzte sich aber rücksichtslos durch und umging bald auch alle Schwierigkeiten in den USA durch Produktionsstätten in Europa. »Die beliebteste Nähmaschine sowohl für den Familiengebrauch wie für die verschiedensten gewerblichen Zwecke ist die Singersche, da vermöge ihrer einfachen Konstruktion die Handhabung derselben außerordentlich leicht zu erlernen und sie für die verschiedensten Stoffe verwendbar ist«, schrieb man 1879. Der Hauptbetrieb in Elizabethport bei New York wurde das Modell für die Wittenberger Niederlassung (sie galt bald als größtes Singer-Werk in Europa). Eine alte Beschreibung: »Alles, was zur Herstellung der Maschinen erforderlich, wird hier ausgeführt. Neben den Räumen, in welchen Hunderte von Werkzeugmaschinen an der Herstellung der einzelnen Maschinenteile, Schrauben, Federn, Schiffchen usw., arbeiten, finden wir Gießereien für Eisen und Messing, Eisenhammer und Walzen zur Bearbeitung des Rohmaterials, Lackierer- und Maler-Werkstätten, Tischlerei und selbst eine großartige Nadelfabrikation, da die Singer-Compagnie auch diese für ihre sämtlichen Maschinen selbst anfertigt ...«

Die Kaufsumme von 32000 Goldmark stellte sich bald als Lappalie heraus. Fast 3000 Arbeiter und Angestellte produzierten einen hohen Gewinn, der aber sofort den überseeischen Aktionären zufloß. Und sie ertrotzten nach dem ersten Weltkrieg vom Staat auch noch 22 Millionen Mark als »Kriegsentschädigung«, billiges Kapital, um den umfassenden Neubau des Werkes nach 1920 zu ermöglichen.

Im »Arbeiter- und Industriemuseum« der Stadt stehen die alten Nähmaschinen, deren Verkauf ja einst so gut funktionierte, weil die Textilindustrie auch Heimarbeit mit Billiglöhnen betrieb. Der Wittenberger Betrieb entstand nach modernsten Gesichtspunkten. Felix Ascher war sein Architekt. Der knapp fünfzig Meter hohe Turm trägt noch immer die größte Turmuhr der DDR, denn ihr Zifferblatt mißt im Durchmesser 7,57 Meter. Durch sechs Werkhallen und Sozialgebäude mußte inzwischen das Nähmaschinenwerk ergänzt werden.

Durch verfeinerte Ausbeutungsmethoden und neue Technik – aus dem amerikanischen Stammbetrieb sofort in die Zweigwerke übertragen – konnte die Produktion von 1924 bis 1929 versechsfacht werden. Das Aktienkapital stieg von 26 auf 96 Millionen Mark. Die sozialen Leistungen »für die Singer-Angehörigen« hielten sich in Grenzen, wenn sie auch ständig in Wort und Schrift herausgestellt wurden. Es wurden Werkswohnungen gebaut, aber eine Tatsache ist, daß die Stadt mehrere hundert Mietswohnungen bauen lassen mußte, da kein Privatunternehmer dort ein Geschäft witterte.

Die straffe Organisation im Singer-Werk kam der faschistischen Ordnung entgegen. Eine Werksansicht: »Unsere Industrie als Glied der deutschen Wehrkraft – Das Singer-Werk Wittenberge.«

Zitat aus »Feldpostbriefen einer Prignitzer Betriebsgemeinschaft«: »Als Singer-Lehrling lernte ich das selbständige Arbeiten und den Gehorsam gegenüber meinen Vorgesetzten kennen. Meine Lehrzeit war die Grundlage zu meinem jetzigen Schaffen ... Als ich im Jahre 1937 nach Spanien ging und dort als Freiwilliger in der Legion Condor meinen Dienst tat, lernte ich zum ersten Male den Wert und die Schönheit der deutschen Heimat schätzen. Wenn ich durch Städte wie Salamanca oder Sevilla fuhr und die Schilder ›Singer‹ an verschiedenen Läden sah ...«

Im zweiten Weltkrieg mußten Geschoßhülsen, MG-Teile, Flugzeugmotoren hergestellt werden. Dann wurde ein Schlußstrich gezogen.

Die sowjetische Militäradministration genehmigte im Dezember den Wiederaufbau der Gießerei. Am 2. August 1946 nahmen 51 Arbeiter die Produktion unter schwierigen Bedingungen auf: Öfen, Pumpen,

Die Elbbrücke bei Wittenberge (Holzschnitt, um 1870)

Schraubstöcke ... 1952 eine erste Bilanz: wieder 23 000 Nähmaschinen.
Die nächsten Jahrzehnte: neue Konstruktionen, neue Modelle. Nähen
mit Elektronik ...

Die »Märkischen Ölwerke Wittenberge« und die Nähmaschinen-
werke erinnern mit ihren fernen Anfängen heute kaum noch an die
alte Stadt an der Elbe.

Ich komme aus dem »Arbeiter- und Industrie-Museum«, gehe an Ar-
beiterwohnhäusern, die zwischen 1912 und 1915 im traditionellen
Backsteinbau entstanden, vorbei. Das Fachwerkhaus, in dem das Museum untergebracht ist, stammt von 1669 und wird »Alte Burg« genannt. Die Arbeiterhäuser, Beispiele des Reformwohnungsbaues nach
1900, stehen in der Putlitzstraße. Eine Straße weiter steht das Steintor

als Rest der einstigen Stadtbefestigung ... Wittenberges mittelalterliche Geschichte nahm hier ihren Lauf.

1239 wird Uittenberge genannt. Die vielen hellen Sanddünen verhalfen bestimmt zu dem Namen. Eine frühe, slawische Burgstelle wird zwischen Brücke und Bahndamm in der Nähe der Stepenitz-Mündung in die Taube Elbe vermutet. Dann richtete man sich auf dem Grundstück der »Alten Burg« mit Graben, Wall und Palisaden ein. Stadtgründer: ein Mitglied der Familie Gans zu Putlitz. Sie behaupteten ihre Vorrechte, ihren Willen als »Grund-, Erb- und Gerichtsherren« bis 1781. Während Perleberg (eine andere Gründung der »Gänse«) früh die Junkerherrschaft abstreifte und sich vom Landesfürsten Privilegien verschaffte, Hansemitglied wurde, kam Wittenberge nicht aus diesem beklemmenden Regiment. Die Gänse zu Putlitz hatten freilich einen gewichtigen Grund, die Siedlung nicht selbständig werden zu lassen. Der Wittenberger Elbzoll war die Haupteinnahme für sie. Als im Jahre 1706 die Zollrechte an den preußischen Staat übergingen, begann der wirtschaftlichen Niedergang der Familie in Wittenberge, aber erst 1817 war der neugeschaffene Magistrat auch im Besitz der Burg.

Die beiden Hauptstraßen in der Altstadt laufen im rechten Winkel auf das Ufer der Elbe zu. Letzte Erinnerungen an den einst geschäftigen Mittelpunkt. Mauerschrift: »Pharmaceut. Droguen«. Alte und neue Speicher. Beschnittene Kopfweiden vor einem Fachwerkhaus. Im Schaukasten die Übersicht für den verflossenen Oktober: Wasserstände und Tauchtiefen. Die Möwen fliegen und kreischen. Wellen glitzern. Die eigene Atmosphäre eines Hafens lebt noch immer. Er entstand im 19. Jahrhundert neben der Elbe als gemeinsame Mündung von Karthane und Stepenitz. Als er zu versanden drohte, wurde er regelmäßig ausgebaggert. Um 1850 war Wittenberge der Hauptzollhafen (das Amt 1818 eingerichtet) mit einem ungeheueren Betrieb. Tagelöhner warteten auf Arbeit. Im Hafengebiet stand Gasthof neben Gasthof. Treidler verdingten sich noch. Transportarbeiter an den Kais, auf den Speichern. Schleppdampfer tuteten ungeduldig. Als das Zollamt aufgelöst wurde, verblaßte nach und nach das farbige, aber auch schattenreiche Leben im Hafenviertel. Die Eisenbahn machte das Rennen.

»Bei Wittenberge passierte ich die Elbe auf der im Oktober 1851 eröffneten Eisenbahn-Brücke. Diese entspricht in ihrer Konstruktion ganz der Dirschauer in Westpreußen, aber sie besteht nur aus Holz. Ihre Länge beträgt 3 985 rheinische Fuß und mit den kostbaren Dämmen 5 065 Fuß, das heißt sie ist mit denselben über eine Viertelmeile lang. Die beste An- und Übersicht des kolossalen Bauwerkes mit den festungsartigen Pfeilerköpfen auf beiden Ufern des Stromes hat man unten vom Hafen der Stadt aus. Man zählt im Ganzen 35 mächtige Pfeiler, unter denen ein ganzer Wald von Eichen eingerammt wurde. Die Anlagekosten betrugen 1 600 000 Taler, und diese Summe erscheint immer noch gering im Vergleich zu den Schwierigkeiten, welche man hier zu überwinden hatte«, schrieb der Zeitgenosse Friedrich Heinzelmann.

Die Konstruktion von Hans Victor von Unruh verband Straßen- und Eisenbahnbrücke. Eine Drehbrücke, deren Lager ein mächtiger Pfeiler trug, verschwand 1905, da sie die Schiffahrt behinderte. In den letzten Tagen des zweiten Weltkrieges sprengte die faschistische Wehrmacht den Übergang. Panzer ließ man in die Sprenglücke fallen. Der Arzt Dr. Albert Steinert aus dem altmärkischen Seehausen und der Wahrenberger Bürgermeister Ewald Fredrich setzten als Parlamentäre über die Elbe. Sie wollten den sinnlosen deutschen Artilleriebeschuß auf die mit Tausenden Flüchtlingen übervölkerten Ortschaften beenden lassen. Der Wittenberger Stadtkommandant, ein hoher SS-Offizier, ließ die beiden Männer erschießen und ihre Leichen in die Klärgrube der Singer-Werke werfen.

Inzwischen spannt sich in einigem Abstand zur modernen Straßenbrücke eine neue Eisenbahnverbindung über die Elbe. Die Sonne steht über dem weiten Land und dem Fluß, der es im Verein mit anderen wie eine Ader durchzieht und lebendig erhält. Der Winter, der alles erstarren lassen kann, ist nicht weit. Die Eisbrecher liegen im Hafen. Und ich gehe zurück über Alt-Wittenberges holpriges Pflaster. Gelbe und rote Äpfel leuchten im hellen Licht, bewahren die herrlichen Farben des Herbstes. Äpfel. Aber ich habe großen Appetit auf Birnen, Birnen von Herrn Ribbeck auf Ribbeck im Havelland oder von einem anderen, liebgewonnenen Fleck zwischen dem Fiener Bruch und der Prignitz. Theodor Fontanes Verse klingen und locken aufs neue: »Und in der goldenen Herbsteszeit leuchtet's wieder weit und breit ...«

232